Das Recht des Arbeitnehmers auf tatsächliche Beschäftigung

# Schriften zum Recht der Arbeit

Herausgegeben von Olaf Deinert und Rüdiger Krause

Band 18

PETER LANG

Florian Eckel

# Das Recht des Arbeitnehmers auf tatsächliche Beschäftigung

## Begründung und Grenzen des allgemeinen Beschäftigungsanspruchs

PETER LANG

**Bibliografische Information der Deutschen Nationalbibliothek**
Die Deutsche Nationalbibliothek verzeichnet diese Publikation in der Deutschen Nationalbibliografie; detaillierte bibliografische Daten sind im Internet über http://dnb.d-nb.de abrufbar.

Zugl.: Göttingen, Univ., Diss., 2020

D 7
ISSN 2191-4079
ISBN 978-3-631-84952-1 (Print)
E-ISBN 978-3-631-85295-8 (E-PDF)
E-ISBN 978-3-631-85296-5 (EPUB)
E-ISBN 978-3-631-85297-2 (MOBI)
DOI 10.3726/b18331



Peter Lang – Berlin · Bern · Bruxelles · New York ·
Oxford · Warszawa · Wien



Diese Publikation wurde begutachtet.

www.peterlang.com

# Vorwort

Die vorliegende Arbeit ist während meiner Zeit am Göttinger Institut für Arbeitsrecht entstanden. Sie wurde im Sommersemester 2020 von der Juristischen Fakultät der Georg-August-Universität Göttingen als Dissertation angenommen. Rechtsprechung und Literatur haben bis November 2020 Berücksichtigung gefunden.

Mein erster Dank gilt meinem geschätzten Doktorvater, Herrn Prof. Dr. Rüdiger Krause, der mir als Mitarbeiter seines Lehrstuhls die Möglichkeit gegeben hat, wertvolle fachliche und persönliche Erfahrungen zu sammeln. Neben seinem hilfreichen Rat wurde mir stets eine wertschätzende Arbeitsatmosphäre mit einem beispielhaften zwischenmenschlichen Umgang zuteil. Herrn Prof. Dr. Olaf Deinert danke ich für die rasche Erstellung des Zweitgutachtens. Außerdem danke ich den beiden Vorgenannten für die Aufnahme meiner Arbeit in die von ihnen herausgegebene Schriftenreihe.

Darüber hinaus gilt mein Dank allen Mitarbeitern des Instituts für Arbeitsrecht, die mich bei der Erstellung meiner Doktorarbeit begleitet und dabei maßgeblich zu einem freundschaftlichen Arbeitsumfeld beigetragen haben. Es war eine herausragende Zeit, die mir nachhaltig in Erinnerung bleiben wird.

Nicht unerwähnt bleiben dürfen meine Freunde, die zu gegebener Zeit für den nötigen Abstand zum Dissertationsprojekt gesorgt und zahlreiche schöpferische Pausen mit mir verbracht haben.

Mein besonderer Dank gilt meiner Partnerin Christina Pietsch, die mich nicht nur bei der Erstellung und Verteidigung der Dissertation unterstützt, sondern während dieser Zeit auch einige Entbehrungen auf sich genommen hat. Ihre Liebe und Geduld haben maßgeblich zum Gelingen der Arbeit beigetragen.

Schließlich danke ich von ganzem Herzen meiner Familie, die ich immer an meiner Seite weiß. Allen voran meine Eltern Birgit und Heinrich Eckel haben mich durch ihren vorbehaltlosen Rückhalt und ihr stetiges Vertrauen unentwegt gefördert. Ohne sie wäre die Erstellung dieser Arbeit nicht möglich gewesen.

Göttingen, im November 2020

*Florian Eckel*

# Inhaltsverzeichnis

# A. Einführung

Durch ihre existenzsichernde wie existenzprägende Bedeutung nimmt die Erwerbsarbeit eine zentrale und vielschichtige Rolle im Leben der meisten Menschen ein. Dies gilt sowohl für die Seite des Arbeitnehmers als auch für diejenige des Arbeitgebers: Wenngleich dem Arbeitgeber regelmäßig ein größeres Potential an Arbeitskräften zur Verfügung steht, als umgekehrt dem Arbeitnehmer Beschäftigungsmöglichkeiten, sind prinzipiell beide Parteien zur Verwirklichung ihrer Ziele auf den jeweils anderen Akteur angewiesen.

Monetär betrachtet sind die Ziele für Arbeitnehmer wie Arbeitgeber in ähnlicher Weise auf den Aufbau sowie die Wahrung eines zufriedenstellenden Lebensstandards gerichtet. Zweck der Erwerbsarbeit ist neben der (bloßen) Versorgung, sich mithilfe eines möglichst einträglichen Einkommens ein gewisses Maß an Wohlstand aufzubauen und zu erhalten.

Allerdings gibt es zugleich besonders für den Arbeitnehmer eine Reihe von Interessen, die über rein finanzielle Aspekte hinausgehen: Arbeit ermöglicht sozialen Kontakt, menschliche Interaktion, eine Positionierung im gesellschaftlichen Gefüge, rechtfertigt beanspruchte Leistungen und Ausgaben, prägt und entwickelt Persönlichkeitsmerkmale und schafft die Grundlage zur Verwirklichung von Neigungen und Fähigkeiten. Insofern beeinflusst Arbeit menschliche Existenz nicht nur in materieller Hinsicht. Sie prägt, formt, stiftet Sinn, bildet und verändert die beteiligten Personen in ihrem Wesen, das – sofern einer Erwerbsarbeit nachgegangen wird – zwangsläufig mit dieser verknüpft ist.

Dass im Gegensatz zu anderen Rechtsverhältnissen speziell dasjenige des § 611a BGB als „Mutterboden" dieser Interessen fungiert, findet seine Begründung in der besonderen Struktur des Arbeitsverhältnisses. Denn im Vergleich zu anderen Austauschverträgen wie dem Kauf- oder Tauschvertrag, handelt es sich beim Arbeitsvertrag um ein Dauerschuldverhältnis[1], bei dem der Arbeitnehmer seine Dienste in Person zu erbringen hat[2] und zudem oft in erheblichem Umfang

---

1 BAG 20.08.2003 - 5 AZR 610/02, NZA 2004, 39; MüKoBGB/*Spinner*, § 611a BGB Rn. 11; Boecken/Düwell/Diller/Hanau/*Schöne*, § 611 BGB Rn. 9; Schaub/*Linck*, ArbR-Hdb, § 29 Rn. 7; *Wolf*, Das Arbeitsverhältnis, S. 91 ff.

2 Gem. § 613 S. 1 BGB hat der zur Dienstleistung Verpflichtete die Dienste im Zweifel in Person zu leisten; siehe auch MHdB/*Fischinger*, § 3 Rn. 27; HK-ArbR/*Kreuder*, § 611a BGB Rn. 5.

in die Organisationssphäre des Arbeitgebers eingegliedert ist[3]. Insofern berührt das Arbeitsverhältnis seine Akteure deutlich mehr als ein Vertrag, der auf den reinen und evtl. einmaligen Güteraustausch angelegt ist.

Der Arbeitsvertrag ist daher zweierlei: Rechtsgrundlage einer dauerhaften schuldrechtlichen Austauschbeziehung und Möglichkeit einer stetigen persönlichkeitsbezogenen Prägung, die nicht gänzlich voneinander abgeschichtet werden können und individuell unterschiedlich stark ineinander übergreifen. Das rechtliche Band zwischen den Arbeitsvertragsparteien bildet nicht nur die Basis materieller Wertschöpfung, sondern auch die Möglichkeit eines ideellen Nutzens.

Arbeit kann diese zweigliedrige Funktion allerdings grundsätzlich[4] nur dann erfüllen, wenn sie tatsächlich erbracht wird. Sowohl für den Ertrag in materieller als auch in ideeller Hinsicht ist entscheidende Grundlage, dass der Arbeitnehmer vom Arbeitgeber angemessen und fortwährend beschäftigt wird. Insofern ist heute weitgehend anerkannt, dass dem Recht des Arbeitgebers, die Arbeitsleistung in vertraglich geregeltem Umfang einzufordern, auch die Pflicht gegenübersteht, den Arbeitnehmer ordnungsgemäß zu beschäftigen.[5]

Erstes Ziel der Arbeit ist es, die grundrechtlich geprägte Begründung des arbeitnehmerseitigen Beschäftigungsanspruchs unter Rückschau auf seine historische Entwicklung nachzuvollziehen, zu überprüfen und auszuweiten. Dabei soll insbesondere die Wirkungsweise der Grundrechte innerhalb der arbeitsvertraglichen Beziehung speziell im Hinblick auf den Beschäftigungsanspruch analysiert werden, wobei im Rahmen dessen die Beschäftigungspflicht aus schuldrechtlicher Perspektive in den zivilrechtlichen Pflichtenkatalog einzuordnen sein wird. Bezüglich der grundrechtlichen Wertungen soll über den in Rechtsprechung und Literatur gängigen Begründungsansatz insofern hinausgegangen werden, als neben dem allgemeinen Persönlichkeitsrecht insbesondere der Einfluss der Berufsfreiheit auf den Beschäftigungsanspruch zu beleuchten ist. Davon ausgehend ist unter Berücksichtigung der Schutzpflichtenkonzeption

---

3 Rechtsvergleichend zur organisatorischen Fremdbestimmung *Rebhahn*, RdA 2009, 154, 166 f.

4 Eine gewisse Relativierung stellen die Fälle der Entgeltfortzahlung dar, die dem Arbeitnehmer die Vergütung vorübergehend auch ohne einen unmittelbar wertschöpfenden Beitrag sichern.

5 BAG 10.11.1955 - 2 AZR 591/54, NJW 1956, 359, 360; BAG 27.02.1985 - GS 1/84, AP Nr. 14 zu § 611 BGB Beschäftigungspflicht, Gründe C I 2 b); BAG 24.06.2015 - 5 AZR 462/14, NZA 2016, 108, 110; ErfK/*Preis*, § 611a BGB Rn. 563; MüKoBGB/*Spinner*, § 611a BGB Rn. 887; Schaub/*Ahrendt*, ArbR-Hdb, § 109 Rn. 1.

zu untersuchen, ob der staatliche Schutzauftrag die Anerkennung und – falls dem so sein sollte – eine Normierung der arbeitgeberseitigen Beschäftigungspflicht gebietet.

Nach der Auseinandersetzung mit der dogmatischen Begründung sollen in einem weiteren Schritt die Grenzen des Beschäftigungsanspruchs abgesteckt werden, wobei zunächst die rechtliche Verzahnung von Beschäftigungsanspruch und Freistellung zu untersuchen ist. Unter Einbeziehung der auf Arbeitgeberseite wirkenden verfassungsrechtlichen Wertungen der Unternehmerfreiheit soll der Versuch unternommen werden, einige verallgemeinerungsfähige Leitlinien zu erarbeiten, die dabei helfen sollen, die widerstreitenden Interessen im Einzelfall auszutarieren. Zuletzt sollen die einzelnen in Betracht kommenden Freistellungsgründe systematisiert werden, um so das bei der Interessenabwägung vorhandene Maß an Unsicherheit so weit wie möglich zu reduzieren und ein vorhersehbareres und nachvollziehbareres Abwägungsergebnis zu ermöglichen. Dabei soll die Beschäftigungspflicht nur hinsichtlich ihrer immanenten, aus sich selbst heraus vorhandenen Grenzen untersucht werden. Den Beschäftigungsanspruch einschränkende vertragliche Gestaltungsmöglichkeiten sind nicht Gegenstand der Bearbeitung.

Die Ausarbeitung beschränkt sich insgesamt auf den allgemeinen Beschäftigungsanspruch und damit die Situation im unstreitigen Arbeitsverhältnis. Probleme nach Ablauf der Kündigungsfrist oder während des Kündigungsschutzverfahrens, die insbesondere den allgemeinen oder besonderen Weiterbeschäftigungsanspruch betreffen, bleiben weitgehend ausgeklammert. Ebenso nicht behandelt wird der besondere Beschäftigungsanspruch schwerbehinderter Menschen nach § 164 IV 1 Nr. 1 SGB IX sowie der durch § 14 I Nr. 1 BBiG implizierte Anspruch auf tatsächliche Ausbildung.

Als Fundament der Arbeit soll aber zunächst die Interessenlage der Arbeitsvertragsparteien dargelegt werden, auf welche im weiteren Verlauf an unterschiedlichen Stellen Bezug genommen und zurückverwiesen wird.

# B. Interessenlage der Arbeitsvertragsparteien

Zur Nachvollziehbarkeit der Motivation der Arbeitsvertragsparteien und als Grundlage der sich anschließenden Ausführungen ist anfänglich zu erörtern, welche mitunter kollidierenden Interessen im Arbeitsverhältnis an einer Beschäftigung oder einer Nichtbeschäftigung bestehen können. Bevor aus Sicht des Arbeitgebers gefragt wird, welche Aspekte für eine Nichtbeschäftigung des Arbeitnehmers sprechen und somit ein Freistellungsinteresse begründen können, soll zunächst aus der gegenteiligen Perspektive untersucht werden, was das Verlangen des Arbeitnehmers an einer realen Tätigkeitsausführung auszumachen vermag. Die beleuchtete Interessenlage soll im weiteren Verlauf der Arbeit einerseits als Grundlage für die dogmatische Begründung des Beschäftigungsanspruchs dienen sowie andererseits bei der Frage herangezogen werden, wie weit der Beschäftigungsanspruch reicht und wo im Einzelnen seine Grenzen liegen.

## I. Arbeitnehmerinteressen

Wie kommt es also, dass der Arbeitnehmer zur Arbeit herangezogen werden und seine Arbeitsleistung tatsächlich erbringen möchte? Oder anders ausgedrückt: Welche Interessen hat der Arbeitnehmer tatsächlich beschäftigt zu werden?

Grundsätzlich könnte man doch zunächst davon ausgehen, dass für viele Arbeitnehmer die Vorstellung, nicht vom Arbeitgeber zur Arbeitsleistung herangezogen zu werden und trotzdem den Lohn zu erhalten, durchaus reizvoll sein dürfte.[6] Denn eine – zumindest zeitweise – von der tatsächlichen Beschäftigung unabhängig gezahlte Vergütung, könnte dem Arbeitnehmer eine Reihe von Möglichkeiten eröffnen, die er bei tatsächlicher Erbringung der Arbeitsleistung so wohl nicht hätte. Im Allgemeinen gilt nämlich der Grundsatz, dass sich Vergütungserwerb und „Freizeit“ regelmäßig gegenseitig ausschließen („Die Zeit ist kein Geld. Aber den einen nimmt das Geld die Zeit und den anderen die Zeit das Geld.“[7]). So könnte der freigestellte Arbeitnehmer, der die Vergütung erhält, ohne die Arbeitsleistung erbringen zu müssen, seine „bezahlte Freizeit“

---

6 In diesem Sinne auch *Reichold*, der unterstellt, dass in der aktuellen Freizeitgesellschaft das Interesse an einer Nichtbeschäftigung unter Lohnfortzahlung häufig überwiegen dürfte, MHdB/*Reichold*, § 92 Rn. 12.

7 *Ron Kritzfeld* (*1921), dt. Aphoristiker.

für Urlaube, Hobbys, Familie oder aber zur anderweitigen Stellensuche nutzen, falls er sich beruflich umorientieren möchte.

Dennoch gibt es eine Reihe von Interessen, die der Arbeitnehmer nicht nur am Erhalt seiner Vergütung, sondern auch an der tatsächlichen Ausübung der dem Vergütungsanspruch zugrunde liegenden Tätigkeit haben kann. Diese Arbeitnehmerinteressen lassen sich in zwei Hauptfelder, solche monetärer Art und solche ideeller Art, unterteilen.[8]

## 1. Interessen monetärer Art

Die grundlegende und vielmals tragende Säule einer Beschäftigung des Arbeitnehmers sind dessen monetäre Interessen zur Sicherung seiner Grundbedürfnisse. Außer Frage steht natürlich, dass insofern nur solche Interessen ins Gewicht fallen können, die nicht den Vergütungsanspruch des Arbeitnehmers als solchen betreffen und im Falle einer Nichtbeschäftigung bereits über das Annahmeverzugsrecht abgedeckt sind. Gleichwohl gibt es eine Reihe von materiellen Aspekten, die über den direkten Gegenleistungsanspruch hinausgehen und ein arbeitnehmerseitiges Beschäftigungsinteresse begründen können.

### *a) Erhalt des Arbeitsplatzes*

Allgemein dient Beschäftigung in erster Linie als Grundlage der Existenzsicherung.[9] Unabhängig von gesetzlichen Sondervorschriften wie beispielsweise § 615 BGB oder sonstigen möglichen vertraglichen Abreden, die dem Arbeitnehmer im Falle der Freistellung gegebenenfalls seine Vergütung sichern: Wer tatsächlich arbeitet, möchte sich damit seinen Arbeitslohn verdienen, eine Lebensgrundlage schaffen und an der Gesellschaft teilhaben.[10] Der Erwerb der Vergütung ist allerdings grundsätzlich an den Erhalt des Arbeitsplatzes gebunden, woran der Arbeitnehmer somit ein direktes finanzielles Interesse hat.[11] Bei der Arbeitsplatzfestigung und damit dem Arbeitsplatzerhalt kann die

---

8 Ähnlich bereits *Hueck/Nipperdey*, die das Interesse des Arbeitnehmers an tatsächlicher Beschäftigung als sehr verschiedenartig beschreiben und darlegen, dass es „ideeller wie materieller Natur" sein kann, *Hueck/Nipperdey*, Lehrbuch des Arbeitsrechts, 7. Auflage, Band I, S. 383; siehe auch *Lepke*, DB 1971, 478, 480.

9 MHdB/*Wank*, 3. Auflage, § 99 Rn. 59; *Wank*, RdA 1987, 129, 158.

10 Zum Zusammenhang von Geld als Gegenleistung für geleistete Arbeit und der Teilnahme am gesellschaftlichen Leben vgl. *Elsner*, Wertschätzung von hochqualifizierten Mitarbeitern, S. 60 f.

11 *Wank*, RdA 1987, 129, 158.

tatsächliche Beschäftigung dem Arbeitnehmer tagtäglich zugutekommen. Denn nur durch die fortwährende Einbindung in arbeitsorganisatorische Abläufe kann der Arbeitnehmer bezüglich der Betriebs- und Aufgabenentwicklung auf dem neuesten Stand und somit im Vergleich zu anderen Arbeitnehmern „am Ball" bleiben. Die Teilnahme am täglichen Arbeitsalltag, an Besprechungen, Planungen und nicht zuletzt an der konkreten Aufgabenerfüllung erlaubt es dem Arbeitnehmer ein Teil des ganzheitlichen Arbeitsprozesses zu bleiben, seine Stellung innerhalb des Betriebs immer wieder durch seine produktive Arbeitsleistung zu rechtfertigen und damit zum Erhalt seines Arbeitsplatzes beizutragen. Die individuelle Verknüpfung im Betriebsgefüge schützt den Arbeitnehmer dementsprechend vor dem Verlust bzw. der anderweitigen Besetzung seines Arbeitsplatzes. Insofern kann tatsächliche Beschäftigung Sicherheit in Bezug auf das Arbeitsverhältnis vermitteln.[12]

### *b) Erhalt bzw. Steigerung des eigenen Marktwertes*

Die Arbeitnehmerinteressen sind aber nicht auf den Erhalt des konkreten Arbeitsplatzes beschränkt, sondern beziehen sich darüber hinaus auch auf den Wert der eigenen Person im Marktgefüge. Insofern kann tatsächliche Beschäftigung zum Erhalt bzw. zur Verbesserung des eigenen Marktwertes führen.[13] Dieser wird hierbei maßgeblich von zwei Faktoren geprägt: Einerseits durch die Fähigkeiten der Person als solche, andererseits durch die Außendarstellung der Person, also die Möglichkeit, seine Fähigkeiten am Markt anbieten bzw. präsentieren zu können.

#### *aa) Fähigkeiten der Person als solche*

Für den Erhalt der beruflichen Fähigkeiten des Arbeitnehmers ist es häufig erforderlich und mitunter bereits ausreichend, wenn die Tätigkeit regelmäßig ausgeübt wird. Dementsprechend können Personen zum Erhalt ihrer Qualifikation auf eine konstante tatsächliche Beschäftigung angewiesen sein.[14]

Wenn beispielsweise ein Chirurg nicht die Möglichkeit zur regelmäßigen Vornahme von Operationen bekommt, wird er bei komplexen Eingriffen nicht die nötige Sicherheit und Routine haben. Ähnliches gilt für einen Croupier, der

---

12 Zum Bedürfnis des Arbeitnehmers nach Sicherheit bezüglich des Arbeitsverhältnisses siehe *Elsner*, Wertschätzung von hochqualifizierten Mitarbeitern, S. 92 f.

13 *Bengelsdorf*, NZA 2005, 277 f.

14 MHdB/*Wank*, 3. Auflage, § 99 Rn. 61.

seine Fingerfertigkeit im Umgang mit Chips und Karten zu verlieren droht.[15] Auch im Bereich des Leistungssports hat die tatsächliche Beschäftigung eine besondere Bedeutung für den Athleten: Die Teilnahme an Training und Wettkampf ist erforderlich, um die Leistungsfähigkeit erproben, erhalten und steigern zu können.[16] Hat etwa ein Lizenzfußballspieler keine Möglichkeit am Trainings- und Spielbetrieb teilzunehmen, wird er neben seiner körperlichen Leistungsfähigkeit auch sein technisches Geschick verlieren und zudem nicht an den neuesten fußballtaktischen Veränderungen partizipieren.

Dass der Arbeitnehmer bei fehlendem Arbeitseinsatz gehindert ist, seine beruflichen Fähigkeiten zu erhalten und fortzubilden, hat das BAG bereits in seiner Entscheidung aus dem Jahr 1955[17] ausgeführt. Zwar gilt dies, wie vom BAG angedeutet, vor allem für leitende Angestellte und andere Arbeitnehmer mit überdurchschnittlich bedeutsamen Aufgaben. Denn je spezialisierter die jeweilige Tätigkeit ist und je schnelllebiger die Entwicklungen im entsprechenden Beschäftigungsbereich sind, desto größer sind die Nachteile, die dem Arbeitnehmer im Falle seiner Nichtbeschäftigung drohen.[18] Zumindest im Grundsatz stellt sich das Phänomen des Fähigkeitsverlustes bei längerer Nichtausübung des Berufs aber bei einer Vielzahl von Tätigkeiten dar: Dem Akkordarbeiter am Fließband werden im Falle seiner Nichtbeschäftigung ebenso seine gewohnten Arbeitsabläufe fremd wie dem Kfz-Mechaniker oder dem Sachbearbeiter im Büro, wenn auch in unterschiedlichem Ausmaß. Ein Fähigkeitsverlust im Falle einer zumindest länger andauernden Nichtbeschäftigung ist daher im Allgemeinen kein berufs- oder branchenspezifisches Problem.

Andererseits wird der Marktwert durch regelmäßige Teilhabe an Schulungen und Fortbildungen erhalten und gesteigert. Zahlreiche Berufe, etwa im Bereich der Medizin, des Rechts oder der Informationstechnologie, setzen die regelmäßige Aktualisierung des eigenen Wissens geradezu voraus.[19] Nur wer über die neuesten Arbeitsabläufe und Prozesse in seinem Arbeitsfeld informiert bleibt, kann seine Chancen auf dem Arbeitsmarkt im Vergleich zu anderen

---

15 Für das beispielhafte Beschäftigungsinteresse des Croupiers vgl. auch BAG 04.06.1964 - 2 AZR 310/63, AP Nr. 13 zu § 626 BGB Verdacht strafbarer Handlungen, Gründe II.

16 *Reuter*, RuS Nr. 7, S. 53, 56; *Hohl*, Rechtliche Probleme der Nominierung von Leistungssportlern, S. 3; *Joel*, Der arbeitsrechtliche Beschäftigungsanspruch im Berufssport, S. 2.

17 BAG 10.11.1955 - 2 AZR 591/54, AP Nr. 2 zu § 611 BGB Beschäftigungspflicht, Gründe II.

18 *Frey*, Arbeitsrechtliche Fehler in der Personalverwaltung, S. 193; *Strehlein*, Freistellungsklauseln, S. 61.

19 *Aßländer*, Bedeutungswandel der Arbeit, S. 36.

Arbeitnehmern erhalten. Insofern eröffnet die Teilnahmemöglichkeit an der betrieblichen Berufsbildung einen Schutz gegen die Überalterung und damit Entwertung bestehender Fähigkeiten und dient auf diese Weise der Steigerung der persönlichen Bedeutsamkeit.[20] Aber auch die Chance zum Aufstieg zu qualifizierteren Tätigkeiten eröffnet sich mitunter erst durch Fort- und Weiterbildungen.[21] Tatsächlich sehen im Durchschnitt 3/4 der Deutschen die Notwendigkeit, in jedem Alter für den Beruf dazu zu lernen.[22] Natürlich fällt es leicht, den Beschäftigten insofern auf seine Eigenverantwortung zu verweisen.[23] Allerdings ist die tatsächliche Beschäftigung im Rahmen eines Arbeitsverhältnisses oft die Voraussetzung für eine sinnvolle und effektive Weiterbildung. Denn häufig stehen die nötigen Arbeitsmittel nur am konkreten Arbeitsplatz zur Verfügung. So kann der Croupier zwar auch zuhause mit Chips und Spielkarten seine Fingerfertigkeit trainieren, allerdings wird er die ganzheitlichen Spielabläufe am Casinotisch nicht alleine simulieren können. Auch der Fußballprofi ist privat in der Lage, seinen allgemeinen Fitnesslevel einigermaßen aufrechterhalten. Für spezielle fußballtechnische Feinheiten und fußballtaktische Abläufe ist er aber einerseits auf sein Trainerteam, andererseits auf die unmittelbare Mannschaftseinbindung und nicht zuletzt auf unterschiedliche Trainingsmöglichkeiten im Kraftraum, auf dem Trainingsplatz oder in Rehabilitationsanlagen angewiesen. Insofern bildet die tatsächliche Beschäftigung des Arbeitnehmers einen Faktor, der sich auf den Marktwert des Betroffenen unmittelbar auswirken kann.

#### *bb) Möglichkeit der Außendarstellung*

Daneben definiert sich der berufliche Wert vieler Personen über eine vergleichende Einordnung der ausgeübten Tätigkeit am Markt, welche nicht zuletzt von der öffentlichen Meinung geprägt wird. So sind beispielsweise Schauspieler oder Musiker auf eine Bühne angewiesen, um ihre Fähigkeiten regelmäßig einem Publikum präsentieren, damit unter Beweis stellen und so ihren Marktwert erhalten zu können. Unabhängig von der Tatsache, dass es einem Schauspieler

---

20 Vgl. auch *Thees*, Das Arbeitnehmer-Persönlichkeitsrecht als Leitidee des Arbeitsrechts, S. 266.

21 *Thees*, Das Arbeitnehmer-Persönlichkeitsrecht als Leitidee des Arbeitsrechts S. 266.

22 Studie der Bertelsmann Stiftung und des GfK Vereins zur Bedeutung der Arbeit, S. 13 f.

23 Statistisch gesehen kümmern sich lediglich 41 % der Arbeitnehmer selbst aktiv um Weiterbildungsmöglichkeiten. Stattdessen sehen im Durchschnitt 64 % den Arbeitgeber in der Pflicht, für entsprechende Weiterbildungsmaßnahmen zu sorgen, vgl. die Studie der Bertelsmann Stiftung und des GfK Vereins zur Bedeutung der Arbeit, S. 13.

oder Sänger ohne regelmäßige Auftritte wahrscheinlich kaum gelänge, sein Niveau bzw. seine Qualifikation zu erhalten oder gar zu steigern, würde bei ausbleibenden Auftritten sein Bekanntheitsgrad und damit die Nachfrage bezüglich seiner Leistung sinken, wodurch sein Marktwert erheblich beeinträchtigt werden würde. Ähnlich stellt sich die Situation im Berufssport dar: Erfolge und gute Resultate bei Wettkämpfen bringen nicht nur Preisgelder mit sich, sondern erhöhen gleichermaßen die Chancen auf sich aufmerksam zu machen und so neue Sponsoren oder Kooperationspartner zu finden.[24] Daher ist die Teilnahme an Training und Wettkampf wichtig für die finanzielle Grundversorgung im kommerzialisierten Sport.[25]

Die tatsächliche Beschäftigung des Arbeitnehmers dient also nicht nur dem Erhalt bzw. der Erweiterung seiner Kenntnisse und Fähigkeiten. Auch die Wahrung von beruflichen Kontakten sowie die Steigerung seines Bekanntheitsgrades sind Aspekte, welche die Arbeitsmarkttauglichkeit des Arbeitnehmers sichern und fördern.[26]

### *c) Erwerb von „besonderen“ Vergütungsbestandteilen*

Ein Interesse des Arbeitnehmers an einer tatsächlichen Beschäftigung kann sich weiter aus dem Umstand ergeben, dass ein Teil seiner Vergütung aus leistungs- und erfolgsabhängigen Bestandteilen besteht.[27] Im Falle der Freistellung wird etwa Vertretern, Verkäufern oder Maklern die Möglichkeit genommen, durch ihre Tätigkeit Provisionen zu erzielen.[28] Auch stellen beispielsweise Trinkgelder mitunter einen wesentlichen Teil des monatlichen Gesamteinkommens von Kellnern dar, welche nur im Falle der tatsächlichen Beschäftigung erzielt werden können.[29] Zudem kann sich der Arbeitnehmer durch Leistung im Rahmen seiner tatsächlichen Beschäftigung für Prämien wie Jahressonderzahlungen empfehlen.[30]

---

24 *Hohl*, Rechtliche Probleme der Nominierung von Leistungssportlern, S. 3; *Joel*, Der arbeitsrechtliche Beschäftigungsanspruch im Berufssport, S. 2.

25 Vieweg, RuS Nr. 16, S. 23; *Joel*, Der arbeitsrechtliche Beschäftigungsanspruch im Berufssport, S. 2.

26 *Krause*, NZA 2005, Beilage 1, 51, 54.

27 So auch *Krause*, NZA 2005, Beilage 1, 51, 54 f.; *Buchner*, Beschäftigungspflicht, S. 30.

28 Vgl. etwa die Situation bei BAG 19.08.1976 - 3 AZR 173/75, AP Nr. 4 zu § 611 BGB Beschäftigungspflicht, Gründe I; *Strehlein*, Freistellungsklauseln, S. 62.

29 Dieses Beispiel findet sich auch bei *Birk*, Anm. zu BAG 19.08.1976 - 3 AZR 173/75, AP Nr. 4 zu § 611 BGB Beschäftigungspflicht.

30 *Bengelsdorf*, NZA 2005, 277 f.

## 2. Interessen ideeller Art

Neben den rein monetären Interessen in ihren unterschiedlichen Ausprägungen gibt es eine Reihe von weiteren Bedürfnissen, welche durch die tatsächliche Beschäftigung des Arbeitnehmers befriedigt werden können. Dass neben finanziellen Gesichtspunkten auch solche ideeller Art stehen, wird bereits durch den Umstand deutlich, dass mehr als die Hälfte der Deutschen auch weiterhin arbeiten würden, selbst wenn sie finanziell nicht darauf angewiesen wären.[31] Dies unterstreicht, dass Arbeit für viele Erwerbstätige keine Last, sondern eine geschätzte Betätigung und Abwechslung darstellt.[32] Daher ist es für das Verständnis von tatsächlicher Beschäftigung von entscheidender Bedeutung, diese nicht ausschließlich anhand ihrer ökonomischen Funktion zu beurteilen, sondern als Teil der individuellen Lebensgestaltung zu begreifen.[33]

### *a) Rechtfertigung des Verdienstes*

Wie dargestellt wird dem Arbeitgeber durch seine Beschäftigung die Möglichkeit gegeben, sich seinen Lohn zur Sicherung der Grundbedürfnisse und zur Finanzierung darüber hinausgehender Luxusbedürfnisse zu erarbeiten. Hierbei spielt es durchaus eine nicht unwesentliche Rolle, ob man (negativ formuliert) „Entbehrungen erbracht hat“[34] oder (positiv formuliert) „etwas geleistet hat“, jedenfalls wirklich tätig geworden ist. Denn auf der Grundlage tatsächlicher Beschäftigung erwächst nicht selten der Eindruck, man habe sich die Gegenleistung und die im Folgenden daraus resultierenden Anschaffungen verdient. Mit einem tatsächlichen „Erarbeiten“ geht nicht selten ein Gefühl der Rechtfertigung des wirtschaftlichen Gegenwertes einher. Es entsteht die Empfindung des „Verdienthabens“ („Ich habe in letzter Zeit so viel gearbeitet, diesen Urlaub habe ich mir verdient.“). Arbeit und Belohnung sind daher aufs Engste miteinander verknüpft.[35]

Daneben trägt tatsächliche Beschäftigung nicht nur zur Rechtfertigung von Ausgaben und Anschaffungen vor sich selbst, sondern auch vor seinem sozialen Umfeld bei. Denn auch im gesellschaftlichen Umgang erfahren beispielsweise

---

31 Studie der Bertelsmann Stiftung und des GfK Vereins zur Bedeutung der Arbeit, S. 3.

32 Studie der Bertelsmann Stiftung und des GfK Vereins zur Bedeutung der Arbeit, S. 5.

33 *Aßländer*, Bedeutungswandel der Arbeit, S. 5.

34 Arbeit wird mitunter negativ als „Übel“ verstanden und mit „Zwang“ und „Mühsal“ verknüpft, vgl. *Himmelmann*, Politik unterrichten 2007, 45.

35 *Aßländer*, Bedeutungswandel der Arbeit, S. 34.

Urlaube oder sonstige Neuanschaffungen eine höhere Akzeptanz, wenn sie tatsächlich erarbeitet worden sind. Nur der durch eigene Arbeit bzw. eigenes tatsächliches Handeln erworbene Reichtum und Wohlstand gilt als gesellschaftlich legitimiert.[36] Dementsprechend wird bei der Rechtfertigung des Verdienstes ein qualitativer Unterschied zwischen Leistungen gemacht, die man aus sozialen Sicherungssystemen bezieht und solchen, zu denen man ohne eine „Belastung der Gesellschaft" gekommen ist. So würden zwar immerhin 55 % der Deutschen selbst dann weiterarbeiten, wenn sie bei einem Gewinnspiel viel Geld gewinnen würden.[37] Allerdings würden sogar 73 % der Deutschen auch dann lieber selbst arbeiten, wenn das Arbeitslosengeld sehr hoch wäre.[38] Insofern erscheint es in der öffentlichen Wahrnehmung durchaus verächtlich Lohn in Empfang zu nehmen, den man sich nicht durch eigene Leistung tatsächlich erarbeitet hat.[39]

### *b) Wertschätzung der Arbeitsleistung*

Nicht nur die Rechtfertigung der erhaltenen Vergütung, auch das durch tatsächliche Beschäftigung vermittelte Gefühl der Wertschätzung liegt maßgeblich im Interesse des Arbeitnehmers. Kaum ein anderer Lebensbereich bestimmt die soziale Selbstwahrnehmung mehr als die berufliche Tätigkeit.[40] In der allgemeinen gesellschaftlichen Anschauung scheint nichts mehr über die Tüchtigkeit eines Menschen auszusagen als die Zeit, die er täglich an seinem Arbeitsplatz verbringt – nichts mehr geneigt zu sein, einem Menschen Vertrauen zu schenken, als seine verantwortliche Stellung in seinem Beruf – nichts mehr seine persönlichen Verdienste zu beweisen, als sein beruflicher Erfolg.[41]

So soll die Arbeit als zentraler Bestandteil des menschlichen Lebens[42] einen sinnvollen Beitrag für den Arbeitgeber leisten, der bestenfalls auch gewürdigt

---

36 *Aßländer*, Bedeutungswandel der Arbeit, S. 34.

37 Studie der Bertelsmann Stiftung und des GfK Vereins zur Bedeutung der Arbeit, S. 7.

38 Studie der Bertelsmann Stiftung und des GfK Vereins zur Bedeutung der Arbeit, S. 7.

39 So schon BAG 10.11.1955 - 2 AZR 591/54, AP Nr. 2 zu § 611 BGB Beschäftigungspflicht, Gründe II; siehe auch *Lepke*, der die Gefahr beschreibt, dass sich der nicht beschäftigte Arbeitnehmer als „bezahlten Nichtstuer" abgestempelt sieht, DB 1971, 478, 480.

40 *Aßländer*, Bedeutungswandel der Arbeit, S. 5.

41 *Aßländer*, Bedeutungswandel der Arbeit, S. 5.

42 Nach einer Erhebung des Statistischen Bundesamtes betrug 2014 die gewöhnliche Wochenarbeitszeit aller Erwerbstätigen in Deutschland 35,3 Stunden, wobei 41,5 Stunden pro Woche auf Vollzeitbeschäftigte und 18,8 Stunden pro Woche auf Teilzeitbeschäftigte entfielen. Jede achte vollzeiterwerbstätige Person gab 2014 sogar an,

und anerkannt wird. Doch selbst wenn dies nicht geschieht, etwa weil die Arbeitsleistung in den Augen des Arbeitgebers eher durchschnittlichen Anforderungen entspricht, oder der Arbeitgeber, unabhängig von der Qualität der erbrachten Arbeitsleistung, seine Wertschätzung – aus welchen Gründen auch immer – schlicht nicht zum Ausdruck bringt, so ist der Arbeitnehmer im Falle der tatsächlichen Beschäftigung zumindest in den Wertschöpfungsprozess des Unternehmens mit eingebunden und wird nicht zum „reinen Lohnempfänger" degradiert, für den es im Unternehmen keinen sinnvollen Platz mehr zu geben scheint.[43] Denn sowohl in der öffentlichen Wahrnehmung als auch gegenüber dem Betroffenen selbst, kann die in eine Freistellung hineininterpretierbare Grundaussage, dass man den Arbeitnehmer lieber dafür bezahle nicht zu arbeiten, als seine Arbeitsleistung in Anspruch zu nehmen, schnell verächtlich und herabwürdigend wirken.[44] Beschäftigung hat dementsprechend eine sinnstiftende Wirkung und gibt dem Arbeitnehmer das Gefühl „gebraucht zu werden", nicht „nutzlos" zu sein oder sein Leben nicht „zu vergeuden".[45] Die durch tatsächliche Beschäftigung vermittelte Wertschätzung bestätigt den Arbeitnehmer dahingehend, dass sein bisheriger Leistungseinsatz (Ausbildungsweg, Engagement an der Arbeit) lohnenswert war.[46]

Gleichzeitig gilt Nichtbeschäftigung und Arbeitslosigkeit als persönliches Versagen. Und das weniger, weil sie den Einzelnen in eine materielle Notlage bringen und ihn so der Gesellschaft zur Last legen würde, sondern vielmehr, weil „Tatenlosigkeit" in der gesellschaftlichen Wahrnehmung per se einen Makel darstellt.[47] Damit kann aus der Nichtbeschäftigung ein Ansehensverlust des Arbeitnehmers resultieren,[48] der noch gesteigert zu werden droht, je höher die öffentliche Beachtung des jeweiligen Arbeitnehmers bzw. der entsprechenden Berufsgruppe ist.[49] Ähnlich wie bei einer Kündigung kann auch im Falle einer

---

gewöhnlich mehr als 48 Stunden pro Woche zu arbeiten, vgl. Statistisches Bundesamt, Qualität der Arbeit, S. 22 ff.

43 Vgl. in diesem Sinne bereits die Formulierung in BAG 10.11.1955 - 2 AZR 591/94, AP Nr. 2 zu § 611 BGB Beschäftigungspflicht, Gründe II.

44 BAG 10.11.1955 - 2 AZR 591/94, AP Nr. 2 zu § 611 BGB Beschäftigungspflicht, Gründe II.

45 *Elsner*, Wertschätzung von hochqualifizierten Mitarbeitern, S. 89.

46 *Elsner*, Wertschätzung von hochqualifizierten Mitarbeitern, S. 88 f.

47 *Aßländer*, Bedeutungswandel der Arbeit, S 5.

48 Siehe auch *Bächle*, der durch den Beschäftigungsanspruch den Schutz des Arbeitnehmers unterstreicht, in der Öffentlichkeit nicht als „Schmarotzer" erscheinen zu müssen, *Bächle*, NJW 1979, 1693.

49 Vgl. *Strehlein*, Freistellungsklauseln, S. 67.

Freistellung beim Arbeitnehmer das Gefühl erzeugt werden, nicht mehr wichtig bzw. nützlich zu sein (Schock des „Draußenseins").[50] Tatsächliche Beschäftigung ist somit verknüpft mit einem Erwerb sozialer Achtung und Wertschätzung in der beruflichen, genauso wie in der privaten Umwelt.[51]

### *c) Persönlichkeitsentfaltung*

Da Arbeit einen ganz wesentlichen Teil der Lebenszeit einnimmt und den Arbeitnehmer nicht nur bewusst, sondern auch unterschwellig beeinflusst, kann die Tätigkeit auf lange Sicht einen spürbaren Effekt auf die Persönlichkeitsbildung und -entfaltung haben.[52] Bestenfalls kann der Arbeitnehmer im Rahmen der tatsächlichen Beschäftigung seinen Interessen nachgehen und seine Persönlichkeit entwickeln bzw. ausleben. Arbeit und Beschäftigung dienen dann – zumindest partiell – als Ausdruck des eigenen Wesens. Dies kann neben den klassischen Beispielen wie im Falle von künstlerischen oder wissenschaftlichen Tätigkeiten grundsätzlich auch in allen anderen Bereichen vorkommen, in denen der Arbeitnehmer durch seine Tätigkeit „ausgefüllt" wird oder ein Gefühl der Freude oder des „Zufriedenseins" vermittelt bekommt. Daher lässt sich tatsächliche Beschäftigung grundsätzlich als eine Möglichkeit zur Verfolgung eigener Interessen, Werte und Ziele sowie als Chance zur Entfaltung seiner Anlagen und Fähigkeiten einordnen.[53]

Zugegebenermaßen handelt es sich hierbei um eine Idealvorstellung, die tätigkeitsabhängig mehr oder weniger und im Einzelfall eventuell auch überhaupt nicht zutreffen wird.[54] So lässt sich nicht leugnen, dass es Aufgaben gibt, bei denen die Persönlichkeitsentfaltung gemeinhin eine eher untergeordnete Rolle spielen dürfte.[55] Vielleicht ist ein beispielsweise am Fließband mit einfachen

---

50 *Himmelmann*, Politik unterrichten 2007, 46.

51 *Bengelsdorf*, NZA 2005, 278; BAG 10.11.1955 - 2 AZR 591/54, AP Nr. 2 zu § 611 BGB Beschäftigungspflicht, Gründe II.

52 Zur Persönlichkeitsentfaltung im System des arbeitsrechtlichen Persönlichkeitsschutzes siehe *Thees*, Das Arbeitnehmer-Persönlichkeitsrecht als Leitidee des Arbeitsrechts, S. 54 f.

53 *Himmelmann*, Politik unterrichten 2007, 45.

54 Insofern erkennt bereits *Willy Brandt* an, dass es „gewiss auch Arbeit gibt, die wegen ihrer Eintönigkeit physisch und psychisch zermürbt", vgl. *Jahoda*, Wieviel Arbeit braucht der Mensch?, S. 9.

55 In diese Richtung *Lepke*, DB 1971, 478, 480 f.; in Bezug auf das Selbstwertgefühl des Arbeitnehmers siehe auch *Gamillscheg*, in: Richterliches Arbeitsrecht: Festschrift für Thomas Dieterich zum 65. Geburtstag (1999), S 185, 193 f.

Arbeiten beschäftigter Arbeitnehmer sogar froh, sich der Eintönigkeit der Arbeit entziehen zu können und trotzdem die vereinbarte Vergütung zu erhalten.

Aber auch wenn bei Arbeiten, die schon nach kurzer Anlernzeit ausgeführt werden können und keine besondere Vor- oder Ausbildung erfordern, das persönlichkeitsformende Element weniger offensichtlich zu Tage tritt als etwa im Falle der „Wissensarbeit", so kann allein von der Art der Tätigkeit nicht auf ein vordefiniertes Maß an persönlichkeitsbeeinflussendem Charakter geschlossen werden. Wie stark eine Aufgabe eigenmotiviert ausgeführt wird und welche Auswirkungen die Betätigung im Einzelfall auf die Persönlichkeitsentfaltung hat, hängt zuvörderst von der Einstellung des Beschäftigten ab. Daher kann Arbeit auch bei in der öffentlichen Wahrnehmung unbeliebteren Beschäftigungsformen mehr als entlohnte Tätigkeit sein. Unabhängig von der Art und Wertigkeit der verrichteten Arbeit bietet tatsächliche Beschäftigung prinzipiell das Potential, seine Persönlichkeit auszudrücken und auszuleben.[56] Mithin kann berufliche Beschäftigung berufsunabhängig zur individuellen Selbstbestimmung und Selbstbestätigung beitragen.[57]

Zudem wird auch die individuelle Strukturierung des Tagesablaufs maßgeblich von der tatsächlichen Inanspruchnahme im Rahmen des Arbeitsverhältnisses geprägt. Die tatsächliche Beschäftigung dient insoweit als Ordnungsfaktor und Maßstab, an welchem sich die übrige Zeiteinteilung orientiert.[58] Sie strukturiert den Tages-, Wochen-, Monats- und Jahresrhythmus eines Menschen.[59] Jahresurlaub, Feiertage, das freie Wochenende und der Feierabend erhalten hierdurch einen besonderen Stellenwert.[60]

Dass tatsächliche Beschäftigung zu einem strukturierten Tagesablauf zwingt, wird in besonderem Ausmaß wiederum am Beispiel des Berufssports deutlich: Die Lebensführung des Leistungssportlers ist determiniert durch tägliche Trainingszeiten, starre Ernährungspläne, Verhaltenskodexe und andere Entbehrungen im privaten Bereich. Der Tag ist umfassend auf den Beruf abgestimmt, die Jahresplanung orientiert sich an den wichtigsten Wettkämpfen. Insofern ist in besonderem Maße das ideelle Bedürfnis des Athleten nachzuvollziehen, seiner auf den beruflichen Erfolg abgestimmten Lebensführung durch die tatsächliche Teilnahme an Spielen und Wettkämpfen Ausdruck zu verleihen.[61]

---

56 Vgl. auch *Bengelsdorf*, NZA 2005, 278.
57 *Aßländer*, Bedeutungswandel der Arbeit, S. 34.
58 *Jahoda*, Wieviel Arbeit braucht der Mensch?, S. 9.
59 *Himmelmann*, Politik unterrichten 2007, 46.
60 *Himmelmann*, Politik unterrichten 2007, 46.
61 *Joel*, Der arbeitsrechtliche Beschäftigungsanspruch im Berufssport, S. 2.

Im Falle einer Freistellung ist die zuvor durch die Beschäftigung vorgegebene Zeit- und Sinnstruktur nicht mehr vorhanden, wodurch Lebensrhythmus und Lebensplanung zwangsläufig Einschnitte erfahren.[62] Insofern nimmt tatsächliche Beschäftigung nicht nur bezüglich der Selbstwahrnehmung, sondern auch mit Blick auf die Selbstorganisation eine entscheidende Rolle im Leben des Arbeitnehmers ein.[63]

### *d) Sozialer Kontakt*

Nicht zuletzt bedeuten Arbeit und tatsächliche Beschäftigung in großem Maß sozialen Kontakt.[64] Berufliche Betätigung ermöglicht soziale Identität und Beziehungen zu anderen Menschen auch über den Kreis der Familie hinaus.[65] 2010 gaben 67 % der Befragten in Deutschland an, am Arbeitsplatz gute Freunde zu haben.[66] Tatsächliche Beschäftigung bildet damit einen entscheidenden Faktor zur Aufrechterhaltung seines sozialen Umfelds. Ebenfalls im Jahr 2010 erklärten 51 % der Befragten in Deutschland, ihre Freunde bei der Arbeit oder am Arbeitsplatz kennengelernt zu haben.[67] Oft kann eine Unterscheidung zwischen Kollegen und Freunden nicht mehr vorgenommen werden, die Grenzen zwischen den Kategorien sind mitunter fließend.[68] Daher kann sich die Befriedigung der sozialen und beruflichen Bedürfnisse auch auf den sozialen Kontakt im Kollegenkreis bzw. auf das als angenehm empfundene Betriebsklima beziehen.[69] Eine Freistellung des Arbeitnehmers hat somit Auswirkungen auf das soziale Umfeld des Arbeitnehmers. Auch insofern kann der Arbeitnehmer ein Interesse an der tatsächlichen Inanspruchnahme seiner Arbeitsleistung haben.[70]

---

62 *Himmelmann*, Politik unterrichten 2007, 46.

63 *Himmelmann*, Politik unterrichten 2007, 46.

64 Vgl. auch *Herschel*, der von einer „Entfaltung intensiver persönlichkeitsbetonter, vertikaler und horizontaler Beziehungen im Betrieb“ spricht, BB 1977, 708, 709.

65 *Jahoda*, Wieviel Arbeit braucht der Mensch?, S. 9.

66 *Körner/Puch/Wingerter*, Qualität der Arbeit, S. 999.

67 IfD Allensbach, Gesprächskultur 2.0: Wie die digitale Welt unser Kommunikationsverhalten verändert, S. 73 f.

68 *Elsner*, Wertschätzung von hochqualifizierten Mitarbeitern, S. 94 f.

69 *Himmelmann*, Politik unterrichten 2007, 45.

70 Vgl. insoweit auch *von Rotz*, S. 389: Erwerbsarbeit als „soziale Notwendigkeit“.

## 3. Ergebnis

Die tatsächliche Beschäftigung hat sowohl in monetärer als auch in ideeller Hinsicht eine vielschichtige Bedeutung für das Leben des Arbeitnehmers. Aus finanzieller Perspektive ist dem Arbeitnehmer zunächst und vor allem daran gelegen, seinen Arbeitsplatz langfristig zu sichern. Daneben kann die tatsächliche Beschäftigung dem Erhalt bzw. der Steigerung seines Marktwerts sowie dem Erwerb von „besonderen" Vergütungsbestandteilen dienen. Auf ideeller Ebene lässt sich durch tatsächlich verrichtete Arbeit der erhaltene Verdienst rechtfertigen. Der Arbeitnehmer erfährt Wertschätzung, ist in den Kollegenkreis eingebunden und kann bestenfalls im Rahmen der Beschäftigung seine Persönlichkeit entfalten. Auch können durch die Arbeit soziale Kontakte gefördert und aufrechterhalten werden.[71]

Insgesamt ist allerdings zu erkennen, dass es sich bei den Interessen ideeller Art um eher weiche Faktoren handelt, die in jedem Einzelfall unterschiedlich stark ausgeprägt sein können und nicht zuletzt auch davon abhängen werden, inwieweit zumindest die monetären Grundinteressen des Arbeitnehmers befriedigt und gesichert sind. Denn nur wer seine physiologischen Grundbedürfnisse nach Versorgung durch die Sicherheit eines einträglichen Arbeitsplatzes befriedigt weiß, wird sozialen Aspekten, der Achtung im gesellschaftlichen Umfeld sowie seinen Interessen nach Selbstwahrnehmung und Selbstverwirklichung einen entsprechenden Stellenwert beimessen können.[72] Insofern lassen sich die monetären Interessen zwar nicht als qualitativ „stärker", verallgemeinernd

71 Insofern kann die unter dem Blickwinkel des Bestandsschutzes getätigte Feststellung *Krauses*, dass das Arbeitsverhältnis regelmäßig sowohl die wirtschaftliche Existenz des Arbeitnehmers sichert, als auch dessen persönliche und gesellschaftliche Stellung bestimmt, auf den Umstand einer bestehenden tatsächlichen Beschäftigung ausgeweitet werden. Denn die Interessen des Arbeitnehmers können nicht nur durch die Beendigung des Arbeitsverhältnisses, sondern auch durch die Nichtbeschäftigung im Rahmen eines bestehenden Arbeitsverhältnisses erheblich tangiert werden, vgl. *Krause*, in: Wendepunkte der Rechtswissenschaft: Aspekte des Rechts in der Moderne (2014), S. 175, 203.

72 Vgl. insoweit exemplarisch die Maslow´sche Bedürfnispyramide, nach welcher die physiologischen Grundbedürfnisse (z.B. nach Nahrung und Wärme) die grundlegendste Bedürfnisform darstellt, auf welcher Sicherheitsbedürfnisse, soziale Bedürfnisse, Achtungsbedürfnisse sowie Selbstverwirklichungsbedürfnisse nach ihrem Bedeutungsgehalt geordnet aufeinander aufbauen, *Schlick/Bruder/Luczak*, Arbeitswissenschaft, S. 184 f.

allerdings als grundlegender bezeichnen.[73] Sie fungieren gleichzeitig als Katalysator, auf deren Basis sich die ideellen Interessen (noch) stärker ausprägen können.

## II. Arbeitgeberinteressen

Welche Interessen hat demgegenüber der Arbeitgeber an einer Freistellung des Arbeitnehmers? Auch diese Vorstellung erscheint wiederum auf den ersten Blick paradox, zumindest wenn man die Tatsache unterstellt, dass der Arbeitgeber zur Lohnzahlung verpflichtet bleibt.[74] Doch offenbar gibt es Situationen, in denen es dem Arbeitgeber lieber ist, den Arbeitnehmer trotz seiner Untätigkeit zu entlohnen als seine Gegenleistung in Form der Arbeitsleistung entgegennehmen zu müssen. Wann hat also der Arbeitgeber ein – jedenfalls nicht offensichtlich unberechtigtes –[75] Interesse daran, seinen Arbeitnehmer nicht (mehr) tatsächlich zu beschäftigen?

### 1. Betrieblich veranlasste Interessen

Das Interesse des Arbeitgebers an einer Freistellung seines Mitarbeiters kann sich zunächst aus betrieblichen Erfordernissen ergeben. Dies ist vor allem dann der Fall, wenn eine wirtschaftlich sinnvolle Beschäftigung des Arbeitnehmers nicht (mehr) möglich bzw. unrentabel ist, wobei hierfür sowohl außerbetriebliche als auch innerbetriebliche Umstände ursächlich sein können.

#### *a) Außerbetriebliche Ursachen*

Als von außen auf den Betrieb einwirkende Umstände kommen vornehmlich schlechte Auftragslagen, Absatzstockungen, aber auch Produktionsschwierig-

---

73 Anders *Lepke*, nach dem es in aller Regel immaterielle Gesichtspunkte sind, die gegenüber den materiellen Interessen an einer tatsächlichen Beschäftigung überwiegen, DB 1971, 478, 480.

74 In diese Richtung auch *Strehlein*, die darauf hinweist, dass der Arbeitgeber nach § 611 I BGB in erster Linie Gläubiger der Arbeitsleistung des Arbeitnehmers ist und damit die Erfüllung des Beschäftigungsanspruchs grundsätzlich seinem eigenen Gläubigerinteresse entspringt, *Strehlein*, Freistellungsklauseln, S. 75; vgl. auch *Lepsien*, Die Suspendierung eines Arbeitnehmers im unstreitigen Arbeitsverhältnis, S. 51.

75 Beispielhaft für ein solch unberechtigtes Interesse wäre etwa der Versuch des Arbeitgebers, einen von Rechts wegen nicht kündbaren Arbeitnehmer durch Nichtbeschäftigung zu zermürben, damit dieser von sich aus das Arbeitsverhältnis beendet.

keiten bei Zulieferern oder anderen kooperierenden Unternehmen in Betracht.[76] Selbst wenn man die Personalkosten der sinnlos beschäftigten Mitarbeiter außer Acht lässt, da diese in der Regel auch im Falle einer Freistellung anfallen werden, so kann die Aufrechterhaltung der Produktion trotz eines akuten Auftragsmangels für den Arbeitgeber dennoch aus unterschiedlichen Gründen wirtschaftlich sinnlos sein:

Zunächst muss der Arbeitgeber den Arbeitnehmern Arbeitsmittel zur Verfügung stellen. Dadurch entstehen Material-, Rohstoff- und Herstellungskosten für Waren, die evtl. gar nicht abgesetzt werden können.[77] Für sinnlos produzierte Waren können außerdem Lagerkosten und -ressourcen sowie unter Umständen kostenintensive Verwaltungsmaßnahmen anfallen.[78] Auch können bei der Produktion Energie- und Wartungskosten für die sich im Betrieb befindlichen Maschinen und Produktionsstätten entstehen. Für den Arbeitgeber einzusparende Kosten können sich demnach auch aus technisch-organisatorischen betrieblichen Abläufen ergeben.[79] Daneben kommen aufgrund der in der Praxis häufig zersplitterten inner- und außerbetrieblichen Arbeitsteilung weiter unnötige Personalkosten anderer als der unmittelbar freigestellten Arbeitnehmer in Betracht. Denn das Tätigkeitsfeld einzelner Arbeitnehmer ist nicht selten von der Zuarbeit anderer abhängig oder löst mitunter andere Arbeitsschritte wie beispielsweise Qualitätskontrollen aus.[80]

Durch eine wirtschaftlich sinnlose Beschäftigung können daher Kosten verursacht werden, die weit über die reinen Personalkosten hinausgehen. Die Aufwendungen für die Beschäftigung eines nicht sinnvoll eingesetzten Arbeitnehmers können alles eingeschlossen mitunter extrem hoch sein.[81] Daher kann, obwohl in der Regel der Entgeltanspruch des Arbeitnehmers aufrechterhalten bleibt, eine Freistellung ein probates Mittel darstellen, um insgesamt Kosten zu senken.[82]

---

76 *Hueck/Nipperdey*, Lehrbuch des Arbeitsrechts, 7. Auflage, Band I, S. 383; *Dütz* in: 25 Jahre Bundesarbeitsgericht (1979), S. 71, 84.

77 *Bengelsdorf*, NZA 2005, 278.

78 *Ruhl/Kassebohm*, NZA 1995, 497, 502.

79 *Ruhl/Kassebohm*, NZA 1995, 497, 502.

80 *Rinösl*, Der Beschäftigungsanspruch des Arbeitnehmers in der Insolvenz des Arbeitgebers, S. 30; *Ruhl/Kassebohm*, NZA 1995, 497, 502; *Kassebohm/Malorny*, BB 1994, 1361 f.

81 Marotzke, InVo 2004, 301, 310.

82 *Ruhl/Kassebohm*, NZA 1995, 497, 502.

### *b) Innerbetriebliche Ursachen*

Ebenso kann die Beschäftigung des Arbeitnehmers aufgrund innerbetrieblicher Umstände unrentabel sein, was insbesondere während der Umsetzung eines hervortretenden Umstrukturierungs- oder Rationalisierungsbedarfs der Fall sein kann. Denn bei der Umstrukturierung eines Betriebs kann es mitunter weniger Ressourcen erfordern, die von der Umorganisation betroffenen Arbeitnehmer zeitweise nicht zu beschäftigen, als ihnen eine – eventuell übergangsweise veränderte – Arbeit zuzuweisen um sie kontinuierlich adäquat beschäftigen zu können. Dementsprechend kann der Arbeitgeber auch im Falle von Renovierungs- und Umbaumaßnahmen ein Interesse daran haben, die Arbeitnehmer über einen begrenzten Zeitraum nicht im Betrieb einzusetzen. Natürlich kann sich die Notwendigkeit für betriebliche Umstrukturierungsmaßnahmen auch aus einer schlechten Auftragslage oder dauerhaften Absatzschwierigkeiten ergeben, sodass insoweit ein Interessenzusammenhang zu vorgenanntem Aspekt besteht.[83] Insgesamt ist es für den Arbeitgeber jedenfalls von erheblicher Bedeutung, das Unternehmen mit Blick auf strukturelle, organisatorische und kapazitive Fragen wirtschaftlich vernünftig führen und Rationalisierungsmaßnahmen unter Effizienzgesichtspunkten gezielt durchsetzen zu können.[84]

## 2. Verhaltensbezogene Interessen

Auch kann ein arbeitgeberseitiges Nichtbeschäftigungsinteresse aus einem tatsächlichen oder angenommenen Fehlverhalten des Arbeitnehmers resultieren.[85]

### *a) Strafbare Handlungen*

Dies kommt besonders im Falle von mit dem Arbeitsverhältnis in Zusammenhang stehenden strafbaren Handlungen des Arbeitnehmers in Betracht. Dazu zählt einerseits ein strafbares Verhalten gegenüber dem Arbeitgeber selbst (z.B. das „In-die-Kasse-greifen" des Kassierers eines Supermarktes[86] oder die Weitergabe von Geschäfts- bzw. Betriebsgeheimnissen), andererseits aber auch ein strafbares Verhalten gegenüber Dritten wie etwa Kunden des Arbeitgebers (z.B.

---

83 Siehe unter B. II. 1. a); in diesem Sinne auch *Fesenmeyer*, Die Freistellung des Arbeitnehmers von der Arbeit, S. 28.

84 *Bengelsdorf*, NZA 2005, 278.

85 *Hueck/Nipperdey*, Lehrbuch des Arbeitsrechts, 7. Auflage, Band I, S. 383.

86 Vgl. *Hoß/Lohr*, BB 1998, 2575: Freistellungsinteresse bei „Vermögens- und Eigentumsdelikten zu Lasten des Arbeitgebers".

Diebstahl von Wertgegenständen aus den Räumlichkeiten des Auftraggebers durch einen angestellten Handwerker), wodurch ein erheblicher Reputationsverlust des Arbeitgebers droht. Hier kann dem Arbeitgeber daran gelegen sein, den betroffenen Arbeitnehmer „aus der Schusslinie" zu nehmen, um eine weitere Eskalation der Situation - auch in der Öffentlichkeit - zu vermeiden.

Ein Freistellungsinteresse kann allerdings auch bereits in Situationen bestehen, in denen nur der Verdacht einer strafbaren Handlung des Arbeitnehmers besteht.[87] In diesen Fällen wird mit einer Freistellung mitunter das Ziel verfolgt, den verdächtigen Mitarbeiter bis zu einer Klärung des Sachverhalts und zur Beweissicherung von seinem Einsatzort fernzuhalten.[88]

### *b) Sonstige Vertragsverletzungen*

Allerdings kann ein Vertrauensverlust nicht nur durch strafbares Verhalten des Arbeitnehmers, sondern auch durch anderweitige nicht unerhebliche Vertragsverletzungen ausgelöst werden, etwa wenn der Arbeitnehmer regelmäßig zu spät zur Arbeit kommt oder während der Arbeitszeit in großem zeitlichem Umfang privat im Internet surft. Auch die noch unterhalb der Strafbarkeitsschwelle des § 23 GeschGehG liegende Weitergabe von Geschäfts- bzw. Betriebsgeheimnissen im laufenden Arbeitsverhältnis oder ein Tätigwerden für die Konkurrenz kann als Vertragsverletzung ein arbeitgeberseitiges Interesse an einer Nichtbeschäftigung des Arbeitnehmers auslösen.[89] Zwar kann eine Freistellung im Gegensatz zur Kündigung auch hier keine Dauerlösung sein.[90] Bis zur endgültigen Klärung des Sachverhalts und Abwägung der in Betracht kommenden Reaktions- bzw. Sanktionsmöglichkeiten kann eine vorübergehende Entfernung des Arbeitnehmers aber durchaus im Interesse des Arbeitgebers liegen.[91]

Daneben kann ein temporäres Nichtbeschäftigungsinteresse auch durch eine Störung des Betriebsklimas hervorgerufen werden.[92] Das Verhalten eines

---

87 Siehe hierzu LAG Hamm 12.12.2001 - 10 Sa 1741/01, NZA-RR 2003, 311; ErfK/*Müller-Glöge*, § 620 BGB Rn. 44.

88 *Luckey*, NZA 1992, 873, 875; Schaub/*Koch*, ArbR-Hdb, 16. Auflage, § 109 Rn. 10; *Fesenmeyer*, Die Freistellung des Arbeitnehmers von der Arbeit, S. 32.

89 *Ruhl/Kassebohm*, NZA 1995, 497, 501; *Strehlein*, Freistellungsklauseln, S. 102 f.

90 So auch *Fesenmeyer*, Die Freistellung des Arbeitnehmers von der Arbeit, S. 33; *Strehlein*, Freistellungsklauseln, S. 92.

91 Insoweit ähnelt die Interessenlage des Arbeitgebers derjenigen wie beim Verdacht strafbarer Handlungen, vgl. oben B.II.2.a).

92 *Hromadka/Maschmann*, Arbeitsrecht Band 1, § 7 Rn. 151; *Hueck/Nipperdey*, Lehrbuch des Arbeitsrechts, 7. Auflage, Band I, S. 383.

Mitarbeiters kann Spannungen innerhalb der Belegschaft auslösen, die für eine sinkende Produktivität und damit ein insgesamt negativ beeinflusstes Arbeitsergebnis verantwortlich sein können. Ein provozierender oder störender Mitarbeiter kann nicht nur das Verhältnis der Kollegen untereinander, sondern ebenso dasjenige zu Kunden, Lieferanten und anderen Geschäftspartnern belasten, sodass durch ungebührliches Verhalten, neben dem Effekt interner Spannungen, auch die Reputation eines Unternehmens beschädigt zu werden droht. Speziell im personal geführten (Klein)Betrieb können darüber hinaus Konflikte im unmittelbaren Verhältnis zwischen Arbeitnehmer und Arbeitgeber hinzukommen, welche wiederum zu einem Vertrauensverlust[93] führen und das Arbeitsverhältnis negativ belasten können.

### *c) Gefahr wettbewerblicher Nachteile nach Ausscheiden des Arbeitnehmers*

Außerdem droht dem Arbeitgeber, besonders nach einer im Zuge des Arbeitsplatzwechsels vom Arbeitnehmer ausgesprochenen Kündigung, die Gefahr, dass dieser Betriebsinterna zu seinem neuen Beschäftigungsverhältnis mitnimmt und hierdurch einen Konkurrenten stärkt.[94] Speziell wenn der Arbeitnehmer keinem wirksamen nachvertraglichen Wettbewerbsverbot unterliegt und in einer Position beschäftigt ist, in welcher er Zugang zu vertraulichen Informationen und Geschäftsgeheimnissen hat, droht aus Sicht des ursprünglichen Arbeitgebers im Falle einer sich anschließenden Neuanstellung die unerwünschte Preisgabe

---

93 Der „Wegfall der Vertrauensgrundlage“ zwischen Arbeitgeber und Arbeitnehmer wird vom BAG auf Seiten der eine Freistellung möglicherweise rechtfertigenden Arbeitgeberinteressen angeführt und in der Literatur mitunter als eigenständige Fallgruppe behandelt, vgl. BAG 27.02.1985 - GS 1/84, NZA 1985, 702, 703; MHdB/*Reichold*, § 92 Rn. 11; ErfK/*Preis*, § 611a BGB Rn. 563; *Dütz* in: 25 Jahre Bundesarbeitsgericht, S. 71, 84 f.; *Rinösl*, Der Beschäftigungsanspruch des Arbeitnehmers in der Insolvenz des Arbeitgebers, S. 33 f.; *Strehlein*, Freistellungsklauseln, S. 134 ff. Da das Vertrauen zwischen Arbeitgeber und Arbeitnehmer allerdings aufgrund unterschiedlichster Lebenssachverhalte gestört sein kann, wird an dieser Stelle von der Bildung einer eigenständigen Fallgruppe abgesehen. Unter welchen Voraussetzungen eine Freistellung tatsächlich auf ein beschädigtes Vertrauensverhältnis gestützt werden kann, soll an späterer Stelle unter F. V. 2. erörtert werden.

94 Küttner/*Kania*, Personalbuch 2020, Beschäftigungsanspruch Rn. 7; APS/*Preis*, Grundlagen K Rn. 76.

der mitgenommenen Informationen.[95] Dementsprechend kann der Arbeitgeber ein Interesse daran haben, den Arbeitnehmer möglichst schnell von seinem bisherigen Arbeitsplatz zu entfernen, damit dieser insbesondere nicht mehr die Möglichkeit hat, sich zielgerichtet Zugang zu vertraulichen Informationen zu verschaffen, Daten zu sichern oder etwa nützliche betriebliche Kontakte zu pflegen.[96] Besonders bei einer arbeitnehmerseitigen Kündigung stellt sich in diesem Zusammenhang allerdings das Problem, dass der seine Kündigung vorausplanende Mitarbeiter bereits im Vorfeld ausreichend Gelegenheit haben wird, um seine Absichten umzusetzen.

Aber auch nach einer arbeitgeberseitig ausgesprochenen Kündigung besteht das Risiko, dass der gekündigte Arbeitnehmer versucht, für ihn wertvolle Betriebsinterna zu sichern. Selbst wenn hierdurch nicht die Stärkung eines Konkurrenten avisiert oder etwa der Start in die Selbstständigkeit erleichtert werden soll, so können betriebsinterne Informationen doch über ein gewisses Druckpotential verfügen, mit denen der unliebsame ehemalige Arbeitgeber geschädigt werden kann.

Ähnliche Risiken drohen, wenn nicht die Kündigung, sondern der Abschluss eines Aufhebungsvertrags oder der Ablauf einer Befristung in Aussicht steht.

### 3. Personenbezogene Interessen

Nicht zuletzt kann sich ein arbeitgeberseitiges Freistellungsinteresse aus Umständen ergeben, deren Ursprung in der Person des Arbeitnehmers liegt.

#### *a) Mangelnde Leistungsfähigkeit*

Dies kann etwa dann der Fall sein, wenn der Arbeitnehmer seine Arbeitsleistung nicht oder nicht ordnungsgemäß erbringt, weil er nicht ausreichend leistungsfähig ist.[97]

Mangelnde Leistungsfähigkeit kann körperliche und geistige Ursachen haben und sowohl auf einem vorübergehenden Zustand (z.B. Übermüdung, Unwohlsein, vorübergehender Alkoholrausch nach einer ausgiebigen Feier), als auch auf

---

95 HWK/*Thüsing*, § 611a BGB Rn. 326; *Reidel*, NZA 2000, 454, 455; *Fesenmeyer*, Die Freistellung des Arbeitnehmers von der Arbeit, S. 34 f.; exemplarisch auch die Interessenlage bei LAG Hamm 03.11.1993 - 15 Sa 1592/93, LAGE § 611 BGB, Beschäftigungspflicht Nr. 36.

96 *Strehlein*, Freistellungsklauseln, S. 103.

97 *Nikisch*, Arbeitsrecht, I. Band, 3. Auflage, S. 515; *Hueck/Nipperdey*, Lehrbuch des Arbeitsrechts, 7. Auflage, Band I, S. 385 Fn. 23.

langfristigen Erkrankungen (z.B. Alkohol-/Drogensucht) beruhen.[98] Insoweit kann dem Arbeitgeber daran gelegen sein, den bedingt leistungsfähigen Mitarbeiter[99] zu seinem eigenen Schutz wie auch zum Schutz der übrigen Belegschaft vorübergehend aus dem Betrieb zu entfernen.[100]

### *b) Ansteckende Krankheiten*

Ebenso kann der Arbeitgeber ein Interesse an der Freistellung eines Arbeitnehmers haben, der unter einer ansteckenden, ihn gleichwohl aber nicht an der ordnungsgemäßen Erbringung seiner Arbeitsleistung hindernden Krankheit leidet.[101] Hierzu können je nach Schweregrad und Ausprägung beispielsweise „leichtere" Diagnosen wie Kopfläuse,[102] aber auch ernste Infektionen wie solche mit Hepatitis, HIV oder dem Coronavirus SARS-CoV-2 zählen.[103] Durch eine Nichtbeschäftigung kann der Arbeitgeber den Kontakt der infizierten Person zu

---

98 Nach einer Auswertung der Deutschen Hauptstelle für Suchtfragen e.V., welcher u. a. Zahlen des Stanford Research Institute zugrunde liegen, sind etwa 5 % der Arbeitnehmer und bis zu 10 % der Führungskräfte alkoholabhängig. Daneben sind bis zu 10 % der Arbeitnehmer „problematisch Konsumierende". Mit diesem Begriff werden in der Studie Personen bezeichnet, bei denen die Arbeitsleistung durch Alkoholkonsum negativ beeinflusst wurde, unabhängig davon, ob eine klinische Diagnose vorlag, vgl. DHS Factsheet, S. 1.

99 Auch wenn es in der Praxis schwierig ist, eine Minderung der Arbeitsleistung objektiv zu messen und ursächlich auf einen vermehrten Alkoholkonsum zurückzuführen, so gibt es doch für bestimmte Zusammenhänge belastbare Indikatoren, die auf eine Herabsetzung der Arbeitsfähigkeit hindeuten. Nach den Daten des Stanford Research Institute stellte sich bei „problematisch Konsumierenden" durchschnittlich ein etwa 25 %iger Verlust der Arbeitsleistung ein, DHS Factsheet, S. 1.

100 Nach dem Global Status Report on Alcohol 2004 der WHO sind bei 20 % bis 25 % aller Arbeitsunfälle, die zu einer Verletzung des Konsumenten selbst oder eines Dritten führen, Personen unter Alkoholeinfluss involviert, DHS Factsheet, S. 4. Nach den Daten des Stanford Research Institute erleiden „problematisch Konsumierende" ca. 3,5mal häufiger Arbeitsunfälle als andere Arbeitnehmer, DHS Factsheet, S. 1.

101 *Hueck/Nipperdey*, Lehrbuch des Arbeitsrechts, 7. Auflage, Band I, S. 385 Fn. 23; *Luckey*, NZA 1992, 873, 875; *Stück*, AuA 2005, 704, 705.

102 *Strehlein*, Freistellungsklauseln, S. 99.

103 Zur HIV-Infektion vgl. *Luckey*, NZA 1992, 873, 875; *Strehlein*, Freistellungsklauseln, S. 100; ausführlich zu den in Zusammenhang mit einer HIV-Infektion stehenden arbeitsrechtlichen Fragen siehe *Lepke*, RdA 2000, 87 ff. sowie *Richardi*, NZA 1988, 73 ff.; zu arbeitsrechtlichen Fragen in der Corona-Krise siehe *Sagan/Brockfeld*, NJW 2020, 1112 ff. sowie *Fuhlrott/Fischer*, NZA 2020, 345 ff.

Kollegen und Kunden vermeiden und somit dessen Umfeld im Bedarfsfall vorübergehend schützen. Gleichwohl wird das Instrument der Freistellung im Sinne einer vorübergehenden Nichtbeschäftigung nur dann Sinn machen, wenn ein Ende der Krankheit absehbar oder zumindest theoretisch möglich ist. Im Falle von unheilbaren Infektionen wird der Arbeitgeber langfristigere Optionen zum Schutz der mit dem infizierten Arbeitnehmer in Kontakt kommenden Personen in Betracht ziehen müssen.

## 4. Ergebnis

Der Wunsch des Arbeitgebers an einer Freistellung des Arbeitnehmers kann in unterschiedlichsten Sachverhaltskonstellationen seinen Ursprung haben. Im Ergebnis liegen den Arbeitgeberinteressen allerdings hauptsächlich monetäre Aspekte zugrunde: Ist die Beschäftigung des Arbeitnehmers unrentabel oder drohen wettbewerbliche Nachteile, kann sich dies unmittelbar auf die Bilanz des Arbeitgebers auswirken. Ebenso können drohende Reputationsverluste des Arbeitgebers, seien sie durch strafbare Handlungen, sonstige Vertragsverletzungen oder schlichtweg ungebührliches Verhalten des Arbeitnehmers ausgelöst, zu wirtschaftlichen Einbußen und damit finanziellen Nachteilen führen. Auch Gefahren für die Belegschaft durch ansteckende Krankheiten oder Störungen des Betriebsklimas können die Produktivität negativ beeinflussen. Daneben scheinen die immateriellen Interessen in den Hintergrund zu treten. Gleichwohl ist nicht zu verkennen, dass der Wunsch nach einer Freistellung beim Arbeitgeber auch durch rein persönliche Indifferenzen ausgelöst werden kann, oder ein potentiell straffällig gewordener Arbeitnehmer aus ethisch-moralischen Gründen nicht beschäftigt werden soll. Insgesamt kann allerdings festgehalten werden, dass materielle Erwägungen in der Tat die weit überwiegende Motivation für ein arbeitgeberseitiges Freistellungsbegehren sein dürften. Insbesondere eine (von welcher Seite auch immer ausgehende) Beendigung des Arbeitsverhältnisses vermag die aufgezeigten arbeitgeberseitigen Interessen, wenn nicht gar zu begründen, so doch zumindest häufig noch zu verstärken.

# C. Einfachgesetzliche Vorgaben

Die Interessenlage der Arbeitsvertragsparteien bzw. speziell diejenige der Arbeitnehmerseite hat im Bürgerlichen Gesetzbuch keinen unmittelbaren Niederschlag im Sinne einer gesetzlich geregelten Vertragspflicht des Arbeitgebers zum tatsächlichen Einsatz des Arbeitnehmers gefunden. Der seit dem 01.04.2017 in Kraft getretene § 611a BGB normiert lediglich die Verpflichtung des Arbeitnehmers zur Leistung weisungsgebundener, fremdbestimmter Arbeit in persönlicher Abhängigkeit (§ 611a I 1 BGB), sowie andererseits diejenige des Arbeitgebers zur Zahlung der vereinbarten Vergütung (§ 611a II BGB). Auch durch § 611 BGB wird nur der Dienstverpflichtete zur Leistung der versprochenen Dienste und der Dienstberechtigte zur Gewährung der vereinbarten Vergütung verpflichtet.[104] Zwar statuiert § 615 S. 1 BGB für den Fall des Annahmeverzugs die Pflicht des Arbeitgebers zur Zahlung der vereinbarten Vergütung, ohne dass der Arbeitnehmer zur Nachleistung der Dienste verpflichtet ist. Hierdurch wird allerdings nur das unmittelbare Vergütungsinteresse des Arbeitnehmers und nicht dasjenige an seiner tatsächlichen Beschäftigung befriedigt.[105]

Vergleicht man die Vorschriften des Dienstvertragsrechts mit anderen gesetzlich geregelten Vertragstypen, so fällt auf, dass sowohl im Kaufvertrags- wie auch im Werkvertragsrecht eine Abnahmepflicht für den Käufer bzw. den Besteller des Werkes vorgesehen ist.[106] Das Nichtvorhandensein einer ähnlichen dienstvertraglichen Normierung beruht auf dem Umstand, dass der Vertragstyp des Dienstvertrags am Modell der Sachmiete angelehnt ist,[107] welches wiederum

---

104 Bis zur Einführung des § 611a BGB, welcher nunmehr den (abhängigen) Arbeitsvertrag vom (freien) Dienstvertrag abgrenzt, wurden Dienst- und Arbeitsvertrag gleichermaßen aus § 611 BGB abgeleitet. Gleichwohl ist auch noch nach Einführung des § 611a BGB anerkannt, dass auf den Arbeitsvertrag die Normen des Schuldrechts, insbesondere der §§ 611 ff. BGB, Anwendung finden, vgl. ErfK/*Preis*, § 611a BGB Rn. 4 ff.; *Hueck/Nipperdey*, 7. Auflage, Lehrbuch des Arbeitsrechts, Band I, S. 128 ff.; Palandt/*Weidenkaff*, Einf. v. § 611 BGB Rn. 4.

105 Zu den in Betracht kommenden Arbeitnehmerinteressen an tatsächlicher Beschäftigung siehe unter B. I.

106 § 433 II BGB verpflichtet den Käufer neben der Kaufpreiszahlung zur Abnahme der gekauften Sache, § 640 I BGB verpflichtet den Besteller zur Abnahme des vertragsgemäß hergestellten Werkes.

107 *Fabricius*, ZfA 1972, 35, 37; Staudinger/*Latzel*, Vorbem. zu § 611 BGB Rn. 3.

auf den Regelungen des römischen Rechts zur Sklavenmiete fußt.[108] Im Mietrecht ist eine Abnahme- oder Gebrauchspflicht des Mieters allerdings nicht normiert, sodass infolgedessen auch eine Beschäftigungspflicht keinen Einzug in das Dienstvertragsrecht gefunden hat.[109] Andersherum sind im Bürgerlichen Gesetzbuch dementsprechend auch keine Ausnahmen von einer solchen Beschäftigungspflicht geregelt, die für Klarheit sorgen könnten, ob und ggf. unter welchen Voraussetzungen ein Arbeitnehmer im unstreitig bestehenden Arbeitsverhältnis einseitig freigestellt werden darf.

Außerhalb des Bürgerlichen Gesetzbuchs gibt es in besonderen Konstellationen hingegen vereinzelt gesetzlich geregelte Beschäftigungsansprüche. So haben Beschäftigte, die in einem Berufsausbildungsverhältnis stehen, einen durch § 14 I Nr. 1 BBiG gesetzlich implizierten Anspruch auf tatsächliche Ausbildung bzw. Beschäftigung gegenüber dem Ausbildenden.[110] Auch schwerbehinderte Menschen haben gem. § 164 IV 1 Nr. 1 SGB IX gegenüber ihrem Arbeitgeber einen Anspruch auf tatsächliche Beschäftigung, bei der sie ihre Fähigkeiten und Kenntnisse möglichst voll verwerten und weiterentwickeln können.[111] Abgesehen von diesen Sonderkonstellationen bleibt allerdings festzuhalten, dass ein allgemeiner Beschäftigungsanspruch des Arbeitnehmers im unstreitig bestehenden Arbeitsverhältnis nicht unmittelbar gesetzlich normiert ist.[112]

---

108 Staudinger/*Latzel*, Vorbem. zu § 611 BGB Rn. 3; *Hueck/Nipperdey*, Lehrbuch des Arbeitsrechts, 7. Auflage, Band I, S. 161 ff.; *Fabricius*, ZfA 1972, 35, 37.

109 *Fabricius*, ZfA 1972, 35, 37; *Pallasch*, Der Beschäftigungsanspruch des Arbeitnehmers, S. 17.

110 LAG Berlin 19.01.1978 - 9 Ta 1/78, AP Nr. 9 zu § 888 ZPO, Gründe I; ErfK/*Schlachter*, § 14 BBiG Rn. 3; Wohlgemuth/*Banke*, § 14 Rn. 5; der Beschäftigungsanspruch des Auszubildenden ist im Übrigen gem. § 25 BBiG unabdingbar, sodass eine Freistellung insoweit nicht in Betracht kommt.

111 *Kossens*/von der Heide/Maaß, SGB IX, § 81 Rn. 59 ff.; Feldes/Kohte/Stevens-Bartol/*Faber*, SGB IX, § 81 Rn. 37 ff.; *Boecken*, RdA 2012, 210, 211 ff.

112 Im streitigen Arbeitsverhältnis existiert der gesetzlich durch § 102 V BetrVG normierte betriebsverfassungsrechtliche Weiterbeschäftigungsanspruch, der allerdings nicht Gegenstand dieser Arbeit ist.

# D. Der allgemeine Beschäftigungsanspruch im Wandel der Zeit

Gleichwohl ist ein allgemeiner Beschäftigungsanspruch des Arbeitnehmers im unstreitig bestehenden Arbeitsverhältnis (zumindest seiner Existenz nach)[113] sowohl in der Rechtsprechung[114] wie auch in der Literatur[115] nicht erst seit Kurzem allgemein anerkannt. Um nachvollziehen zu können, wie es trotz der fehlenden gesetzlichen Normierung zu einer derartigen Etablierung dieses Rechtsinstituts gekommen ist,[116] soll im Folgenden die historische Entwicklung des allgemeinen Beschäftigungsanspruchs in ihrer gebotenen Kürze nachgezeichnet werden. Der Gefahr einer Ausuferung begegnend, wird die Darstellung auf die wesentlichen Eckpunkte der Rechtsprechung sowie einige zentrale Literaturstimmen beschränkt.

## I. Beginn des 20. Jahrhunderts und Weimarer Republik

Zu Beginn des 20. Jahrhunderts und in der Weimarer Republik stand die weit überwiegende Meinung einem allgemeinen Beschäftigungsanspruch des Arbeitnehmers ablehnend gegenüber. Eine Beschäftigungspflicht des Arbeitgebers sollte, wenn überhaupt, nur im Falle eines besonderen Arbeitnehmerinteresses und auch dann nur durch eine ausdrückliche oder allenfalls stillschweigende Vereinbarung der Arbeitsvertragsparteien begründet werden können.[117] Eine solch besondere Interessenlage wurde vornehmlich bei politisch, wissenschaftlich oder künstlerisch tätigen Arbeitnehmern, insgesamt aber eher zurückhaltend

---

113 Zur dogmatischen Begründbarkeit siehe später unter E.

114 BAG 10.11.1955 - 2 AZR 591/94, AP Nr. 2 zu § 611 BGB Beschäftigungspflicht; BAG 27.02.1985 - GS 1/84, NZA 1985, 702; BAG 24.06.2015 - 5 AZR 462/14, NZA 2016, 108.

115 HWK/*Thüsing*, § 611a BGB Rn. 321; ErfK/*Preis*, § 611a BGB Rn. 563; APS/*Koch*, § 102 BetrVG, Rn. 230; Küttner/*Kania*, Personalbuch 2020, Beschäftigungsanspruch Rn. 1 f.; Schaub/*Ahrendt*, ArbR-Hdb, § 109 Rn. 1; a.A. etwa *Weber/Weber*, RdA 2007, 344, 352.

116 Vgl. auch *Ruhl/Kassebohm*, welche den Beschäftigungsanspruch als „von der Rechtsprechung zu einem Rechtsinstitut eigener Art entwickelt" beschreiben, *Ruhl/Kassebohm*, NZA 1995, 497.

117 *V. Gierke*, Deutsches Privatrecht, 3. Band, S. 617; *Hueck/Nipperdey*, Lehrbuch des Arbeitsrechts, 3. - 5. Auflage, Band I, S. 255 ff.; *Lotmar*, Der Arbeitsvertrag, Bd. 2, S. 261 f.

bejaht.[118] Andere Stimmen lehnten eine Beschäftigungspflicht des Arbeitgebers sogar gänzlich ab.[119]

In der Rechtsprechung wurde ein Beschäftigungsanspruch erstmals im Jahr 1910 durch das Reichsgericht für Bühnenkünstler anerkannt.[120] Zwar war das Recht auf Beschäftigung dem Arbeitnehmer im konkreten Fall „vertragsmäßig zugesichert",[121] allerdings deutete das Gericht bereits an, dass ein arbeitnehmerseitiger Anspruch auch „ausnahmsweise aus den Umständen des gegebenen Falles entnommen werden könne".[122]

Diese Rechtsprechung wurde im Jahr 1917 durch das Kammergericht bestätigt.[123] Das Gericht sprach einem Schauspieler einen Beschäftigungsanspruch gegen seinen Arbeitgeber deshalb zu, weil der Darsteller auf die tatsächliche Beschäftigung angewiesen sei, „um in seiner Kunst fortzuschreiten und in ständiger Berührung mit Publikum und Presse zu bleiben".[124] Allerdings betonte das Gericht auch die Grenzen der Beschäftigungspflicht, welche unter Berücksichtigung der entgegenstehenden Arbeitgeberinteressen[125] mittels einer Abwägung auszuloten seien.[126]

Außerhalb der zumindest überwiegend anerkannten Konstellationen war die Rechtsprechung hingegen zu einer Erweiterung des Kreises der Beschäftigungsinteressen und damit einhergehend zu einer Stärkung des Beschäftigungsanspruchs kaum bereit.[127] Vielmehr wurde stets darauf verwiesen, dass eine

118 *Lotmar*, Der Arbeitsvertrag, Bd. 2, S. 241 Fn. 1; etwas offener *Hueck/Nipperdey*, Lehrbuch des Arbeitsrechts, 3. - 5. Auflage, Band I, S. 255 f.; für den Fall des Bühnenkünstlers *v. Gierke*, Deutsches Privatrecht, 3. Band, S. 617 Fn. 117.

119 In diesem Sinne etwa *Oertmann*, der dem Arbeitgeber die Zurückweisung der Dienste auch „ohne besonderen Grund" zubilligte, Bürgerliches Gesetzbuch, § 611 Anm. 2 d); vgl. auch *Sinzheimer*, Grundzüge des Arbeitsrechts, 1. Auflage, S. 20.

120 RG 26.10.1910 - 539/09 III, JW 1911, 39 f.; vgl. zur Entwicklung des Beschäftigungsanspruchs anhand der Bühnen-Arbeitnehmer auch *Ruhl/Kassebohm*, NZA 1995, 497.

121 RG 26.10.1910 - 539/09 III, JW 1911, 39.

122 RG 26.10.1910 - 539/09 III, JW 1911, 39.

123 KG 24.01.1917 - 3 U 6156/16, JW 1917, 488.

124 KG 24.01.1917 - 3 U 6156/16, JW 1917, 488.

125 Nach dem KG findet das Recht des Schauspielers auf Beschäftigung seine Grenze in demjenigen des Theaterleiters, den Spielplan zu bestimmen und die Rollen nach seinem pflichtmäßigen Ermessen zu besetzen, KG 24.01.1917 - 3 U 6156/16, JW 1917, 489.

126 KG 24.01.1917 - 3 U 6156/16, JW 1917, 489.

127 Siehe etwa RG 06.02.1923 - III 93/22, RGZ 106, 272, 274, nach dessen Urteil ein Beschäftigungsanspruch des Arbeitnehmers „jedenfalls in dieser Allgemeinheit

Beschäftigungspflicht im geltenden Recht nicht als Regel anerkannt sei und deshalb grundsätzlich nur dann als bestehend angesehen werden könne, wenn eine solche ausdrücklich oder zumindest stillschweigend vereinbart wurde.[128]

In der Literatur entwickelten sich die für einen Beschäftigungsanspruch eintretenden Auffassungen allgemein schleppend und eher vereinzelt. Für diese Zeit schon sehr weitgehend sprach sich *Bewer* für einen Beschäftigungsanspruch des Arbeitnehmers aus.[129] *Bewer* bekräftigte die zuvor nur stellenweise geäußerten Stimmen, nach denen eine Beschäftigungspflicht des Arbeitgebers nicht mehr nur im Falle einer ausdrücklichen Vereinbarung entstehen, sondern grundsätzlich auch unter Berücksichtigung der §§ 133, 157 BGB nach dem arbeitsvertragsparteilichen Willen stillschweigend vereinbart werden konnte.[130] Dabei zog *Bewer* auch den Kreis der auf Arbeitnehmerseite zu berücksichtigenden Interessen erkennbar weiter[131] und deutete bereits die Einbeziehung persönlichkeitsrechtlicher Aspekte an.[132]

*Kaskel* ordnete die Beschaffung des Arbeitssubstrats seitens des Arbeitgebers im Hinblick auf die Ermöglichung der Arbeitsleistung durch den Arbeitnehmer nicht mehr nur als Mitwirkungshandlung i.S.d. § 295 BGB, sondern vielmehr als echte arbeitgeberseitige Rechtspflicht ein, welche als Bestandteile die Pflicht zur Bereitstellung eines funktionierenden Betriebs, die Pflicht zur Lieferung von Werkzeugen und Stoffen sowie die Pflicht zur Übertragung von Arbeit umfasse.[133] Dabei verwies auch *Kaskel* wiederum darauf, dass die Pflicht zur tatsächlichen Übertragung von Arbeit nicht unbeschränkt bestehe, sondern nur soweit ein „besonderes Interesse des Arbeitnehmers an einer Beschäftigung vorliegt".[134] Allerdings stellte *Kaskel* gleichzeitig heraus, dass die Pflicht

---

unbegründet" ist; den Beschäftigungsanspruch eines Schwerbeschädigten verneinend RAG 22.08.1929 - RAG 148/29, ARS 6, 618.

128 RG 06.02.1923 - III 93/22, RGZ 106, 272, 274; RAG 26.03.1930 - RAG 523/29, ARS 9, 65, 72 f.

129 *Bewer*, NZfA 1921, Sp. 29.

130 *Bewer*, NZfA 1921, Sp. 29, 31.

131 Nach *Bewer* konnte der Arbeitnehmer ein soziales, rechtliches oder wirtschaftliches Interesse daran haben, „seine verdungene Arbeitskraft nicht rosten zu lassen", *Bewer*, NZfA 1921, Sp. 29, 35.

132 Laut *Bewer* konnte es für den Arbeitnehmer von Belang sein, sich durch seine Arbeitsleistung „persönlich zur Geltung zu bringen", *Bewer*, NZfA 1921, Sp. 29, 35.

133 *Kaskel*, NZfA 1922, Sp. 1, 6.

134 Als besondere Beschäftigungsinteressen nennt *Kaskel* „insbesondere die Entlohnung im Akkord, Aussetzung von Prämienarbeit, Gewinnbeteiligung, Entlohnung

zur Beschaffung des Arbeitssubstrats „vertraglich nicht besonders ausbedungen zu werden braucht, sondern auch ohne eine solche Stipulation kraft Gesetzes besteht und höchstens einer besonderen Ausgestaltung und Verstärkung durch vertragliche Vereinbarung fähig ist",[135] was insoweit als Annäherung hin zu einer allgemeinen Beschäftigungspflicht gewertet werden kann. Gleichwohl wurden die Tendenzen *Kaskels* zur Verallgemeinerung und damit Stärkung des Beschäftigungsanspruchs in der Literatur größtenteils kritisiert und zurückgewiesen.[136]

Die aufgekommene Diskussion spiegelte sich im Jahr 1923 in einem Entwurf eines Allgemeinen Arbeitsvertragsgesetzes[137], dessen § 46 eine arbeitgeberseitige Beschäftigungspflicht vorsah, sofern der Arbeitnehmer ein „besonderes Interesse an der Beschäftigung hat".[138] Allerdings wurde der Entwurf nie zu geltendem Recht umgesetzt, weshalb sich aus ihm keine unmittelbaren Konsequenzen ergaben.

Daher wurde auch in der Folgezeit in der Literatur ein allgemeiner Beschäftigungsanspruch größtenteils abgelehnt.[139] Allerdings gab es mitunter bereits

---

durch Überlassung von Trinkgeldern, Schauspieler- und Erfindertätigkeiten", *Kaskel*, NZfA 1922, Sp. 1, 7.

135 *Kaskel*, NZfA 1922, Sp. 1, 7.

136 Vgl. *Oertmann*, NZfA 1922, Sp. 461, 466 f.; *Titze*, JW 1922, 548 f.; *Schaeffer/Scheerbarth/Herschel*, Arbeitsrecht, S. 96.

137 Abgedruckt im 28. Sonderheft zum Reichsarbeitsblatt 1923.

138 § 46 I, II des Entwurfs des Allgemeinen Arbeitsvertragsgesetzes lautet seinem Wortlaut nach: „Der Arbeitgeber ist auch ohne ausdrückliche Vereinbarung verpflichtet, den Arbeitnehmer angemessen zu beschäftigen, wenn dieser ein besonderes Interesse an der Beschäftigung hat. Das gilt namentlich, wenn die Nichtbeschäftigung geeignet ist, die Entwicklung der Leistungsfähigkeit des Arbeitnehmers in erheblichem Maße zu beeinträchtigen oder sein Fortkommen wesentlich zu erschweren. Die Verpflichtung entfällt, auch wenn sie vereinbart ist, soweit der Arbeitgeber einen wichtigen Grund hat, die Beschäftigung abzulehnen. […]"; hierzu Stellung beziehend Molitor/*Hueck*/Riezler, Der Arbeitsvertrag, S. 144 ff; sich auch mit dem Gesetzesentwurf auseinandersetzend *Bewer*, der im Rahmen dessen seine Forderung nach einem allgemeinen Beschäftigungsanspruch unterstreicht, *Bewer*, LZ 1924, Sp. 97.

139 Siehe etwa *Sinzheimer*, der ein allgemeines Beschäftigungsrecht des Arbeitnehmers unter Bezugnahme auf das Befehlsrecht des Arbeitgebers, dessen Grundlage das Eigentum an Arbeitsmitteln sei, verneint. So stehe es genauso im Belieben des Arbeitgebers, „ob er sein Gewaltrecht ausübt oder nicht", wie es im Belieben des Eigentümers stehe, „ob er von seinem Eigentum Gebrauch macht oder nicht", *Sinzheimer*, Grundzüge des Arbeitsrechts, 2. Auflage, S. 146 ff.; etwas offener bereits *Silberschmidt*, Das deutsche Arbeitsrecht, S. 255 f.

Tendenzen, welche die Grundannahmen der herrschenden Meinung in Frage stellten. So deutete *Nipperdey* an, dass die herrschende Lehre der modernen Auffassung des Arbeitsverhältnisses nicht mehr gerecht werden könnte.[140] Es sei, so *Nipperdey*, nicht gerechtfertigt, die arbeitgeberseitige Beschäftigungspflicht auf die Fälle einer ausdrücklichen oder stillschweigenden Abrede zu reduzieren.[141] Da die Beschränkung auf den Lohnanspruch für den Arbeitnehmer auf einen „Zwang zum Nichtstun" hinauslaufen würde, müsse das Recht auf Beschäftigung grundsätzlich allen Arbeitnehmern zukommen, sofern kein „schutzwertes Interesse des Arbeitgebers"[142] gegen eine Beschäftigung spricht.[143] Damit ging die Meinung *Nipperdeys* gegen Ende der Weimarer Zeit bereits in die Richtung eines moderneren Verständnisses des Beschäftigungsanspruchs.

## II. Zeit des Nationalsozialismus

In der Zeit des Nationalsozialismus veränderte sich die Debatte inhaltlich hin zu einer überwiegenden Anerkennung des arbeitnehmerseitigen Beschäftigungsanspruchs. Seine Begründung fand dieser Wandel in einem grundlegend geänderten Verständnis von Arbeit. Denn Arbeit sollte von nun an nicht mehr zuvörderst dem einzelnen Arbeitnehmer dienen, sondern vielmehr zum „Wohle der Nation" erfolgen.[144] In diesem Sinne hatte sich das individualvertraglich begründete Arbeitsverhältnis dem funktionierenden, nach dem Führerprinzip strukturierten Betrieb unterzuordnen.[145] Die Arbeitskraft war damit fortan vorwiegend in den Dienst der Gemeinschaft zu stellen.[146]

---

140 Staudinger/*Nipperdey*, 9. Auflage, § 611 BGB Anm. IX 4.

141 Staudinger/*Nipperdey*, 9. Auflage, § 611 BGB Anm. IX 4.

142 Ein solches Interesse ist nach *Nipperdey* beispielsweise im Falle von Betriebsstilllegungen, Absatzstockungen und Materialmangel gegeben, Staudinger/*Nipperdey*, 9. Auflage, § 611 BGB Anm. IX 4.

143 Staudinger/*Nipperdey*, 9. Auflage, § 611 BGB Anm. IX 4.

144 Vgl. *Huber*, der das Arbeitsverhältnis als rechtliche Form beschreibt, „in der der Arbeiter als Glied der im Betrieb vereinten Leistungsgemeinschaft im Dienst des völkischen Ganzen zu wirken hat", *Huber*, JW 1937, 1111, 1113; siehe auch *Lepke*, Der Anspruch auf Beschäftigung, S. 36.

145 *Pallasch*, Der Beschäftigungsanspruch des Arbeitnehmers, S. 23; zum Führerprinzip siehe *Dersch*, § 2 AOG Anm. 1 ff.

146 Punkt 10 des Programms der NSDAP vom 24.02.1920 lautet: „Erste Pflicht jedes Staatsbürgers muß sein, geistig oder körperlich zu schaffen. Die Tätigkeit des einzelnen darf nicht gegen die Interessen der Allgemeinheit verstoßen, sondern muß im Rahmen des Gesamten und zum Nutzen aller erfolgen.", abgedruckt bei *Mommsen*,

Das Ziel der Arbeit als staatsfördernde Tätigkeit fand seinen Ausdruck im Gesetz zur Ordnung der nationalen Arbeit (AOG) vom 20.01.1934. Hiernach sollten Arbeitgeber und Arbeitnehmer zur gemeinsamen Förderung des Betriebszwecks und damit zum „Nutzen von Volk und Staat" zusammenarbeiten.[147] Daneben wurden gegenseitige Treue- und Fürsorgepflichten zwischen Arbeitgeber und Arbeitnehmer als zentrale Werte der nationalsozialistischen Arbeitsverfassung kodifiziert.[148] Auf Grundlage dessen erkannten viele Stimmen in der Literatur eine allgemeine, einklagbare Beschäftigungspflicht an.[149] Arbeit als „Dienst an Volk und Staat" sollte nicht nur eine Pflicht, sondern auch ein Recht darstellen.[150]

Auch wenn der Beweggrund für eine Beschäftigung des Arbeitnehmers mehr im „Volks- bzw. Staatsinteresse"[151] als in persönlichkeitsrechtlich motivierten Individualinteressen der Arbeitnehmer gesehen wurde, erfuhr der Beschäftigungsanspruch während des Nationalsozialismus insgesamt eine beachtliche Aufwertung.[152]

---

Deutsche Parteiprogramme, S. 547, 549; in diesem Sinne auch *Mansfeld*, der hervorhebt, dass „gerade das Arbeitsrecht von der Gemeinschaft her zu betrachten sei", *Mansfeld*, JW 1936, 481.

147 Vgl. § 1 AOG: „Im Betriebe arbeiten der Unternehmer als Führer des Betriebes, die Angestellten und Arbeiter als Gefolgschaft gemeinsam zur Förderung der Betriebszwecke und zum gemeinsamen Nutzen von Volk und Staat."

148 Vgl. § 2 II AOG: „Er [der Führer des Betriebes] hat für das Wohl der Gefolgschaft zu sorgen. Diese hat ihm die in der Betriebsgemeinschaft begründete Treue zu halten."

149 Staudinger/*Nipperdey*, 10. Auflage, § 611 BGB Anm. 265; *Nikisch*, Arbeitsvertrag und Arbeitsverhältnis, S. 65 f.; Hueck/Nipperdey/*Dietz*, § 2 AOG Anm. 18; weiterhin gegen einen allgemeinen Beschäftigungsanspruch *Molitor*, Deutsches Arbeitsrecht, S. 114; siehe auch *Wawretzko*, nach dem sich der Beschäftigungsanspruch „ebenso wie früher auf die geistigen und kulturschaffenden oder kulturfördernden Berufe beschränkt", *Wawretzko*, DJ 1941, 1019.

150 Hueck/Nipperdey/*Dietz*, § 2 AOG Anm. 18.

151 Zweifellos bestand zur Zeit des Nationalsozialismus im Hinblick auf die kriegswirtschaftlichen Ziele ein besonderes staatliches Interesse an der tatsächlichen Beschäftigung eines jeden Arbeitnehmers, vgl. insoweit auch *Lepke*, Der Anspruch auf Beschäftigung, S. 42 Fn. 54.

152 Gleichwohl soll nicht verschwiegen werden, dass die Nationalsozialisten den Beschäftigungsanspruch des Arbeitnehmers später mit der Möglichkeit einer öffentlichrechtlichen Arbeitsverpflichtung und einem grundsätzlichen Arbeitswechselverbot koppelten, *Fabricius*, ZfA 1972, 35, 39.

## III. Nachkriegszeit und Wirtschaftswunder

Nach dem Ende des Zweiten Weltkriegs wurde das AOG durch den Alliierten Kontrollrat aufgehoben und trat zum 01.01.1947 außer Kraft, wodurch zunächst auch der Gedanke einer (aus dem AOG abgeleiteten) allgemeinen Beschäftigungspflicht an Durchschlagskraft verlor. Vielmehr trat nach dem Inkrafttreten des Grundgesetzes am 24.05.1949 in weiten Teilen eine Rückbesinnung auf den zur Zeit der Weimarer Republik vorherrschenden Diskussions- und Meinungsstand ein,[153] der sich seiner Argumentation nach stärker an der nicht vorhandenen zivilrechtlichen Normierung orientierte und einen allgemeinen Beschäftigungsanspruch zumindest mehrheitlich zurückwies.[154] Teilweise wurde die distanzierte Haltung auch unter Hinweis auf die nicht zu bestärkenden Lehren der nationalsozialistischen Zeit eingenommen und ein allgemeiner Beschäftigungsanspruch als Ausdruck nationalsozialistischen Gedankenguts abgelehnt.[155] Allerdings überzeugt diese Begründung weniger, wenn man bedenkt, dass die Ursprünge des Beschäftigungsanspruchs bereits bis weit in die Weimarer Zeit zurückreichen. Eher wurde der Gedanke der Beschäftigungspflicht durch das NS-Regime ideologisiert und von den ursprünglich ihn prägenden arbeitnehmerseitigen Individualinteressen losgelöst, um sich das Motiv der tatsächlichen Beschäftigung für kriegswirtschaftliche Zwecke zunutze zu machen. Den Beschäftigungsanspruch als eine seinem Kern nach nationalsozialistische Erscheinung abzulehnen greift daher zu kurz.[156]

Allerdings waren in der Rechtsprechung bereits in den 1950er Jahren Tendenzen erkennbar, die auf eine Stärkung des Beschäftigungsanspruchs unter Rückbesinnung auf seine eigentliche Motivation hindeuteten. So rückte das LAG

---

153 Siehe unter D. I.

154 Aus der Literatur siehe etwa *Citron/Hessel*, Grundlage des Einzelarbeitsrechts, S. 53 f.; Palandt/*Gramm*, 9. Auflage, § 611 BGB Anm. 3e); *Traub*, Leitfaden des Arbeitsrechts, S. 27 f., *Bobrowski*, Das Arbeitsrecht, S. 161 f.; aus der Rechtsprechung vgl. LAG Schleswig-Holstein, Kiel 14.10.1947 - 1 Sa 178/47, ARSt Bd. I Nr. 629; LAG Frankfurt a. M. 27.06.1949 - II LA 111/49, BB 1949, 692; LAG Baden, Freiburg 16.05.1950 - Ca 238/50, ARSt Bd. VI Nr. 14; LAG Groß-Berlin 16.06.1950 - 3 LAG 57/50, AP 51 Nr. 43.

155 *Waechter*, DB 1955, S. 361; unter Verweis auf die teilweise Ablehnung des Beschäftigungsanspruchs aufgrund nationalsozialistischer Gedankengänge, wenngleich ohne eigene Wertung BGH 12.11.1952 - II ZR 260/51, BB 1952, 1023 f.; offen auch *Molitor*, Das Recht auf Arbeit, S. 162.

156 Ähnlich *Lepke*, Der Anspruch auf Beschäftigung, S. 42 Fn. 54; siehe auch *Nikisch*, Arbeitsrecht, I. Band, 3. Auflage, S. 514 sowie *Hueck*, RdA 1953, 117.

Stuttgart[157] in einem Urteil aus dem Jahr 1950 das „menschliche Interesse des Arbeitnehmers" in den Mittelpunkt seiner Überlegungen und argumentierte, dass es unter Berücksichtigung des „neu geschaffenen Grundgesetzes" Aufgabe des Staates sei, „dem Mensch die Entfaltung seiner Persönlichkeit zu ermöglichen".[158] Hierbei zählte das LAG in durchaus fortschrittlicher Art und Weise einige für eine tatsächliche Beschäftigung sprechende Arbeitnehmerinteressen auf.[159] Ähnlich stellte etwas später das LAG Bayern in einer in der Begründung auf das LAG Stuttgart bezugnehmenden Entscheidung fest, dass „im Rahmen dieser Grundsätze sonach ein Beschäftigungsanspruch [...] nicht grundsätzlich abzulehnen ist".[160]

Ein endgültiger Paradigmenwechsel kündigte sich mit der Entscheidung des BAG vom 10.11.1955 an,[161] in welcher der 2. Senat einen allgemeinen Beschäftigungsanspruch des Arbeitnehmers im unstreitigen Arbeitsverhältnis grundsätzlich anerkannte. Ohne das Einverständnis des Arbeitnehmers könne die Beschäftigungspflicht des Arbeitgebers nur im Einzelfall beim Vorliegen besonderer Gründe und für vorübergehende Zeit entfallen.[162] Damit statuierte das Gericht das Regel-Ausnahme-Verhältnis dergestalt, dass die kontinuierliche Beschäftigung des Arbeitnehmers nur ausnahmsweise eingeschränkt werden kann.[163]

Besonders an der Entscheidung war, dass der 2. Senat in seiner Begründung über die noch in der nationalsozialistischen Zeit im Vordergrund stehenden

157 LAG Stuttgart 09.10.1950 - III Sa 52/50, ARSt Bd. VI Nr. 265.

158 LAG Stuttgart 09.10.1950 - III Sa 52/50, ARSt Bd. VI Nr. 265 S. 86 f.; ein Anspruch auf Beschäftigung wurde allerdings im vorliegenden Fall verneint.

159 Nach dem LAG Stuttgart kommen auf Arbeitnehmerseite als „ausschlaggebende Gesichtspunkte" in Betracht: das Interesse des Arbeitnehmers, sich im erlernten Beruf zu betätigen und fortzubilden, sein allgemeines Interesse an Betätigung als Mittel zur Lebensbewältigung und Persönlichkeitsentfaltung sowie die Wahrung seiner Ehre, insbesondere seiner Berufsehre, LAG Stuttgart 09.10.1950 - III Sa 52/50, DB 1951, S. 272.

160 LAG Bayern 17.02.1954 - 418/50 I, AP Nr. 1 zu § 611 BGB Beschäftigungspflicht mit zustimmender Anmerkung von *Molitor*.

161 BAG 10.11.1955 - 2 AZR 591/54, AP Nr. 2 zu § 611 BGB Beschäftigungspflicht.

162 BAG 10.11.1955 - 2 AZR 591/54, AP Nr. 2 zu § 611 BGB Beschäftigungspflicht, Gründe II.

163 Als Beispiel für ein Entfallen der Beschäftigungspflicht nennt das Gericht (noch) die Nichtbeschäftigung des Arbeitnehmers während des Laufes einer Kündigungsfrist, BAG 10.11.1955 - 2 AZR 591/54, AP Nr. 2 zu § 611 BGB Beschäftigungspflicht, Gründe II.

Treue- und Fürsorgepflichten hinausging und einen allgemeinen Beschäftigungsanspruch aus dem verfassungsrechtlich durch Art. 1 und 2 GG gewährleisteten Persönlichkeitsschutz des Arbeitnehmers ableitete. Hierbei hob das Gericht die Bedeutung des Arbeitsverhältnisses als personenrechtliches Gemeinschaftsverhältnis hervor, welches die ganze Person des Arbeitnehmers erfasse und seine Persönlichkeit bestimme. Aufgrund dessen könne dem Arbeitnehmer eine bloße Entgegennahme seines Gehalts (ohne Betätigungsmöglichkeit) grundsätzlich nicht zugemutet werden.[164] Neben einem solchen „Zwang zum Nichtstun", der dem Arbeitnehmer seinen Status als „vollwertiges Mitglied der Berufsgemeinschaft" abspräche, wäre der Arbeitnehmer gehindert „seine beruflichen Fähigkeiten zu erhalten und fortzubilden".[165]

Wenngleich die dogmatischen Begründungsansätze hinsichtlich des allgemeinen Beschäftigungsanspruchs mitunter deutlich voneinander abwichen, so konnte sich der Gedanke einer grundsätzlichen arbeitgeberseitigen Beschäftigungspflicht im unstreitigen Arbeitsverhältnis in der Folgezeit weitgehend etablieren.[166]

## IV. 1970er und 1980er Jahre

Anfang der 1970er Jahre wurden die Diskussionen zum Beschäftigungsanspruch insbesondere durch das am 19.01.1972 in Kraft getretene BetrVG 1972 befeuert. § 102 V BetrVG statuiert einen (besonderen) Weiterbeschäftigungsanspruch des Arbeitnehmers, der gegen die ordentliche Kündigung seines Arbeitgebers nach einem ordnungsgemäßen Widerspruch des Betriebsrats Kündigungsschutzklage erhoben hat. Damit betrifft § 102 V BetrVG zwar nicht unmittelbar die Frage des allgemeinen Beschäftigungsanspruchs im unstreitigen Arbeitsverhältnis, sondern normiert eine arbeitgeberseitige Beschäftigungspflicht im streitigen Arbeitsverhältnis nach Ausspruch einer Kündigung. Gleichwohl lassen sich aus

---

164 BAG 10.11.1955 - 2 AZR 591/54, AP Nr. 2 zu § 611 BGB Beschäftigungspflicht, Gründe II.

165 BAG 10.11.1955 - 2 AZR 591/54, AP Nr. 2 zu § 611 BGB Beschäftigungspflicht, Gründe II.

166 *Nikisch*, Arbeitsrecht, I. Band, 3. Auflage, S. 513 f.; Palandt/*Gramm*, 23. Auflage, § 611 BGB Anm. 3e); Achilles/Greiff/*Brüggemann*, § 611 BGB Anm. 5i); *Frey*, BB 1959, 528, 529; *Gumpert*, BB 1961, 833; siehe auch *Hueck/Nipperdey*, die den allgemeinen Beschäftigungsanspruch als „die heute maßgebende Ansicht" einordnen, *Hueck/Nipperdey*, Lehrbuch des Arbeitsrechts, 7. Auflage, Band I, S. 382 f.

den durch § 102 V BetrVG angestoßenen Fragestellungen Aussagen auch für den allgemeinen Beschäftigungsanspruch ableiten.[167]

Im August 1976 stellte der 3. Senat in einer Entscheidung klar, dass der allgemeine Beschäftigungsanspruch des Arbeitnehmers grundsätzlich auch nach Ausspruch einer Kündigung während des Laufs der Kündigungsfrist besteht.[168] Hierbei unterstrich das Gericht, dass der auf dem Persönlichkeitsrecht des Arbeitnehmers fußende Beschäftigungsanspruch auch nach Ausspruch einer Kündigung nur dann zurücktreten müsse, wenn „überwiegende und schutzwürdige Interessen des Arbeitgebers entgegenstehen", was durch eine sorgfältige Einzelfallabwägung festzustellen sei.[169]

Im Jahr 1977 stellte eine von der Bundesregierung eingesetzte arbeitsrechtliche Sachverständigenkommission den Entwurf eines Arbeitsvertragsgesetzes vor.[170] Dieser normierte in § 29 I 1 einen Beschäftigungsanspruch des Arbeitnehmers gegen den Arbeitgeber, sofern nicht „dringende betriebliche oder in der Person bzw. im Verhalten des Arbeitnehmers liegende Gründe" eine Beschäftigung als unzumutbar erscheinen lassen.[171] Daneben ordnete § 29 II für den Fall einer schuldhaften Verletzung der Beschäftigungspflicht eine Schadensersatzpflicht des Arbeitgebers an. Der Entwurf wurde allerdings nie in den Deutschen

---

167 Vgl. insofern *Rinösl*, der aus der Schaffung des speziellen Weiterbeschäftigungsanspruchs gem. 102 V BetrVG Rückschlüsse auf die Existenz des allgemeinen Beschäftigungsanspruchs zieht, *Rinösl*, Der Beschäftigungsanspruch des Arbeitnehmers in der Insolvenz des Arbeitgebers, S. 20.

168 BAG 19.08.1976 - 3 AZR 173/75, AP Nr. 4 zu § 611 BGB Beschäftigungspflicht.

169 Nach dem 3. Senat sei der im Urteil des 2. Senats von 10.11.1955 gebrauchte Beispielsfall nicht dahingehend zu verstehen, dass ein Arbeitnehmer nach Ausspruch einer Kündigung während des Laufs der Kündigungsfrist jederzeit suspendiert werden könne. Vielmehr sollte nur auf die Tatsache hingewiesen werden, dass während des Laufs einer Kündigungsfrist häufig „keine nennenswerten Beschäftigungsinteressen" des Arbeitnehmers bestünden. Eine Abwägung sei dadurch aber keineswegs entbehrlich, vgl. BAG 19.08.1976 - 3 AZR 173/75, AP Nr. 4 zu § 611 BGB Beschäftigungspflicht mit zustimmender Anmerkung von *Birk*.

170 Bundesminister für Arbeit und Sozialordnung, Entwurf eines Arbeitsgesetzbuches - Allgemeines Arbeitsvertragsrecht -.

171 Vgl. hierzu auch BDA, Stellungnahme zum Entwurf der Arbeitsgesetzbuchkommission für ein Arbeitsgesetzbuch, S. 18, die die Grenze des Beschäftigungsanspruchs dort sieht, wo ein „vorrangiges betriebliches Interesse an einer Nichtbeschäftigung besteht". Siehe zu § 29 des Arbeitsgesetzbuch-Entwurfs und zu § 36 des darauf bezogenen DGB-Entwurfs auch *Senne*, S. 83 ff.

Bundestag eingebracht. Eine Kodifikation des Beschäftigungsanspruchs blieb somit weiterhin aus.

Etwa zur gleichen Zeit hatte sich das BAG mit der Problemstellung zu beschäftigen, ob ein arbeitnehmerseitiger Beschäftigungsanspruch auch noch nach Ablauf der Kündigungsfrist besteht, sofern der Arbeitnehmer die Wirksamkeit der Kündigung gerichtlich überprüfen lässt.[172] Dabei stellte das Gericht fest, dass ein Beschäftigungsanspruch grundsätzlich nur für die Zeit anzuerkennen sei, in der das Arbeitsverhältnis unangefochten andauert. Für die Zeit nach Ablauf der Kündigungsfrist (bzw. bei einer außerordentlichen fristlosen Kündigung für die Zeit nach deren Zugang) bis zur rechtskräftigen Entscheidung im Kündigungsrechtsstreit bestehe – abgesehen vom Fall des § 102 V BetrVG – grundsätzlich kein Beschäftigungsanspruch.[173] Anderes müsse ausnahmsweise nur dann gelten, wenn das Arbeitsverhältnis trotz erfolgter Kündigung nach der objektiven Rechtslage unzweifelhaft fortbesteht. Daher könne der Arbeitgeber etwa bei einer offensichtlich unwirksamen, missbräuchlichen oder willkürlichen Kündigung zur Weiterbeschäftigung des Arbeitnehmers bis zum Abschluss des Kündigungsprozesses verpflichtet sein.[174]

Nach unterschiedlicher Beurteilung dieser BAG-Rechtsprechung legte der 2. Senat mit Beschluss vom 18.01.1979 gem. § 45 II ArbGG wegen grundsätzlicher Bedeutung dem Großen Senat des Bundesarbeitsgerichts die Frage vor, ob auch außerhalb des § 102 V BetrVG ein Anspruch des gekündigten Arbeitnehmers auf Beschäftigung für die Dauer des Kündigungsprozesses besteht.[175] Aufgrund einer Klagerücknahme im Ausgangsverfahren kam es zwar zunächst nicht zu einer Entscheidung.[176] Allerdings legten der 2. und 7. Senat bereits kurze Zeit später dem Großen Senat erneut die Frage nach dem Bestehen eines

172 BAG 26.05.1977 - 2 AZR 632/76, AP Nr. 5 zu § 611 BGB Beschäftigungspflicht.

173 Hierbei setzte sich das Gericht insbesondere mit der Frage auseinander, ob die gesetzgeberische Wertung des § 102 V BetrVG verallgemeinerungsfähig ist, was aber im Ergebnis verneint wurde, BAG 26.05.1977 - 2 AZR 632/76, AP Nr. 5 zu § 611 BGB Beschäftigungspflicht, Gründe III 6.

174 BAG 26.05.1977 - 2 AZR 632/76, AP Nr. 5 zu § 611 BGB Beschäftigungspflicht, Gründe III 7.

175 BAG 18.01.1979 - 2 AZR 662/76, AP Nr. 7 zu § 611 BGB Beschäftigungspflicht.

176 Vgl. BAG-Presseinformation Nr. 7/79 vom 23.11.1979, DB 1979, 2380.

(allgemeinen) Weiterbeschäftigungsanspruchs während der Dauer des Kündigungsschutzprozesses vor.[177]

Am 27.02.1985 stellte der Große Senat fest, dass der gekündigte Arbeitnehmer auch außerhalb des § 102 V BetrVG einen Anspruch auf vertragsgemäße Beschäftigung während der Dauer des Kündigungsprozesses hat, sofern die Kündigung unwirksam ist und keine überwiegenden schutzwürdigen Interessen des Arbeitgebers einer Beschäftigung des Arbeitnehmers entgegen stehen.[178] Das Gericht führte allerdings aus, dass grundsätzlich die Ungewissheit über den Ausgang des Kündigungsprozesses als schutzwürdiges Interesse des Arbeitgebers zu berücksichtigen sei, welches im Allgemeinen das Beschäftigungsinteresse des Arbeitnehmers überwiege.[179] Insgesamt stellte der Große Senat damit für die im Einzelfall vorzunehmende Interessenabwägung die Regel auf, dass außer im Falle einer offensichtlich unwirksamen Kündigung, die Interessen des Arbeitgebers an einer Nichtbeschäftigung des Arbeitnehmers zumindest bis zu einer die Kündigung als unwirksam deklarierenden erstinstanzlichen Entscheidung überwiegen sollten. Diese Positionierung zum (allgemeinen) Weiterbeschäftigungsanspruch fußte dabei auf einer erneuten Auseinandersetzung des Gerichts mit dem Beschäftigungsanspruch des Arbeitnehmers im unstreitigen Arbeitsverhältnis, welcher nach einer eingehenden Erörterung der rechtlichen Begründbarkeit der Sache nach im Anschluss an die Entscheidung des 2. Senats vom 10.11.1955[180] bestätigt wurde.[181]

Daraufhin hatte sich das BAG mit einer Reihe von Folgeproblemen zu befassen, die sich aus der grundsätzlichen Anerkennung des (allgemeinen) Weiterbeschäftigungsanspruchs ergaben,[182] den Beschäftigungsanspruch im unstreitigen Arbeitsverhältnis aber seinem Bestand nach nicht tangierten.

---

177 BAG 21.12.1983 - 7 AZR 444/81, AP Nr. 10 zu § 611 BGB Beschäftigungspflicht; BAG 29.03.1984 - 2 AZR 429/83, AP Nr. 12 zu § 611 BGB Beschäftigungspflicht; BAG 22.06.1984 - 7 AZR 587/83, AP Nr. 13 zu § 611 BGB Beschäftigungspflicht.

178 BAG 27.02.1985 - GS 1/84, AP Nr. 14 zu § 611 BGB Beschäftigungspflicht.

179 BAG 27.02.1985 - GS 1/84, AP Nr. 14 zu § 611 BGB Beschäftigungspflicht, Gründe II.

180 BAG 10.11.1955 - 2 AZR 591/54, AP Nr. 2 zu § 611 BGB Beschäftigungspflicht.

181 BAG 27.02.1985 - GS 1/84, AP Nr. 14 zu § 611 BGB Beschäftigungspflicht, Gründe I.

182 BAG 14.11.1985 - 2 AZR 98/84, NZA 1986, 637; BAG 15.01.1986 - 5 AZR 237/84, NZA 1986, 561; BAG 04.09.1986 - 8 AZR 636/84, NZA 1987, 376; BAG 10.03.1987 - 8 AZR 146/84, NZA 1987, 373.

## V. Wiedervereinigung und spätes 20. Jahrhundert

Nach der Wiedervereinigung Deutschlands kam der Ruf nach einer Kodifizierung des Arbeitsvertragsrechts erneut auf.[183] Daher wurde 1992 ein vom Arbeitskreis „Deutsche Rechtseinheit im Arbeitsrecht“[184] erstellter Entwurf eines Arbeitsvertragsgesetzes vorgelegt, dessen § 30 erneut die Normierung einer arbeitgeberseitigen Beschäftigungspflicht vorsah.[185] Nachdem der Entwurf auch Gegenstand des 59. Deutschen Juristentags wurde,[186] stellten die Bundesländer Sachsen[187] und Brandenburg[188] Gesetzesanträge für ein auf der Basis des Juristentagsgutachtens entwickeltes Arbeitsvertragsgesetz im Bundesrat, die jedoch an den politischen Mehrheiten scheiterten.[189] Wenngleich ein Beschäftigungsanspruch des Arbeitnehmers im unstreitigen Arbeitsverhältnis mittlerweile allgemein anerkannt war,[190] so blieb eine Kodifizierung dessen also weiterhin aus.

---

183 Diese Aufgabe sollte sich aus dem Einigungsvertrag vom 31.08.1990 ergeben, dessen Art. 30 I Nr. 1 lautet: „Es ist Aufgabe des gesamtdeutschen Gesetzgebers, das Arbeitsvertragsrecht sowie das öffentlich-rechtliche Arbeitsrecht einschließlich der Zulässigkeit von Sonn- und Feiertagsarbeit […] möglichst bald einheitlich neu zu kodifizieren.“, BGBl. 1990 II S. 889, 899 f.

184 Der Arbeitskreis „Deutsche Rechtseinheit im Arbeitsrecht“ entstand 1987 aufgrund des Deutsch-Deutschen Kulturabkommens vom 06.05.1986. Ihm gehörten an: Dr. Wolfgang *Behlert*, Berlin/Münster; Prof. Dr. h. c. Peter *Hanau*, Köln; Prof. Dr. Meinhard *Heinze*, Münster; Prof. Dr. Robert *Heuse*, Leipzig; Prof. Dr. Wolfgang *Hromadka*, Passau; Prof. Dr. Annemarie *Langanke*, Leipzig; Dr. Jürgen *Pawelzig*, Berlin; Dr. Ulrich *Preis*, Köln; Prof. Dr. Thilo *Ramm*, Darmstadt; Prof. Dr. Reinhard *Richardi*, Regensburg; Prof. Dr. Bernd *Rüthers*, Konstanz; Prof. Dr. Wera *Thiel*, Berlin; Prof. Dr. Rolf *Wank*, Bochum.

185 § 30 ArbVG-E lautet: „Der Arbeitgeber hat den Arbeitnehmer mit der vereinbarten Arbeitsaufgabe zu beschäftigen, sofern dem nicht dringende betriebliche oder vorrangige in der Person oder in dem Verhalten des Arbeitnehmers liegende Gründe entgegenstehen.“, *Arbeitskreis „Deutsche Rechtseinheit im Arbeitsrecht“*, Verhandlungen des 59. Deutschen Juristentages, Band I, S. D 1, D 29.

186 *Arbeitskreis „Deutsche Rechtseinheit im Arbeitsrecht“*, Verhandlungen des 59. Deutschen Juristentages, Band I, S. D 1; zusammenfassend zu den Einschätzungen der Referenten siehe auch *Iannone*, AuR 2008, 197, 199 f.

187 BR-Drucks. 293/95.

188 BR-Drucks. 671/96.

189 Vgl. hierzu auch *Iannone*, AuR 2008, 197, 200.

190 *Brox*, Arbeitsrecht, 10. Auflage, Rn. 138; *Söllner*, Grundriß des Arbeitsrechts, 11. Auflage, S. 250; Palandt/*Putzo*, 53. Auflage, § 611 BGB Rn. 118 ff.; *Schaub*, ArbR-Hdb,

## VI. Gegenwart und geltende Rechtslage

Nach heute absolut herrschender Auffassung in Literatur[191] und Rechtsprechung[192] hat der Arbeitnehmer grundsätzlich einen Anspruch auf vertragsgemäße Beschäftigung im unstreitigen Arbeitsverhältnis. Der Anspruch muss nur dann zurücktreten, wenn überwiegende schutzwerte Interessen des Arbeitgebers entgegenstehen.[193] Die einen Beschäftigungsanspruch generell ablehnenden Stimmen sind über die Jahre eher vereinzelt geblieben und konnten sich der Sache nach nicht entscheidend durchsetzen.[194]

Eine unmittelbare gesetzliche Normierung des Beschäftigungsanspruchs existiert indessen nach wie vor nicht. Ein diesbezüglicher Anlauf wurde von den Kölner Professoren *Henssler* und *Preis* im Auftrag der Bertelsmann Stiftung unternommen, die nach einer vorläufigen Fassung von August 2006[195] im November 2007 einen überarbeiteten Diskussionsentwurf für ein einheitliches Arbeitsvertragsgesetz vorgestellt haben, in welchem § 26 I ArbVG-E eine Beschäftigungspflicht des Arbeitgebers festhält.[196] Auch wenn eine

---

8. Auflage, § 110; ErfK/*Preis*, 1. Auflage, § 611 BGB Rn. 825 ff.; Küttner/*Kania*, Personalbuch 1994, Beschäftigungsanspruch Rn. 1 f.

191 ErfK/*Preis*, § 611a BGB Rn. 563; HWK/*Thüsing*, § 611a BGB Rn. 321; *Krause*, Arbeitsrecht, § 12 Rn. 4; APS/*Koch*, § 102 BetrVG, Rn. 230; Küttner/*Kania*, Personalbuch 2020, Beschäftigungsanspruch Rn. 1 f.; Schaub/*Ahrendt*, ArbR-Hdb, § 109 Rn. 1.

192 BAG 24.06.2015 - 5 AZR 462/14, NZA 2016, 108, 110; BAG 09.04.2014 - 10 AZR 637/13, NZA 2014, 719, 720; LAG Baden-Württemberg 11.09.2013 - 13 Sa 31/13, LAGE § 611 BGB Beschäftigungspflicht Nr. 11, Gründe II; LAG Baden-Württemberg 17.06.2011 - 12 Sa 1/10, juris, Gründe III.

193 HWK/*Thüsing*, § 611a BGB Rn. 322; Palandt/*Weidenkaff*, § 611 BGB Rn. 120 f.; BAG 09.04.2014 - 10 AZR 637/13, NZA 2014, 719, 720.

194 Vgl. *Lepke*, der einen Beschäftigungsanspruch in der Regel verneint, sofern Arbeitnehmer nur „einfache Arbeiten verrichten, die eine besondere Vor- und Ausbildung nicht erfordern", *Lepke*, Der Anspruch auf Beschäftigung, S. 148; abgeneigt auch *Kraft*, ZfA 1979, 123, 129 f.; *Bengelsdorf*, DB 1986, 168; *Weber*, BB 1974, 698, 701; *Heinze*, DB 1985, 111, 119; *Weber/Weber*, RdA 2007, 344, 352.

195 § 26 ArbVG-E, Stand: August 2006: „Der Arbeitgeber kann verlangen, vereinbarungsgemäß beschäftigt zu werden, sofern dies nicht aus betrieblichen Gründen unmöglich ist oder ein wichtiger Grund im Sinne des § 112 I entgegensteht.", NZA 2006, Beilage 23, 6, 11.

196 § 26 I ArbVG-E, Stand: November 2007: „Der Arbeitnehmer kann verlangen, vereinbarungsgemäß beschäftigt zu werden, sofern dies nicht aus betrieblichen Gründen unmöglich ist oder andere überwiegende Interessen des Arbeitgebers entgegenstehen.", NZA 2007, Beilage 21, 6, 11.

Umsetzung des Entwurfs derzeit nicht absehbar ist, ließe eine solche, dem Entwurfstext nach, einen grundlegenden inhaltlichen Umbruch hinsichtlich des arbeitnehmerseitigen Beschäftigungsanspruchs im unstreitigen Arbeitsverhältnis nicht erwarten.

# E. Die Begründung des allgemeinen Beschäftigungsanspruchs im Kontext von Grundrechten und zivilrechtlicher Pflichtensystematik

Der allgemeine Beschäftigungsanspruch des Arbeitnehmers ist also im unstreitig bestehenden Arbeitsverhältnis wie gezeigt gemeinhin anerkannt. Bei Betrachtung der geschichtlichen Entwicklung fällt auf, dass für die Herleitung des Beschäftigungsanspruchs seit dem Inkrafttreten des Grundgesetzes sowohl von der Rechtsprechung wie auch von großen Teilen der Literatur primär grundrechtlich geprägte Argumentationsmuster fruchtbar gemacht wurden. Allerdings gibt es für den Umstand, dass der Arbeitgeber den Arbeitnehmer tatsächlich beschäftigen muss, neben der verfassungsrechtlich aufgeladenen Ebene auch privatrechtliche Motive, die in der sich anschließenden Auseinandersetzung nicht außer Betracht bleiben sollen. Bevor im Folgenden näher auf einzelne grundrechtliche Wertungen eingegangen wird, soll daher die Beschäftigungspflicht des Arbeitgebers in den zivilrechtlichen Pflichtenkatalog eingeordnet werden. Um die zivilrechtliche Zuordnung in den grundrechtlich fundierten Begründungsansatz des BAG einzubetten, sind zunächst die arbeitsrechtliche Bedeutung und die Wirkungsweise der Grundrechte mit Blick auf den Beschäftigungsanspruch aufzuzeigen.

## I. Arbeitsrechtliche Besonderheiten als Motor für eine Drittwirkung der Grundrechte

Der verfassungsrechtlich aufgeladene Begründungsansatz des Beschäftigungsanspruchs überrascht schon deshalb nicht, weil die Grundrechte im Arbeitsrecht eine besondere Bedeutung genießen. Zwar betrifft die Weitung grundrechtlichen Denkens seit 1949 sicherlich nicht nur das Arbeitsrecht, sondern vielmehr das gesamte Privatrecht.[197] Gleichwohl hat sich während der gesamten Zeit seit der Einführung des Grundgesetzes eine besonders intensive Anwendung der grundrechtlichen Wertungen innerhalb der Rechtsbeziehungen zwischen Arbeitgeber

197 Hierzu umfassend *Ruffert*, Vorrang der Verfassung und Eigenständigkeit des Privatrechts.

und Arbeitnehmer etabliert.[198] Besonders aufgrund der Tatsache, dass sowohl das kodifizierte Arbeitsrecht wie auch das Grundgesetz selbst kaum Anhaltspunkte dazu enthalten, welche Wirkung die Grundrechte im Arbeitsrecht entfalten sollen, waren es bereits kurz nach dem Inkrafttreten des Grundgesetzes vor allem praktische Fälle des Arbeitsrechts, die dazu geführt haben, dass die Arbeitsgerichtsbarkeit seither mitunter als die „grundrechtsfreudigste aller Zivilgerichtsbarkeiten“[199] bezeichnet wird.[200] Doch welche Umstände waren und sind es, die eine solche Entwicklung angetrieben haben?

### 1. Arbeitsverhältnis als grundrechtssensible Beziehung

Zum einen sind Beeinträchtigungen in grundrechtlich relevanten Bereichen deshalb wahrscheinlich, da das Arbeitsverhältnis den Arbeitnehmer im Normalfall nicht nur zeitlich, sondern auch persönlich besonders in Anspruch nimmt. Aus dem Arbeitsvertrag als Dauerschuldverhältnis erwachsen fortlaufend Rechte und Pflichten für den Arbeitnehmer, wodurch er immer wiederkehrend und somit in einem besonders umfangreichen Maß berechtigt und verpflichtet wird.[201] Außerdem prägt kaum ein anderes Vertragsverhältnis die Existenz des Arbeitnehmers mehr und hat derart weitreichenden Einfluss auf dessen Lebensgestaltung. Besonders unter Berücksichtigung der Tatsache, dass der Arbeitnehmer einen erheblichen Teil seines Lebens am Arbeitsplatz verbringt, hat die personale Komponente maßgeblichen Anteil auf sein Wohlbefinden.[202]

198 Vgl. etwa *Preis*, der Arbeitsrecht als „gelebtes Verfassungsrecht“ bezeichnet, *Preis/Temming*, Individualarbeitsrecht, Rn. 532.

199 So *Stern*, Das Staatsrecht der Bundesrepublik Deutschland, Bd. III/1, § 75 I 3 b), S. 1429; zustimmend *Krause*, in: Wendepunkte der Rechtswissenschaft: Aspekte des Rechts in der Moderne (2014), S. 175, 176; *Söllner*, in: Arbeitsrecht in der Bewährung: Festschrift für Otto Rudolf Kissel zum 65. Geburtstag (1994), S. 1121, 1125; *Oeter*, AöR 119 (1994), 529, 543.

200 *Keilich*, Die Auswirkungen der Grundrechte/Menschenrechte für das Arbeitsrecht, S. 42 f.; vgl. auch *Badura*, der die Grundrechte im Arbeitsrecht als „natürliche Wirkung der Freiheitsidee“ versteht und es daher als folgerichtig empfindet, dass die Drittwirkung der Grundrechte „gerade im Arbeitsrecht früh und nachhaltig Anerkennung gefunden hat“, *Badura*, in: Sozialpartnerschaft in der Bewährung, Festschrift für Karl Molitor zum 60. Geburtstag (1988), S. 1, 2.

201 *Junker*, Grundkurs Arbeitsrecht, Rn. 7.

202 Insofern hat bereits das BVerfG ausgeführt, dass „Lebenszuschnitt und Wohnumfeld ebenso wie gesellschaftliche Stellung und Selbstwertgefühl des Arbeitnehmers vom

Daher sind Schnittstellen vor allem zum Persönlichkeitsrecht selbsterklärend.[203] Aber auch die Berufsfreiheit, die Meinungsfreiheit, die Vereinigungsfreiheit sowie der Gleichbehandlungsgrundsatz bieten typisches arbeitsrechtliches Konfliktpotential.[204]

## 2. „Machtgefälle" zwischen den Arbeitsvertragsparteien

Andererseits ist als arbeitsrechtliche Besonderheit sicherlich die Stellung der Arbeitsvertragsparteien innerhalb des Vertragsgefüges zu berücksichtigen. Ausgehend von der Tatsache, dass der Arbeitsvertrag zwar grundsätzlich ein privatautonom zu schließender Vertrag ist, muss nichtsdestotrotz seinem Wesen nach – zumindest für eine Mehrzahl der Vertragsverhältnisse – in Rechnung gestellt werden, dass es sich im Arbeitsrecht selten um zwei gleichstarke Verhandlungspartner auf Augenhöhe handelt. Vielmehr wird der Arbeitnehmer häufig strukturell unterlegen sein, wodurch die scheinbar ebenbürtige Ausgangslage der Vertragsparteien nicht nur in der arbeitsvertraglichen Verhandlungssituation, sondern auch während der Vertragsausübung zu verzerren droht.[205] Denn besonders aufgrund der existenzsichernden Funktion des Arbeitsverhältnisses[206] können sich Konstellationen ergeben, in denen der Arbeitnehmer aus wirtschaftlichen Gesichtspunkten auf den Erwerb oder Erhalt der Arbeitsstelle angewiesen ist, weshalb ein

---

Arbeitsplatz bestimmt werden", BVerfG 27.01.1998 - 1 BvL 15/87, BVerfGE 97, 169 = NZA 1998, 470, 471; siehe auch *Junker*, Grundkurs Arbeitsrecht, Rn. 8.

203 Vgl. zur Persönlichkeitsentfaltung im Arbeitsverhältnis die Ausführungen zur Interessenlage des Arbeitnehmers unter B. I. 2. c).

204 *Stern*, Das Staatsrecht der Bundesrepublik Deutschland, Bd. III/1, § 76 IV 7 c), S. 1585, der in diesem Zusammenhang von einer „Drittwirkungsgeneigtheit" der Grundrechte spricht.

205 Besonders das BVerfG hat immer wieder betont, dass sich der Arbeitnehmer beim Arbeitsvertragsschluss typischerweise in einer Situation der strukturellen Unterlegenheit befindet, BVerfG 26.06.1991 - 1 BvR 779/85, BVerfGE 84, 212 = NJW 1991, 2549, 2551; BVerfG 23.11.2006 - 1 BvR 1909/06, NZA 2007, 85, 87; BVerfG 01.12.2010 - 1 BvR 2593/09, NZA 2011, 60, 61. Aber auch von Seiten des Schrifttums wird diese Einordnung weitgehend geteilt, vgl. *Krause*, Arbeitsrecht, § 1 Rn. 8 ff.; *Brox/Rüthers/Henssler*, Arbeitsrecht, Rn. 18 f.; *Dütz/Thüsing*, Arbeitsrecht, Rn. 2 f.; *Junker*, Grundkurs Arbeitsrecht, Rn. 9 f.

206 Siehe hierzu *Junker*, Grundkurs Arbeitsrecht, Rn. 8.

Leerlaufen der formell bestehenden rechtlichen Parität zwischen Arbeitgeber und Arbeitnehmer nicht unwahrscheinlich ist.[207]

Nicht zuletzt begründet sich eine besondere Abhängigkeit aus dem Umstand, dass der Arbeitnehmer normalerweise nur in einem einzigen Arbeitsverhältnis beschäftigt sein wird. Daher besteht die Gefahr, dass der Arbeitnehmer auch ungünstigere Vertragsbedingungen oder tatsächliche Gegebenheiten akzeptiert, um seinen Arbeitsplatz zu erhalten. Auch wird der Arbeitnehmer zumeist nicht in der Lage sein, Quantität, Qualität oder den Ort seiner Arbeitsleistung uneingeschränkt auf die sich verändernden Marktverhältnisse anzupassen.[208] Der Arbeitgeber ist hingegen oftmals nicht auf den einzelnen Arbeitnehmer angewiesen, weshalb er hinsichtlich der Durchsetzung von für ihn günstigen Vertragsbedingungen über ein höheres Druckpotential verfügt.[209] In der Praxis zeigt sich diese Disparität insbesondere in der Vertragsabschlusssituation: Hier wird von Seiten des Arbeitgebers zum allergrößten Teil auf vorformulierte Vertragstexte zurückgegriffen.[210]

Neben der oft bestehenden Angewiesenheit auf den Abschluss des Arbeitsvertrags findet die Ungleichgewichtslage zwischen den Arbeitsvertragsparteien ihre Ursache auch in der Unterworfenheit des Arbeitnehmers unter die betriebliche Organisationsgewalt des Arbeitgebers einschließlich seines Weisungsrechts.[211] Denn der Arbeitnehmer begibt sich für die Verrichtung seiner Arbeit regelmäßig in die Einwirkungssphäre des Arbeitgebers und ist daher in besonderem Maße darauf angewiesen, dass durch die zu erbringende Tätigkeit sowohl seine geistige wie auch seine körperliche Integrität nicht beeinträchtigt werden.[212] Außerdem wird der Inhalt des Arbeitsverhältnisses regelmäßig in erheblichem Umfang durch Weisungen des Arbeitgebers festgelegt.[213]

---

207 *Gamillscheg*, Die Grundrechte im Arbeitsrecht, S. 28 f.; *Dieterich*, RdA 1995, 129, 135; *Keilich*, Die Auswirkungen der Grundrechte/Menschenrechte für das Arbeitsrecht, S. 44.

208 *Krause*, Arbeitsrecht, § 1 Rn. 9.

209 *Krause*, Arbeitsrecht, § 1 Rn. 9.

210 *Dieterich*, RdA 1995, 129, 135; *Junker*, Grundkurs Arbeitsrecht, Rn. 10; zu Wertungsgrundlagen und Rechtfertigung der AGB-Kontrolle im Arbeitsrecht siehe ausführlich CKK/*Krause*, Einf. Rn. 25 ff.; zu den arbeitsvertraglichen Gestaltungsmöglichkeiten vgl. *Maschmann/Sieg/Göpfert*, Vertragsgestaltung im Arbeitsrecht.

211 *Krause*, in: Wendepunkte der Rechtswissenschaft: Aspekte des Rechts in der Moderne (2014), S. 175, 176 Fn. 13.

212 *Krause*, Arbeitsrecht, § 1 Rn. 7.

213 *Junker*, Grundkurs Arbeitsrecht, Rn. 10.

Zudem kommen als weitere Elemente die intellektuelle[214] sowie die informationelle Unterlegenheit[215] des Arbeitnehmers in Betracht. Insofern kann ein Ungleichgewicht bestehen, wenn dem Arbeitgeber der Apparat eines wissenschaftlich ausgebildeten Stabes bei der Durchsetzung seiner Interessen zur Seite steht. Außerdem werden dem Arbeitnehmer im Hinblick auf die tatsächlich vorherrschenden Arbeitsbedingungen sowie das künftige Arbeitgeberverhalten in der Regel relevante Informationen fehlen, die für eine ausgewogene Vertragsabschlussentscheidung hilfreich wären.[216] Der Arbeitnehmer kann seine Marktchancen und Verhandlungsoptionen aber nur dann interessengerecht wahrnehmen, wenn er genügend informiert ist.[217] Dementsprechend kann es sowohl im Rahmen des Arbeitsvertragsschlusses wie auch bezüglich der Durchführung des Arbeitsverhältnisses zu einem „Machtgefälle" zwischen Arbeitgeber und Arbeitnehmer kommen,[218] durch welches ein „staatsfreier" Interessenausgleich zwischen den Arbeitsvertragsparteien erschwert zu werden droht.[219]

In einem ähnlichen Sinne bezeichnete bereits *Hugo Sinzheimer* den Arbeitgeber als einen potentiellen Inhaber „sozialer Macht", welche sich auf der Ebene zwischen Bürger und Staat etabliert habe und imstande sei, einen der staatlichen Gewalt vergleichbaren Einfluss auszuüben, allerdings ohne dessen demokratische Legitimation zu besitzen.[220] Entscheidendes Kriterium sei die Machtposition, die eine Beeinträchtigung grundrechtlicher Positionen befürchten lasse. Genauso wie von staatlicher Seite etwa eine Gemeinde keine Satzung erlassen dürfe, die den Vertrieb einer missliebigen Zeitung im Dorf unterbindet, so dürfe

---

214 Drastisch, allerdings auch in einem früheren zeitlichen Kontext *Gamillscheg*, der unterstellt, dass dem „Arbeiter vielfach die Schulbildung fehlt, um seine Rechte auch nur zu kennen", *Gamillscheg*, Die Grundrechte im Arbeitsrecht, S. 30.

215 So geht etwa auch das Nachweisgesetz von einem Wissensvorsprung des Arbeitgebers aus: § 2 I 2 NachwG verpflichtet den Arbeitgeber, den Arbeitnehmer sogar über gesetzliche Arbeitsbedingungen schriftlich zu unterrichten.

216 *Krause*, Arbeitsrecht, § 1 Rn. 11.

217 BAG 15.12.2016 - 6 AZR 478/15, NZA-RR 2017, 305, 308.

218 So auch *Gamillscheg*, Die Grundrechte im Arbeitsrecht, S. 28 f.; *Söllner*, in: Arbeitsrecht in der Bewährung: Festschrift für Otto Rudolf Kissel zum 65. Geburtstag (1994), S. 1121, 1125.

219 *Keilich*, Die Auswirkungen der Grundrechte/Menschenrechte für das Arbeitsrecht, S. 44.

220 *Sinzheimer* in der verfassungsgebenden Nationalversammlung zur WRV (Plenarprotokoll S. 1749 C), zitiert nach *Stern*, Das Staatsrecht der Bundesrepublik Deutschland, Bd. III/1, § 76 IV 8, S. 1586.

der Arbeitgeber dies im Großbetrieb ebenfalls nicht tun. Die Gefahr für die Meinungsfreiheit sei in beiden Situationen vergleichbar, womit die grundrechtlich beeinträchtigte Position auch einen entsprechenden Schutz verlange.[221] Um den freiheitlichen und sozialen Zuschnitt des Gemeinwesens nicht in Frage zu stellen, müssten daher (auch) die politisch, wirtschaftlich und gesellschaftlich Einflussreichen an die Grundrechte gebunden werden, sodass der Einzelne mithilfe grundrechtlicher Wertungen auch gegenüber nicht-staatlichen Gewalten geschützt ist.[222]

Auch wenn die Ansatzpunkte inhaltlich mitunter voneinander abweichen, wird in der Diskussion immer wieder die Frage gestellt, ob und ggf. inwieweit die Grundrechte innerhalb des Arbeitsverhältnisses Wirkung entfalten und welche konkreten grundrechtlichen Wertungen in Bezug auf die Beschäftigung des Arbeitnehmers eine Rolle spielen. In diesem Sinne soll im Folgenden zunächst geklärt werden, wie die Wirkung der Grundrechte hinsichtlich des Beschäftigungsanspruchs des Arbeitnehmers begründet werden kann.

## II. Einwirkung der Grundrechte in das Arbeitsverhältnis im Hinblick auf den Beschäftigungsanspruch des Arbeitnehmers

Nach dem Ende der nationalsozialistischen Herrschaft wurde mit der Einführung des Grundgesetzes ein neuer verfassungsrechtlicher Rahmen geschaffen, um der Gefahr einer unkontrollierten hoheitlichen Machtausübung Einhalt zu gebieten.[223] An die Spitze der Verfassung wurde dabei ein Grundrechtskatalog gestellt, der in Art. 1 III GG die ausdrückliche Festschreibung der Grundrechte als alle Staatsgewalten bindendes Recht vorsieht.

---

221 Ausführlich hierzu: *Gamillscheg*, Die Grundrechte im Arbeitsrecht, S. 32 f.

222 *Stern*, Das Staatsrecht der Bundesrepublik Deutschland, Bd. III/1, § 76 I 4, S. 1529; siehe auch *Nipperdey*, der konstatiert, dass durch die Grundrechte der sich wandelnden gesellschaftlichen Wirklichkeit dergestalt Rechnung getragen werden müsse, die geschützten Rechtsgüter auch vor Bedrohungen durch soziale Gewalten zu bewahren, *Nipperdey*, DVBl. 1958, 445, 447.

223 *Krause*, in: Wendepunkte der Rechtswissenschaft: Aspekte des Rechts in der Moderne (2014), S. 175, 182; siehe auch *Gamillscheg*, der das Grundgesetz als „bewusste Abkehr von der menschenrechtsverachtenden Einstellung des Dritten Reiches ebenso wie des Sowjetkommunismus" beschreibt, *Gamillscheg*, Die Grundrechte im Arbeitsrecht, S. 75.

Abgesehen von dem (der Sache nach unumstrittenen) Einfluss der Grundrechte im Falle von staatlichem Handeln blieb die Frage nach der privatrechtlichen Wirkung der Grundrechte zunächst offen.[224] So stellte sich nicht nur, aber doch besonders häufig im Arbeitsrecht die Frage, ob die Grundrechte auch zwischen privaten Rechtssubjekten, also insbesondere zwischen Arbeitgeber und Arbeitnehmer, wirken.[225] Denn nach dem klassischen Grundrechtsverständnis sind die in den Grundrechten enthaltenen Freiheitsrechte zuvörderst Schutz- und Abwehrrechte gegen den Staat.[226] Sie binden nach Art. 1 III GG (nur) die Gesetzgebung, die vollziehende Gewalt sowie die Rechtsprechung und wirken daher unmittelbar im Über-Unterordnungsverhältnis Staat - Bürger.[227] Eine Anwendung der Grundrechte auf die Rechtsverhältnisse zwischen einzelnen Grundrechtsträgern wie im Verhältnis Arbeitgeber - Arbeitnehmer ist dem Wesen der Grundrechte nach ihrer Grundkonzeption zunächst einmal fremd.[228] Eine Ausnahme hierzu liegt nur dann vor, wenn entweder das Grundrecht selbst die unmittelbare Anwendung im Privatrecht vorsieht,[229] oder eine Wirkung der grundrechtlichen Wertungen durch einfaches Recht angeordnet wird.[230]

---

224 Die Diskussionen zu diesem Thema im Parlamentarischen Rat blieben wenig ertragreich, vgl. *Stern*, Das Staatsrecht der Bundesrepublik Deutschland, Bd. III/1, § 76 I 4, S. 1520 f.

225 Zum Streit hierüber kam es hinsichtlich der Entgeltgleichheit von Frauen und Männern, nachdem der Verfassungsgesetzgeber zwar mit Art. 3 II, III GG Normen geschaffen hatte, die auf die Beseitigung niedrigerer Entgelte von Frauen bei gleicher Arbeit gerichtet waren, diese allerdings vom einfachen Gesetzgeber nicht auf privatrechtlicher Ebene umgesetzt wurden, siehe *Krause*, in: Wendepunkte der Rechtswissenschaft: Aspekte des Rechts in der Moderne (2014), S. 175, 182 f.

226 *Junker*, Grundkurs Arbeitsrecht, Rn. 44; *Keilich*, Die Auswirkungen der Grundrechte/Menschenrechte für das Arbeitsrecht, S. 25; zur Funktion der Grundrechte nach ihrer geistesgeschichtlichen Entwicklung vgl. schon BVerfG 15.01.1958 - 1 BvR 400/57, BVerfGE 7, 198 = NJW 1958, 257: „Ohne Zweifel sind die Grundrechte in erster Linie dazu bestimmt, die Freiheitssphäre des Einzelnen vor Eingriffen der öffentlichen Gewalt zu sichern; sie sind Abwehrrechte des Bürgers gegen den Staat."

227 Maunz/Dürig/*Herdegen*, Art. 1 III GG Rn. 64; *Junker*, Grundkurs Arbeitsrecht, Rn. 44; *Hauck-Scholz*, öAT 2015, 117.

228 *Preis/Temming*, Individualarbeitsrecht, Rn. 533.

229 Nach Art. 9 III 2 GG sind Abreden, die das Grundrecht der Koalitionsfreiheit einschränken oder zu behindern suchen, nichtig und darauf gerichtete Maßnahmen rechtswidrig.

230 Siehe etwa § 75 I BetrVG, der eine Behandlung der Betriebsangehörigen nach den Grundsätzen von Recht und Billigkeit sowie insbesondere den Geboten der Gleichbehandlung gewährleisten soll. Nach § 75 II BetrVG haben Arbeitgeber und Betriebsrat

Abgesehen von der Vorschrift des Art. 9 III 2 GG enthält das Grundgesetz allerdings keine ausdrückliche Aussage über die Wirkung der Grundrechte im Privatrechtsverkehr.[231] Ebenso ist die wortlautnahe einfachgesetzliche Anordnung der Grundrechte eine gesetzliche Besonderheit geblieben.

Demgemäß bietet die Frage, ob sich die Aufgabe der Grundrechte in ihrer klassischen Funktion als Abwehrrechte des Bürgers gegen den Staat erschöpft, bzw. ob und ggf. wie sich eine „Drittwirkung“[232] der Grundrechte im Privatrecht rechtstechnisch begründen lässt, immer wieder Anlass kontroverser Diskussionen. Nachdem eine von Teilen des Schrifttums vertretene Auffassung, die es zunächst bei einer reinen Staatsgerichtetheit der Grundrechte belassen wollte,[233] relativ schnell überwunden wurde, setzte sich im Allgemeinen zunehmend die Überzeugung durch, dass die grundrechtliche Wirkung auch in Bezug auf Privatrechtsverhältnisse zumindest nicht gänzlich ausgeschlossen werden könne. Speziell im Hinblick auf den allgemeinen Beschäftigungsanspruch des Arbeitnehmers wurden diesbezüglich vornehmlich zwei unterschiedliche Ansatzpunkte[234] in Literatur und Rechtsprechung diskutiert:

---

die freie Entfaltung der Persönlichkeit der im Betrieb beschäftigten Arbeitnehmer zu schützen und zu fördern. Insoweit überträgt die Vorschrift den Aussagegehalt der Art. 2 I, 3 GG in einfaches Recht und führt so zu einer unmittelbaren Wirkung der verfassungsrechtlichen Wertungen im Privatrecht. Vertiefend *Keilich*, Die Auswirkungen der Grundrechte/Menschenrechte für das Arbeitsrecht, S. 25 f.

231 *Krause*, Arbeitsrecht, § 3 Rn. 17; *Hauck-Scholz*, öAT 2015, 117; Maunz/Dürig/*Herdegen*, Art. 1 III GG Rn. 64.

232 Die Bezeichnung der „Drittwirkung“ der Grundrechte nach *Ipsen* hat sich weitgehend eingebürgert, allerdings werden auch andere Begrifflichkeiten wie die „Horizontalwirkung“ der Grundrechte oder einfach die „Geltung“ der Grundrechte „im Privatrecht“ verwendet, vgl. hierzu *Stern*, Das Staatsrecht der Bundesrepublik Deutschland, Bd. III/1, § 76 I 2, S. 1513 f.; siehe auch *Keilich*, Die Auswirkungen der Grundrechte/Menschenrechte für das Arbeitsrecht, S. 27 Fn. 12.

233 In Bezug auf die Lohngleichheit von Frauen und Männern siehe *Schmidt-Rimpler/Gieseke/Friesenhahn/Knur*, AöR 76 (1950), 165, 169 ff.; *Jellinek*, BB 1950, 425 f.

234 Dies sind namentlich die Lehre von der „unmittelbaren Drittwirkung“ und diejenige von der „mittelbaren Drittwirkung“ der Grundrechte. Daneben hat sich mittlerweile die Lehre von der Schutzgebotsfunktion der Grundrechte etabliert, die allerdings ihrer Wirkungsweise nach „nur“ eine Weiterentwicklung der Lehre von der „mittelbaren Drittwirkung“ ist. Insofern hält das BVerfG grundsätzlich an der Auffassung fest, dass die Grundrechte mittelbar über die zivilrechtlichen Generalklauseln in Privatrechtverhältnisse einwirken. Jedoch wird die Befugnis bzw. die Verpflichtung der Fachgerichte, die Grundrechte im Zivilrecht geltend zu machen, mit einem Schutzauftrag

## 1. Unmittelbare Drittwirkung der Grundrechte

Bereits früh nach der Einführung des Grundgesetzes vertrat das BAG die insbesondere auf seinen ersten Präsidenten *Nipperdey*[235] zurückgehende Lehre von der „unmittelbaren Drittwirkung" der Grundrechte.[236] Diese geht davon aus, dass zwar nicht alle, aber eine Reihe von Grundrechten unmittelbar Ansprüche zwischen Privatpersonen begründen können.[237] Danach sollen die Grundrechte auch im Privatrechtsverkehr normative Wirkung entfalten und Rechte und Pflichte zwischen Arbeitgeber und Arbeitnehmer erzeugen und ausgestalten können.[238] Somit ist es nach der Lehre von der „unmittelbaren Drittwirkung" möglich, zivilrechtliche Rechte und Pflichten auch ohne die Vermittlung durch einfaches Recht direkt aus den Grundrechten herzuleiten.[239] Die Grundrechte werden dementsprechend nicht nur als subjektive öffentliche Rechte gegenüber dem Staat, sondern vielmehr als Grundsatznormen im Privatrechtsverkehr verstanden und damit auch zur Ausgestaltung des Arbeitsverhältnisses herangezogen.[240]

*Nipperdey* begründete seine Auffassung der unmittelbaren Geltung der Grundrechte im Privatrechtsverkehr mit dem Wesen der modernen demokratischen Verfassung, auf deren Werte sich jedermann – und zwar auch im

---

der Verfassung begründet. Ob ein solcher auch im Falle des Beschäftigungsanspruchs greift, soll unter E. V. untersucht werden.

235 *Nipperdey*, RdA 1950, 121, 123 f.; *Nipperdey*, Grundrechte und Privatrecht, S. 18 ff.; *Nipperdey*, Die Grundrechte (1954), Band 2, S. 1, 18 ff.; siehe aber auch *Leisner*, Grundrecht und Privatrecht, S. 355 ff.; *Gamillscheg*, Die Grundrechte im Arbeitsrecht, S. 75 ff.; *Nikisch*, Arbeitsrecht, I. Band, 2. Auflage, S. 386.

236 BAG 03.12.1954 - 1 AZR 150/54, NJW 1955, 606, 607; BAG 15.01.1955 - 1 AZR 305/54, NJW 1955, 684, 685 f.; BAG 29.06.1962 - 1 AZR 343/61, NJW 1962, 1981, 1982; hierzu umfassend *Fabisch*, Die unmittelbare Drittwirkung der Grundrechte im Arbeitsrecht.

237 ErfK/*Schmidt*, Einl. GG Rn. 17.

238 BAG 03.12.1954 - 1 AZR 150/54, NJW 1955, 606, 607: „Zwar nicht alle, aber doch eine Reihe bedeutsamer Grundrechte der Verfassung sollen nicht nur Freiheitsrechte gegenüber der Staatsgewalt garantieren, sie sind vielmehr Ordnungssätze für das soziale Leben, die in einem aus dem Grundrecht näher zu entwickelnden Umfang unmittelbare Bedeutung auch für den Rechtsverkehr der Bürger untereinander haben. [...] Solche Grundrechte berühren also nicht nur das Verhältnis des einzelnen Bürgers zum Staat, sondern auch das der Bürger dieses Staates als Rechtsgenossen untereinander."

239 ErfK/*Schmidt*, Einl. GG Rn. 17.

240 *Junker*, Grundkurs Arbeitsrecht, Rn. 45.

privatrechtlichen Bereich – verlassen können müsse.[241] Denn die in Art. 1 I GG verankerte Achtung der menschlichen Würde sei Verpflichtung aller staatlichen Gewalt und damit von staatlicher Seite umfassend zu schützen, weshalb im Ergebnis auch eine Beeinträchtigung durch private Rechtsträger nicht zu tolerieren sei. Die Grundrechte seien als „Normen höchsten Grades“ bzw. als „allgemeine Rechtsprinzipien“ zu qualifizieren und bildeten damit gewissermaßen den „Allgemeinen Teil“ der gesamten Rechtsordnung.[242] Insofern käme den Grundrechten nicht nur der Charakter von Abwehrrechten gegen den Staat, sondern vielmehr auch ein positiver Gehalt zu, in welchem Werte für das Gemeinschaftsleben zum Ausdruck kämen, die für jedermann unverletzlich seien.[243] Außerdem sei die Funktion der Grundrechte unter Berücksichtigung der Lebenswirklichkeit in der modernen Industriegesellschaft dahingehend zu verstehen, den Einzelnen gegenüber den „sozialen Gewalten“ zu schützen.[244]

In der Rechtsanwendung wirkt die Lehre von der unmittelbaren Drittwirkung dergestalt, dass ein Verstoß gegen ein Grundrecht zur Nichtigkeit des zugrunde liegenden Rechtsgeschäfts führt, die Grundrechte also als Verbotsgesetze gewertet werden.[245] Dementsprechend können etwa Verträge, die gegen Grundrechte verstoßen, im Allgemeinen keine rechtliche Anerkennung finden.[246] Auch bedeutet die Lehre von der „unmittelbaren Drittwirkung“, dass bestimmte Grundrechte deliktsrechtlich absolute Rechte im Sinne des § 823 I BGB darstellen und als Schutzgesetze im Sinne des § 823 II BGB fungieren.[247] Ebenso können bei eingetretenen oder drohenden Grundrechtsverletzungen Abwehr- und Unterlassungsansprüche in Betracht kommen.[248]

---

241 *Nipperdey*, RdA 1950, 121, 124.

242 *Hollstein*, Die Verfassung als „Allgemeiner Teil“, S. 203 ff.; *Nipperdey*, RdA 1950, 121, 124.

243 *Nipperdey*, Grundrechte und Privatrecht, S. 14 f.; *Gamillscheg*, AcP 164 (1964), 385, 404 f.

244 *Nipperdey*, RdA 1950, S. 121, 124; *Nipperdey*, Grundrechte und Privatrecht, S. 16 f.; *Nipperdey*, Die Grundrechte (1954), Band 2, S. 1, 19 f.; vgl. auch *Hollstein*, Die Verfassung als „Allgemeiner Teil“, S. 202 f.

245 *Preis/Temming*, Individualarbeitsrecht, Rn. 538; *Hollstein*, Die Verfassung als „Allgemeiner Teil“, S. 197 f.; *Keilich*, Die Auswirkungen der Grundrechte/Menschenrechte für das Arbeitsrecht, S. 30.

246 *Nipperdey*, RdA 1950, 121, 125.

247 *Hollstein*, Die Verfassung als „Allgemeiner Teil“, S. 197 f.; *Keilich*, Die Auswirkungen der Grundrechte/Menschenrechte für das Arbeitsrecht, S. 30.

248 *Keilich*, Die Auswirkungen der Grundrechte/Menschenrechte für das Arbeitsrecht, S. 30.

## 2. Mittelbare Drittwirkung der Grundrechte

Fast zeitgleich mit der Lehre von der unmittelbaren Drittwirkung der Grundrechte entwickelte sich eine maßgeblich von *Dürig* geprägte Gegenposition, nach welcher die Grundrechte auf die Rechtsbeziehungen der Privatrechtssubjekte nur mittelbar über die auslegungsfähigen und ausfüllungsbedürftigen Generalklauseln des Privatrechts einwirken sollen.[249] Zwar verneint *Dürig* eine unmittelbare Drittwirkung der Grundrechte mit dem Hinweis, dass auch die von einer privatrechtlichen Grundrechtseinwirkung betroffenen Rechtssubjekte selbst Grundrechtsträger seien.[250] Gleichwohl sieht er in den Grundrechten – ähnlich wie *Nipperdey* – ein „der Verfassung vorgegebenes Wertsystem"[251] und erkennt eine aus Art. 1 I GG resultierende Notwendigkeit der grundrechtlichen Einwirkung in den Privatrechtsverkehr. Dementsprechend leitet er aus Art. 1 I 2 GG eine Pflicht des Staates zum Schutz der Menschenwürde ab, die auch privatrechtlich Geltung beanspruchen müsse.[252]

Allerdings ist nach *Dürigs* Sichtweise die Wirkungsweise der Grundrechte unter einem anderen rechtlichen Anknüpfungspunkt zu interpretieren als bei *Nipperdey*.[253] Denn die Grundrechte hätten, so *Dürig*, nicht unmittelbaren

249 *Dürig*, in: Vom Bonner Grundgesetz zur gesamtdeutschen Verfassung, Festschrift zum 75. Geburtstag von Hans Nawiasky (1956), S. 157, 176 ff.; siehe auch *Vogt*, Die Drittwirkung der Grundrechte und Grundrechtsbestimmungen des Bonner Grundgesetzes, S. 225 ff.

250 *Dürig* führt insofern aus, dass „das Grundgesetz die Grundrechte von vornherein vermindert um die den anderen gegenüber bestehenden subjektiven privaten Rechte denke" und spricht in diesem Zusammenhang von „einer Art privatrechtlichem Innenverhältnis", *Dürig*, in: Vom Bonner Grundgesetz zur gesamtdeutschen Verfassung, Festschrift zum 75. Geburtstag von Hans Nawiasky (1956), S. 157, 173 ff.; vgl. auch *Keilich*, Die Auswirkungen der Grundrechte/Menschenrechte für das Arbeitsrecht, S. 31 f.

251 *Dürig*, in: Vom Bonner Grundgesetz zur gesamtdeutschen Verfassung, Festschrift zum 75. Geburtstag von Hans Nawiasky (1956), S. 157, 176; zu den Grundrechten als Wertsystem siehe auch Maunz/Dürig/*Herdegen*, Art. 1 III GG Rn. 60 f.

252 *Dürig*, in: Vom Bonner Grundgesetz zur gesamtdeutschen Verfassung, Festschrift zum 75. Geburtstag von Hans Nawiasky (1956), S. 157, 176 f.; vgl. auch Maunz/Dürig/*Herdegen*, Art. 1 III GG Rn. 70 f.

253 In diesem Zusammenhang weist *Krause* zutreffend darauf hin, dass unmittelbare und mittelbare Drittwirkung im Privatrecht nicht als strikte Gegensätze zu begreifen sind, sondern (nur) unterschiedliche Ebenen der Grundrechtswirkungen betreffen, *Krause*, in: Wendepunkte der Rechtswissenschaft: Aspekte des Rechts in der Moderne (2014), S. 175, 187; siehe auch *Alexy*, Theorie der Grundrechte, S. 484 ff.

Einfluss auf privatrechtliche Verhältnisse, sondern bedürften stets einer einfachgesetzlichen ausfüllungsbedürftigen Norm oder eines unbestimmten Rechtsbegriffs als „Einbruchstelle", welche eine wertungsmäßige Berücksichtigung der Grundrechte zulässt.[254] Als solche Normen kommen etwa die zivilrechtlichen Generalklauseln der §§ 138, 242, 307, 315, 826 BGB genauso in Betracht wie der unbestimmte Rechtsbegriff des „wichtigen Grundes" in § 626 BGB.[255]

Zentraler Hintergedanke war dabei die Sorge *Dürigs*, dass im Falle einer unmittelbaren Drittwirkung der Grundrechte die Grenzen zwischen Privat- und Verfassungsrecht verlaufen und dadurch die Wahrung der Eigenständigkeit des Privatrechts gegenüber dem Verfassungsrecht gefährdet werden könnte. Insofern fürchtete *Dürig* insbesondere eine Beeinträchtigung der verfassungsrechtlich abgesicherten Privatautonomie.[256] Nach *Dürig* stellt die Konstruktion der mittelbaren Drittwirkung einen notwendigen wie angemessenen Ausgleich zwischen der Anerkennung einer souveränen Dispositionsfreiheit in einem eigenständigen Privatrecht und der rechtsmoralischen Einheit des Gesamtrechts dar.[257] Denn durch das System ausfüllungsbedürftiger Normen und Begriffe als „Einbruchstellen" für grundrechtliche Wertungen, könnte den Gefahren für die Menschenwürde im Privatrecht begegnet werden, ohne dabei die privatrechtliche Eigenständigkeit durch eine unmittelbare Überlagerung von Verfassungsrechtssätzen zu gefährden.[258]

Rechtstechnisch bleibt nach der Lehre der mittelbaren Drittwirkung der Grundrechtsverpflichtete allein die staatliche Gewalt.[259] Im Falle des Fehlens privatrechtlicher Schutznormen können die grundrechtlichen Wertungen „nur" mittelbar über einfachgesetzliche ausfüllungsbedürftige Normen oder unbestimmte Rechtsbegriffe zur Geltung kommen. Daher kann etwa bei einem

---

254 Maunz/Dürig/*Herdegen*, Art. 1 III GG Rn. 71; *Preis/Temming*, Individualarbeitsrecht, Rn. 540.

255 *Preis/Temming*, Individualarbeitsrecht, Rn. 540; *Dürig*, Die Grundrechte (1954), Band 2, S. 507, 525.

256 *Dürig*, in: Vom Bonner Grundgesetz zur gesamtdeutschen Verfassung, Festschrift zum 75. Geburtstag von Hans Nawiasky (1956), S. 157, 158 f.

257 *Dürig*, in: Vom Bonner Grundgesetz zur gesamtdeutschen Verfassung, Festschrift zum 75. Geburtstag von Hans Nawiasky (1956), S. 157, 176 f.

258 *Dürig*, in: Vom Bonner Grundgesetz zur gesamtdeutschen Verfassung, Festschrift zum 75. Geburtstag von Hans Nawiasky (1956), S. 157, 176 f.; vgl. hierzu auch *Keilich*, Die Auswirkungen der Grundrechte/Menschenrechte für das Arbeitsrecht, S. 31 f.

259 *Keilich*, Die Auswirkungen der Grundrechte/Menschenrechte für das Arbeitsrecht, S. 32.

Grundrechtsverstoß, außer die Verfassung selbst sieht wie im Falle des Art. 9 III 2 GG ausdrücklich etwas anderes vor, der Nichtigkeitsgrund des § 134 BGB nicht unmittelbar eingreifen.[260]

### 3. Die Rechtsprechung des BAG unter besonderer Berücksichtigung des Beschäftigungsanspruchs

Das BAG folgte in seiner Rechtsprechung betreffend der Wirkungsweise der Grundrechte im Arbeitsverhältnis zunächst der auf seinen ersten Präsidenten zurückgehenden Lehre der unmittelbaren Drittwirkung. Dementsprechend erkannte der 1. Senat des BAG, dessen Vorsitz *Nipperdey* innehatte, in einer Entscheidung über die Wirksamkeit der Kündigung eines Arbeitnehmers wegen einer Meinungsäußerung, dass Grundrechte, die für den Privatrechtsverkehr essentiell seien, auch im Verhältnis der Bürger untereinander gelten würden.[261] Im Urteil[262] stellte das Gericht heraus, dass „zwar nicht alle, aber doch eine Reihe bedeutsamer Grundrechte der Verfassung nicht nur Freiheitsrechte gegenüber der Staatsgewalt garantieren sollen, sondern vielmehr Ordnungsgrundsätze für das soziale Leben sind, die in einem aus dem Grundrecht näher zu entwickelnden Umfang unmittelbare Bedeutung auch für den Rechtsverkehr der Bürger untereinander haben".[263] Das BAG betont, dass es nicht nur der Staatsgewalt, sondern auch den Parteien des privaten Rechtsverkehrs untersagt ist, den von der Menschenwürde ausgehenden Leitgedanken der Grundrechte zu missachten. Dementsprechend hätten sich die Privatrechtssubjekte auch im Rahmen von „Verträgen und Maßnahmen" den Grundwerten eines freiheitlich-demokratischen Rechtsstaats unterzuordnen.[264] In diesem Sinne sei, so das Gericht, eine „unmittelbare privatrechtliche Wirkung der Grundrechtsbestimmungen für den

260 *Dürig*, in: Vom Bonner Grundgesetz zur gesamtdeutschen Verfassung, Festschrift zum 75. Geburtstag von Hans Nawiasky (1956), S. 157, 162; *Keilich*, Die Auswirkungen der Grundrechte/Menschenrechte für das Arbeitsrecht, S. 33; anders bei der Lehre der unmittelbaren Drittwirkung, siehe hierzu oben unter E. II. 1.

261 BAG 03.12.1954 - 1 AZR 150/54, NJW 1955, 606 ff.; siehe auch *Krause*, in: Wendepunkte der Rechtswissenschaft: Aspekte des Rechts in der Moderne (2014), S. 175, 185.

262 In dem Urteil zugrundeliegenden Sachverhalt stand nicht nur die unmittelbare Drittwirkung der Meinungsfreiheit gem. Art. 5 I GG, sondern auch diejenige des Gleichbehandlungsgrundsatzes gem. Art. 3 III GG in Rede, BAG 03.12.1954 - 1 AZR 150/54, NJW 1955, 606 ff.

263 BAG 03.12.1954 - 1 AZR 150/54, NJW 1955, 606, 607.

264 BAG 03.12.1954 - 1 AZR 150/54, NJW 1955, 606, 607.

Verkehr der Rechtsgenossen untereinander in einer freiheitlichen und sozialen Gemeinschaft unentbehrlich".[265]

Weiter manifestierte sich die Haltung des BAG direkt am Beispiel des Beschäftigungsanspruchs durch das Urteil des 2. Senats vom 10.11.1955,[266] in welchem das Gericht einer Arbeitnehmerin einen unmittelbar aus Art. 1 und 2 GG abgeleiteten Anspruch auf tatsächliche Beschäftigung zuerkannt hat. Denn für einen Arbeitnehmer würde der Umstand, sein Gehalt ohne eine tatsächliche berufliche Betätigungsmöglichkeit in Empfang nehmen zu müssen, auf einen „Zwang zum Nichtstun" hinauslaufen und dem Arbeitnehmer insofern seine auch im Bereich des Arbeitslebens existierende Würde als Mensch absprechen.[267] Der Arbeitgeber müsse, so das BAG, „auf Grund der jedermann aus Art. 1 und 2 GG obliegenden Verpflichtung alles unterlassen, was die Würde des Arbeitnehmers und die freie Entfaltung der Persönlichkeit beeinträchtigen kann".[268] Damit leitete das BAG den Anspruch der Arbeitnehmerin gegen ihren Arbeitgeber im Sinne einer unmittelbaren Drittwirkung aus der Menschenwürde des Art. 1 GG und dem Persönlichkeitsrecht des Art. 2 I GG ab.

In der Folgezeit bestätigte das BAG seine Rechtsauffassung und erkannte auch einer Reihe von weiteren Grundrechten eine unmittelbare Wirkung innerhalb privater Rechtsbeziehungen zu.[269]

Einige Jahre später deutete sich allerdings in der Rechtsprechung des BAG ein Umschwung an. Wurden zuvor Verstöße gegen die Lohngleichheit von Mann und Frau noch unmittelbar an Art. 3 II, III GG gemessen,[270] so stellte das BAG in späteren Entscheidungen den arbeitsrechtlichen Gleichbehandlungsgrundsatz ins Zentrum seiner Argumentation, welcher (lediglich) „inhaltlich vom Gleichberechtigungsgrundsatz des Art. 3 II GG und vom Benachteiligungsverbot des Art. 3 III GG geprägt" sei.[271]

---

265 BAG 03.12.1954 - 1 AZR 150/54, NJW 1955, 606, 607.

266 BAG 10.11.1955 - 2 AZR 591/54, NJW 1956, 359 f.

267 BAG 10.11.1955 - 2 AZR 591/54, NJW 1956, 359, 360.

268 BAG 10.11.1955 - 2 AZR 591/54, NJW 1956, 359, 360.

269 Zum Schutz der Ehe und Familie gem. Art. 6 I GG siehe BAG 10.05.1957 - 1 AZR 249/56, NJW 1957, 1688 ff.; zum Schutz der Berufsfreiheit gem. Art. 12 I GG siehe BAG 29.06.1962 - 1 AZR 343/61, NJW 1962, 1981 ff.

270 BAG 15.01.1955 - 1 AZR 305/54, NJW 1955, 684 ff.; BAG 02.03.1955 - 1 AZR 246/54, NJW 1955, 688 ff.; BAG 06.04.1955 - 1 AZR 365/54, NJW 1955, 1005; BAG 18.10.1961 - 1 AZR 75/61, NJW 1962, 220 ff.

271 BAG 25.08.1982 - 5 AZR 107/80, NJW 1983, 190 ff.

In jüngeren Entscheidungen hat das BAG endgültig seine ursprüngliche Linie verlassen und sich der vom BVerfG bereits seit der „Lüth-Entscheidung“ vom 15.01.1958 vertretenen Lehre von der mittelbaren Drittwirkung angeschlossen.[272]

Der Paradigmenwechsel zeigte sich deutlich an der Entscheidung des Großen Senats vom 27.02.1985 zum Weiterbeschäftigungsanspruch,[273] in der das Gericht auch zum allgemeinen arbeitnehmerseitigen Beschäftigungsanspruch Stellung bezog.[274] Denn die in der Entscheidung behandelte Frage nach einem Weiterbeschäftigungsanspruch des Arbeitnehmers während des Kündigungsschutzprozesses hing nicht zuletzt von der Vorfrage des Beschäftigungsanspruchs während des unstreitig bestehenden Arbeitsverhältnisses ab. Das Gericht führte diesbezüglich unter Berufung auf die „Soraya-Entscheidung“ des BVerfG[275] aus, dass die Rechtsgrundlage des allgemeinen Beschäftigungsanspruchs im Arbeitsvertragsrecht liege und der Anspruch aus den §§ 611, 613 BGB in Verbindung mit § 242 BGB abzuleiten sei. Die Generalklausel des § 242 BGB sei dabei auszufüllen durch die Wertentscheidung der Art. 1 und 2 GG.[276] Im Zuge seiner Erläuterungen räumt der Große Senat ein, dass sich aus dem durch die Art. 1 und 2 GG garantierten Persönlichkeitsschutz nicht ohne weiteres und unmittelbar eine Beschäftigungspflicht des Arbeitgebers herleiten lasse.[277] Allerdings sei unter dem in § 242 BGB zum Ausdruck kommenden Gesichtspunkt der arbeitgeberseitigen Treuepflicht die in den Grundrechten enthaltene objektive Wertordnung zu beachten, welche als verfassungsrechtliche Grundentscheidung auf alle Bereiche des Rechts und somit auch auf das Privatrecht einwirke.[278]

Insofern hatte fortan auch nach der Rechtsprechung des BAG der verfassungsrechtliche Persönlichkeitsschutz (nur noch) im Sinne einer mittelbaren Drittwirkung über die Einbruchstelle des § 242 BGB für das Arbeitsverhältnis und die sich daraus ergebenden Rechte und Pflichten Bedeutung erlangt.

---

272 BVerfG 15.01.1958 - 1 BvR 400/57, BVerfGE 7, 198 = NJW 1958, 257 ff.

273 BAG 27.02.1985 - GS 1/84, NZA 1985, 702 ff.; vgl. auch *Söllner*, in: Arbeitsrecht in der Bewährung: Festschrift für Otto Rudolf Kissel zum 65. Geburtstag (1994), S. 1121, 1126 Fn. 23.

274 BAG 27.02.1985 - GS 1/84, NZA 1985, 702, 703.

275 BVerfG 14.02.1973 - 1 BvR 112/65, BVerfGE 34, 269 = NJW 1973, 1221, 1223.

276 BAG 27.02.1985 - GS 1/84, NZA 1985, 702, 703.

277 BAG 27.02.1985 - GS 1/84, AP Nr. 14 zu § 611 BGB Beschäftigungspflicht, Gründe C I 2 b).

278 BAG 27.02.1985 - GS 1/84, AP Nr. 14 zu § 611 BGB Beschäftigungspflicht, Gründe C I 2 b).

Insbesondere in Bezug auf den Beschäftigungsanspruch des Arbeitnehmers wird diese Linie vom BAG bis heute ausdrücklich beibehalten.[279]

## 4. Stellungnahme

Wenngleich die weit überwiegenden Stimmen in der Literatur die Einwirkung der Grundrechte in das Arbeitsverhältnis grundsätzlich und insbesondere im Hinblick auf den Beschäftigungsanspruch anerkennen, so bestehen doch wie gezeigt weiter Unterschiede in der rechtlichen Begründung. Auch wenn die tatsächlichen Auswirkungen der unterschiedlichen Begründungsansätze mitunter nicht beträchtlich ins Gewicht zu fallen scheinen, so muss das praktische Ergebnis gleichwohl auf einer tragfähigen rechtsdogmatischen Grundlage fußen.

### *a) Zum Einfluss grundrechtlicher Wertungen auf arbeitsrechtliche Beziehungen*

Zunächst zeigt sich nicht nur in der Theorie, sondern besonders an den im Rahmen von praktischen Streitigkeiten auftretenden Problemkonstellationen, dass die Grundrechte im Arbeitsrecht eine herausragende Bedeutung haben. Trotzdem wäre es ein Fehler, wenn man vom Bedeutungsgehalt der Grundrechte im Arbeitsrecht Rückschlüsse auf deren dogmatische Anwendbarkeit zwischen den Arbeitsvertragsparteien ziehen wollte. Denn auch wenn grundrechtliche Wertungen im Arbeitsverhältnis zweifelsohne zahlreiche Anknüpfungspunkte haben, so kann man nicht allein deshalb versuchen, ihnen zu einer größtmöglichen Einflussnahme – eventuell gar im Sinne einer unmittelbaren Drittwirkung – zu verhelfen.

Neben dem Umstand, dass dies ein methodischer Fehler wäre, ist erwähnenswert, dass auch der Sache nach die Diskussion um ein Machtgefälle im Arbeitsrecht nicht zu pauschal geführt werden darf.[280] Natürlich wird man behaupten können, dass im „Normalarbeitsverhältnis" der Arbeitgeber hinsichtlich des Arbeitsvertragsschlusses und der Bedingungen während der Vertragsausübung in der Regel größere Einflussmöglichkeiten als der Arbeitnehmer und damit ein höheres Durchsetzungspotential zur Verwirklichung seiner Interessen hat. Allerdings wird eine zu weitgehende Verallgemeinerung dieser Grundthese der vielfältigen sozialen Wirklichkeit mitunter nicht gerecht. Denn ein „Machtgefälle" hängt nicht nur von den konkreten Verhaltensweisen der

279 Siehe etwa BAG 24.06.2015 - 5 AZR 462/14, NZA 2016, 108, 110.

280 Der Sache nach differenzierend auch *Krause*, Arbeitsrecht, § 1 Rn. 8 ff.

Arbeitsvertragsparteien in der Verhandlungs- bzw. Vertragsausübungssituation, sondern vor allen Dingen von deren Stellung und Wertigkeit am Arbeitsmarkt ab. Dementsprechend ist auf Arbeitnehmerseite die Situation des leicht ersetzbaren Hilfsarbeiters kaum vergleichbar mit derjenigen des besonders qualifizierten Spezialisten. Umgekehrt besteht ein Unterschied hinsichtlich des Schutzbedürfnisses, je nachdem ob ein Arbeitnehmer mit dem Inhaber eines Kleinbetriebs einen Arbeitsvertrag schließen oder bei einem Großkonzern tätig werden möchte.[281] Auch sind regionale Unterschiede zwischen strukturschwachen Provinzen und prosperierenden Wirtschaftsstandorten genauso zu berücksichtigen, wie die Einflussnahme branchenspezifischer Besonderheiten. So können etwa ein akut schwer zu stillender Arbeitskräftebedarf oder das Bedürfnis nach besonderen Fachkenntnissen beziehungsweise einer außergewöhnlichen Spezialisierung nur einige Beispiele für den Umstand sein, dass ein „Machtgefälle" nach klassischem Verständnis nicht vorliegt.

Insofern bestehen neben der Tatsache, dass der Gedanke des Arbeitnehmerschutzes schon methodisch nicht als Forderung nach einer bestimmten Drittwirkungsart der Grundrechte fruchtbar gemacht werden kann, zumindest hinsichtlich der pauschalen Behauptung der arbeitnehmerseitigen Unterlegenheit auch inhaltliche Bedenken.[282]

Gleichwohl muss ein von grundrechtlichen Wertungen angereicherter arbeitsrechtlicher Schutz dort gewährt werden, wo er gebraucht wird. Dem tatsächlich unterlegenen Hilfsarbeiter hilft die Differenzierung der rechtstatsächlichen Situation und Anführung etwaiger Gegenbeispiele wenig. Wie ist also ein solcher Schutz rechtstechnisch zu konstruieren?

### *b) Zur rechtlichen Begründbarkeit der Drittwirkung*

Hinter der Drittwirkung der Grundrechte steht die grundsätzliche Überlegung, dass die verfassungsrechtlich geschützten Freiheiten faktisch nicht nur durch staatliches Handeln verkürzt werden können, sondern deren Beeinträchtigung auch im Privatrechtsverhältnis droht. Natürlich können Machtungleichgewichte, gegen die sich der Einzelne ohne staatliche Hilfe mitunter nur schwer

281 Vgl. auch *Krause*, der konstatiert, dass es nicht „den Arbeitnehmer" beziehungsweise „den Arbeitgeber" gibt, *Krause*, Arbeitsrecht, § 1 Rn. 10.

282 Nichtsdestotrotz ist natürlich mit *Junker* anzuerkennen, dass auch der Umstand der wirtschaftlichen oder intellektuellen Ebenbürtigkeit des Arbeitnehmers im Einzelfall nichts an dem generellen Befund eines Machtungleichgewichts zwischen den Arbeitsvertragsparteien ändern kann, *Junker*, Grundkurs Arbeitsrecht, Rn. 9.

verteidigen kann, auch und besonders in privatrechtlichen Beziehungen vorkommen. Dementsprechend ist zumindest dem Grunde nach das Schutzbedürfnis des Unterlegenen anzuerkennen, sofern eine zentrale Grundrechtsposition betroffen ist.

Nichtsdestotrotz würde es zu weit gehen, wenn man aus dem Umstand, dass der notwendige Schutz von der Privatrechtsordnung nicht lückenlos gewährleistet werden kann, folgern wollte, dass die Grundrechte – um nicht leerzulaufen – im Einzelfall auch zwischen Privatrechtssubjekten unmittelbar Anwendung finden müssten. Denn wie der Zweck nicht die Mittel heiligt, so kann nicht von einem für (zugegebenermaßen größere) Teile der Arbeitnehmer ausgemachten Schutzbedürfnis, auf einen methodisch selbstständig zu begründenden Anknüpfungspunkt der Grundrechte in der Privatrechtsordnung geschlossen werden.

Denn rechtstechnisch können die offensichtlichen Widersprüche nicht ausgeräumt werden, welche die Lehre der unmittelbaren Drittwirkung zu dem deutlich entgegenstehenden Wortlaut des Art. 1 III GG darstellt: Art. 1 III GG bezeichnet ausdrücklich nur die öffentliche Gewalt als Grundrechtsadressat.[283] Die Grundrechte verpflichten also unmittelbar nur den Staat, insbesondere bei Ausübung seiner hoheitlichen Rechte wie etwa beim Erlass eines Verwaltungsaktes, bei der Strafverfolgung oder im Falle der Rechtsetzung. Privatrechtssubjekte stehen sich im Gegensatz dazu mit gleichen, aber nicht hoheitlichen Rechten gegenüber.[284] Sie sind zwar Träger grundrechtlich geschützter Rechtsgüter, allerdings jeweils im Verhältnis zum Staat und zumindest nicht unmittelbar untereinander. Wenn man also den Wortlaut des Art. 1 III GG ernst nehmen möchte, wird man aus der Formulierung schließen müssen, dass eine unmittelbare Grundrechtsbindung zwischen Privaten – auch wenn sie zum Zeitpunkt der Entstehung des Grundgesetzes vor dem Hintergrund eines anderen zeitlichen Zusammenhangs bloß nicht berücksichtigt wurde – nicht in Betracht kommen kann.

Besonders problematisch an einer unmittelbaren Grundrechtswirkung ist auch, dass die Kompetenz der Rechtsprechung mit der Möglichkeit einer generalklauselartigen Anwendung der Grundrechte zwischen Privatrechtssubjekten sehr weit ausgedehnt wird, was im Gegenzug die legislative Verantwortung des Gesetzgebers verkennen würde.[285] Die Gerichte sind zwar gehalten

283 *Canaris*, AcP 184 (1984), S. 201, 203 f.; siehe auch *Preis*, nach dem „eine Abwehrfunktion auch gegen Private das klare positivrechtliche Bindungstrias des Art. 1 III GG beiseiteschöbe“, *Preis/Temming*, Individualarbeitsrecht, Rn. 539.

284 *Canaris*, AcP 184 (1984), S. 201, 205 f.

285 Ähnlich ErfK/*Schmidt*, Einl. GG Rn. 19.

verfassungsgemäße Ergebnisse mit den Mitteln der Auslegung zu erreichen,[286] allerdings muss eine legislative Rechtsfortbildung, die über den Rahmen der verfassungskonformen Gesetzesanwendung und -auslegung hinausgeht, dem Gesetzgeber vorbehalten bleiben. Insofern würde die Möglichkeit einer direkten Grundrechtsanwendung dazu führen, dass der Richter, ohne den Vorrang des parlamentarischen Gesetzgebers beachten zu müssen, unmittelbar grundrechtlich gestützte Entscheidungen treffen könnte, wodurch die Eigenständigkeit des Privatrechts im Vergleich zum Verfassungsrecht nicht mehr zu gewährleisten wäre.[287] Dies kann durch die Lehre von der mittelbaren Drittwirkung vermieden werden. Sie ermöglicht eine klare Abgrenzung der Rechtsgebiete und umgeht somit ein konturloses Ineinandergleiten von Verfassungs- und Privatrecht. Gleichzeitig wird der gesetzgeberische Vorrang gewahrt. Sollte im konkreten Fall keine privatrechtliche „Einbruchstelle" vorhanden sein, kann ein (legislatives) Tätigwerden zwangsläufig nur im gesetzgeberischen Ermessen stehen, was unter Berücksichtigung der Wertungen und Überlegungen, die hinter der Entstehung des Grundgesetzes selber standen – namentlich die Begrenzung und Kontrollierbarkeit staatlichen Handelns – nicht nur zumutbar, sondern auch geboten erscheint.

Insofern kann der These, dass der Arbeitsgerichtsbarkeit „wegen fehlendem, lückenhaftem oder veraltetem Gesetzesrecht in weitem Umfang die Aufgabe der Rechtsschöpfung und Rechtsfortbildung zukommt",[288] dem Grunde nach zwar zugestimmt werden. Dies darf allerdings nicht bedeuten, dass ein auf der Privatrechtsordnung beruhendes Ergebnis (methodisch unsauber) einer wertungsmäßigen Kontrolle mithilfe der unmittelbaren Anwendung von Verfassungsrecht unterzogen werden dürfte. Durch den Umstand, dass bei der Lehre der mittelbaren Drittwirkung eine Generalklausel oder ein auslegungsfähiger Rechtsbegriff erforderlich ist, wird der Anwendungsbereich grundrechtlicher Wertungen auf eine Reihe vorhandener „Einbruchstellen" begrenzt und dadurch das Risiko einer allzu extensiven Anwendung der Grundrechte im Privatrecht zumindest dem Ansatzpunkt nach verringert.[289] Andererseits ist der bereits bestehende

286 Siehe hierzu ErfK/*Schmidt*, Einl. GG Rn. 80 ff.

287 So bereits *Dürig*, in: Vom Bonner Grundgesetz zur gesamtdeutschen Verfassung, Festschrift zum 75. Geburtstag von Hans Nawiasky (1956), S. 157, 159 ff.

288 *Söllner*, in: Arbeitsrecht in der Bewährung: Festschrift für Otto Rudolf Kissel zum 65. Geburtstag (1994), S. 1121, 1133.

289 Es lassen sich einige Beispiele in der Rechtsprechung ausmachen, bei welchen eine sehr weite Grundrechtsanwendung im Privatrecht zu denkwürdigen Begründungen geführt hat: So wurde etwa ein Haftungsausschluss des Arbeitgebers für Schäden auf

Kreis der typischen privatrechtlichen „Einbruchstellen" nicht so eng, dass ein Leerlaufen des arbeitnehmerseitigen Grundrechtsschutzes drohen würde. Infolgedessen besteht für eine unmittelbare Drittwirkung in den überwiegenden Fällen auch kein tatsächliches Bedürfnis.[290]

Daher ist der exemplarisch an der Rechtsprechung zum Beschäftigungsanspruch nachzuvollziehende „Umschwung" des BAG hin zu einer (nur) mittelbaren Drittwirkung der Grundrechte zu begrüßen.

## III. Privatrechtliche „Einbruchstelle" für grundrechtliche Wertungen

Die Grundrechte wirken also auch auf die Rechtsbeziehungen zwischen den Arbeitsvertragsparteien nur mittelbar über die auslegungsfähigen und ausfüllungsbedürftigen Generalklauseln des Privatrechts ein. Im Folgenden soll untersucht werden, über welche Normen bzw. Rechtsbegriffe grundrechtliche Wertungen in das Arbeitsverhältnis im Hinblick auf den Beschäftigungsanspruch des Arbeitnehmers ausstrahlen.

Dabei soll, ausgehend von der Rechtsprechung des Großen Senats,[291] der einfachgesetzliche Anknüpfungspunkt für eine mittelbare Drittwirkung der Grundrechte unter Berücksichtigung des zivilrechtlichen Pflichtenkatalogs beleuchtet werden.

### 1. Die „Förderungspflicht des Arbeitgebers" nach der Rechtsprechung des Großen Senats

Unter dem Eindruck der Kritik an der Begründung der Entscheidung aus dem Jahre 1955, in der das BAG noch unmittelbar auf die Würde des Arbeitnehmers und die freie Entfaltung seiner Persönlichkeit gem. der Artikel 1 und 2 GG abstellte,[292] stützte der Große Senat seine Argumentation stattdessen auf die aus § 242 BGB abgeleitete Treue- bzw. Förderungspflicht des Arbeitgebers.

---

einem Parkplatz in Verbindung mit einer „gewissen Abwertung der Menschenwürde" des Arbeitnehmers gebracht, BAG 05.03.1959 - 2 AZR 268/56, NJW 1959, 1555, 1557; für weitere Kostproben siehe *Gamillscheg*, Die Grundrechte im Arbeitsrecht, S. 16.

290 Dabei ist *Canaris* nicht abzusprechen, dass das Vorhandensein einer geeigneten Generalklausel nicht immer von vornherein feststeht, *Canaris*, AcP 184 (1984), 201, 223.

291 BAG 27.02.1985 - GS 1/84, AP Nr. 14 zu § 611 BGB Beschäftigungspflicht.

292 BAG 10.11.1955 - 2 AZR 591/54, AP Nr. 2 zu § 611 BGB Beschäftigungspflicht, Gründe II.

Das Gericht stellte in der Entscheidung heraus, dass Rechtsgrundlage des allgemeinen Beschäftigungsanspruchs der Arbeitsvertrag gem. § 611 BGB sei, der den Arbeitnehmer gemäß § 613 BGB zur persönlichen Dienstleistung für den Arbeitgeber verpflichte.[293] Dieser sei gem. § 242 BGB nach den Grundsätzen von „Treu und Glauben“ auszulegen. Bei Beantwortung der Frage, was „Treu und Glauben“ gebieten, sei auch die in den Grundrechten zum Ausdruck kommende Wertentscheidung der Verfassung einzubeziehen, woraus sich eine arbeitsvertragliche Förderungspflicht der Beschäftigungsinteressen des Arbeitnehmers ergebe.[294] Insofern hat sich der Große Senat den unbestimmten Rechtsbegriff „Treu und Glauben“ i.S.d. § 242 BGB zunutze gemacht, um grundrechtliche Wertungen bezüglich der Frage nach dem Bestehen eines Beschäftigungsanspruchs zur Geltung zu bringen.

Die vom Gericht konstatierte Förderungspflicht des Arbeitgebers stellte nichts anderes als eine Ausprägung der als solche nicht ausdrücklich normierten arbeitsrechtlichen Fürsorgeplicht dar.[295] Mit dem Oberbegriff der Fürsorgepflicht werden zum Teil bis heute sämtliche Nebenpflichten[296] des Arbeitgebers bezeichnet.[297] Denn das arbeitsvertragliche Schuldverhältnis erschöpft sich nicht nur in der Pflicht des Arbeitnehmers zur Arbeitsleistung und derjenigen des Arbeitgebers zur Entgeltzahlung. Vielmehr schulden die Arbeitsvertragsparteien auch gegenseitige Rücksichtnahme und Interessenförderung.[298] In diesem Sinne bedeutet die Fürsorgepflicht, dass der Arbeitgeber seine Verpflichtungen aus dem Arbeitsverhältnis so zu erfüllen, seine Rechte so auszuüben und die im Zusammenhang mit dem Arbeitsverhältnis stehenden Interessen des Arbeitnehmers so zu wahren hat, wie es unter Berücksichtigung der Belange des Betriebes und der Interessen der anderen Arbeitnehmer des Betriebes nach „Treu und Glauben“ billigerweise verlangt werden kann.[299]

---

293 BAG 27.02.1985 - GS 1/84, AP Nr. 14 zu § 611 BGB Beschäftigungspflicht, Gründe C I 2 b).

294 BAG 27.02.1985 - GS 1/84, AP Nr. 14 zu § 611 BGB Beschäftigungspflicht, Gründe C I 2 b).

295 Ähnlich *Pallasch*, Der Beschäftigungsanspruch des Arbeitnehmers, S. 61 f.

296 Dabei ist der Ausdruck der Nebenpflicht in diesem Zusammenhang nicht mit demjenigen der Schutzpflicht i.S.d. § 241 II BGB gleichzusetzen, sondern vereint oberbegrifflich alle Pflichten, die neben der Verpflichtung zur Entgeltzahlung für den Arbeitgeber aus dem Arbeitsvertrag erwachsen, vgl. auch MHdB/*Reichold*, § 92 Rn. 1.

297 MHdB/*Reichold*, § 92 Rn. 1.

298 *Edenfeld*, NZA 2009, 938 f.

299 BAG 15.11.2005 - 9 AZR 209/05, NZA 2006, 502, 504.

Soweit die Bezeichnung der Fürsorgepflicht teilweise als nicht mehr zeitgemäß angesehen wird,[300] ist zuzugestehen, dass ihrer starken Betonung in der Vergangenheit eine patriarchalische Vorstellung des Arbeitsverhältnisses im Sinne eines personenrechtlichen Gemeinschaftsverhältnisses zugrunde lag,[301] die aus heutiger Sicht überholt ist.[302]

Gleichwohl ist auch heute noch der Arbeitnehmer vieler „klassischer" Arbeitsverhältnisse[303] bei der Erbringung seiner persönlichen Dienstleistung in einen fremden Organisationsbereich eingegliedert und mitunter jeder Möglichkeit selbständigen wirtschaftlichen Planens und Handelns beraubt.[304] Insofern ist es nicht anachronistisch, wenn die Fürsorgepflicht des Arbeitgebers oberbegrifflich als Korrelat zur persönlichen Abhängigkeit des Arbeitnehmers bezeichnet wird.[305] Daher kann trotz des Wertewandels, den nicht zuletzt das Arbeitsverhältnis erfahren hat, grundsätzlich auch heute noch von arbeitgeberseitigen Fürsorgepflichten gesprochen werden.[306]

Bei der Frage, was die Fürsorgepflicht des Arbeitgebers bezüglich der Beschäftigung des Arbeitnehmers gebietet, hat der Große Senat über den ausfüllungsbedürftigen Rechtsbegriff von Treu und Glauben, der den Inhalt des

300 *Schwerdtner*, ZfA 1979, 1, 15, 17 f.; *Fabricius*, Einstellung der Arbeitsleistung bei gefährlichen und normwidrigen Tätigkeiten, S. 133; *Wolf*, Das Arbeitsverhältnis, S. 28 ff.; vgl. auch *Brors*, Die Abschaffung der Fürsorgepflicht.

301 MHdB/*Reichold*, § 91 Rn. 1; MüKoBGB/*Spinner*, § 611a BGB Rn. 895; *Müller-Petzer*, Fürsorgepflichten des Arbeitgebers nach europäischem und nationalem Arbeitsschutzrecht, S. 11; zum Arbeitsverhältnis als personenrechtliches Gemeinschaftsverhältnis siehe *Wiedemann*, Das Arbeitsverhältnis als Austausch- und Gemeinschaftsverhältnis, S. 25 ff.; *Hueck/Nipperdey*, Lehrbuch des Arbeitsrechts, 3. - 5. Auflage, Band I, S. 128 ff.

302 Siehe etwa *Reichold*, der die Lehre vom personenrechtlichen Gemeinschaftsverhältnis als „längst obsolet und wegen ihrer Vertragsferne auch rechtsdogmatisch abzulehnen" bezeichnet, MHdB/*Reichold*, § 91 Rn. 1.

303 Gemeint ist das „Normalarbeitsverhältnis". Nicht verkannt werden soll in diesem Zusammenhang, dass die typischen Rahmenbedingungen vieler „klassischer" Arbeitsverhältnisse nicht zuletzt durch die zunehmende Digitalisierung immer stärkeren Veränderungen unterliegen. Vgl. hierzu *Krause*, Verhandlungen des 71. Deutschen Juristentages, Band I, S. B 1, B 10 ff.

304 *Wiedemann*, Das Arbeitsverhältnis als Austausch- und Gemeinschaftsverhältnis, S. 14 ff.; MüKoBGB/*Spinner*, § 611a BGB Rn. 901.

305 MüKoBGB/*Spinner*, § 611a BGB Rn. 901.

306 So auch *Müller-Petzer*, Fürsorgepflichten des Arbeitgebers nach europäischem und nationalem Arbeitsschutzrecht, S. 11 f.

Schuldverhältnisses bestimmt, die Wertungsvorgaben der Grundrechte einfließen lassen.

## 2. Die „Förderungspflicht des Arbeitgebers“ im Kontext zivilrechtlicher Vertragspflichten

Beachtet werden muss allerdings, dass mit Inkrafttreten des Schuldrechtsmodernisierungsgesetzes am 01.01.2002 der zivilrechtliche Pflichtenkatalog neu kodifiziert wurde. Deshalb soll untersucht werden, wie die vom Großen Senat gebrauchte „Einbruchstelle“ im Sinne einer aus § 242 BGB abgeleiteten „Förderungspflicht des Arbeitgebers“ aus zivilrechtlicher Sicht in den Pflichtenkatalog des § 241 BGB eingeordnet werden kann.

### *a) Systematisierung der zivilrechtlichen Vertragspflichten*

Ein vertragliches Schuldverhältnis kann dem Schuldner eine Reihe von Pflichten auferlegen, die sich in verschiedene Kategorien einordnen lassen. Dabei hat sich in Anlehnung des Wortlauts des § 241 BGB weitgehend die Terminologie etablieren können, die zwischen Leistungs- und Schutzpflichten unterscheidet.[307] Als Leistungspflichten werden diejenigen Pflichten bezeichnet, die das Erreichen des primären Obligationszwecks und damit den „status ad quem“ fördern.[308] Sie verlangen von den Parteien jeweils die Bewirkung der geschuldeten Leistungen und sind somit auf eine Veränderung der Güterlage gerichtet.[309] Während Leistungspflichten das Erfüllungsinteresse der Parteien verwirklichen, zeichnen sich Schutzpflichten durch einen fehlenden Leistungsbezug aus.[310] Sie sollen die gegenwärtige Güterlage der Beteiligten vor Beeinträchtigungen bewahren und so deren Integritätsinteresse schützen.[311]

---

307 *Weiler*, Schuldrecht AT, § 5 Rn. 1; *Looschelders*, Schuldrecht AT, § 1 Rn. 10; *Brox/Walker*, Allgemeines Schuldrecht, § 2 Rn. 5; *Grigoleit*, in: Festschrift für Claus-Wilhelm Canaris zum 70. Geburtstag (2007), S. 275; *Madaus*, JURA 2004, 289; vgl. insofern auch die Formulierung in BT-Drucks. 14/6040, S. 125: „Leistungs- und Schutzpflichten“; anders etwa Palandt/*Grüneberg*, § 241 BGB Rn. 1: „Leistungs- und Rücksichtspflichten“.

308 Staudinger/*Olzen*, § 241 BGB Rn. 145.

309 *Weller*, Die Vertragstreue, S. 238; Staudinger/*Bach*, Eckpfeiler des Zivilrechts, S. 308 f.; BT-Drucks. 14/6040, S. 125.

310 Staudinger/*Olzen*, § 241 BGB Rn. 153.

311 *Madaus*, JURA 2004, 289; *Looschelders*, Schuldrecht AT, § 1 Rn. 10; Staudinger/*Olzen*, § 241 BGB Rn. 153; BT-Drucks. 14/6040, S. 125.

### *aa) Leistungspflichten*

Die Kategorie der Leistungspflichten wird in § 241 I BGB nicht ausdrücklich definiert. Das Gesetz stellt lediglich fest, dass der Gläubiger „kraft des Schuldverhältnisses berechtigt ist, vom Schuldner eine Leistung zu fordern“. Das Fehlen einer präziseren gesetzlichen Definition könnte auf den Umstand zurückzuführen sein, dass Leistungspflichten stets durch das Schuldverhältnis selbst festgelegt werden.[312] Sie sind diejenigen Pflichten des Schuldners, denen ein Forderungsrecht des Gläubigers entspricht[313] und können in Hauptleistungs- und Nebenleistungspflichten unterschieden werden.[314]

#### *(1) Hauptleistungspflichten*

Hauptleistungspflichten nennt man diejenigen Leistungspflichten, die für das konkrete Schuldverhältnis typisch sind und ihm sein Gepräge geben.[315] Die Art der Hauptleistung und ihr Zweck bestimmen den Typ des Schuldverhältnisses.[316] Im Sinne einer conditio-sine-qua-non ist zu fragen, ob die einzelne Pflicht hinweggedacht werden kann, ohne dass sich am Charakter des Schuldverhältnisses etwas ändert.[317] Da die Hauptleistungspflichten die essentiellen Bestandteile eines Vertrages bilden, müssen sie im Allgemeinen von den Parteien bei Vertragsschluss festgelegt werden.[318] Bei gegenseitigen Verträgen stehen die Hauptleistungspflichten in einem Austauschverhältnis. Die eine Partei übernimmt also ihre Leistungspflicht nur deshalb, weil die andere Partei ihrerseits eine (Gegen-) Leistungspflicht eingegangen ist - und umgekehrt.[319]

---

312 *Grigoleit*, in: Festschrift für Claus-Wilhelm Canaris zum 70. Geburtstag (2007), S. 275, 276.

313 *Brox/Walker*, Allgemeines Schuldrecht, § 2 Rn. 5.

314 Palandt/*Grüneberg*, § 241 BGB Rn. 5; *Weller*, Die Vertragstreue, S. 238 f.; Staudinger/*Olzen*, § 241 BGB Rn. 145.

315 MüKoBGB/*Bachmann*, § 241 BGB Rn. 29; *Weiler*, Schuldrecht AT, § 5 Rn. 2; *Brox/Walker*, Allgemeines Schuldrecht, § 2 Rn. 6.

316 *Kuhlmann*, Leistungspflichten und Schutzpflichten, S. 38; *Weller*, Die Vertragstreue, S. 239.

317 *Leßmann*, RdA 1988, 149, 151; *Strehlein*, Freistellungsklauseln, S. 27.

318 *Looschelders*, Schuldrecht AT, § 1 Rn. 11.

319 Lateinisch: „do ut des“ - „Ich gebe, damit du gibst“.

#### *(2) Nebenleistungspflichten*

Nebenleistungspflichten sind demgegenüber solche, die nicht vertragstypusbestimmender Natur sind, sondern dienenden Charakter haben.[320] Durch sie soll die Durchführung der Hauptleistungspflichten abgesichert und gefördert werden.[321] Sie unterstützen die mit den Hauptleistungspflichten angestrebte Veränderung der Güterlage.[322] Zwar werden auch bei vertraglichen Schuldverhältnissen einige Nebenleistungspflichten ausdrücklich durch das Gesetz angeordnet.[323] Oft ergibt sich ihr Inhalt aber aus der Parteivereinbarung, wobei gerade Nebenleistungspflichten häufig erst im Wege der Auslegung unter Heranziehung des in § 242 BGB niedergelegten Grundsatzes von Treu- und Glauben ermittelt werden können.[324]

### *bb) Schutzpflichten*

Allerdings erschöpft sich das Schuldverhältnis nicht in Leistungspflichten, sondern beinhaltet für beide Vertragsparteien auch Rücksichtnahmepflichten.[325] Insofern ist in § 241 II BGB geregelt, dass „das Schuldverhältnis nach seinem Inhalt jeden Teil zur Rücksicht auf die Rechte, Rechtsgüter und Interessen des anderen Teils verpflichten kann“.

Diese den Leistungspflichten gegenüberstehende Schutzpflichten werden z.T. auch als „weitere Verhaltens-, Sorgfalts-, Rücksichtnahme- oder Nebenpflichten“ bezeichnet[326] und sollen das Integritätsinteresse des Vertragspartners schützen.[327] Inhalt und Umfang der Schutzpflichten richten sich nach dem Inhalt des jeweiligen Schuldverhältnisses und den sonstigen Umständen des Einzelfalls. Insofern kann auch im Rahmen der Schutzpflichten ein Rückgriff auf die Auslegungsregeln sowie den Grundsatz von Treu und Glauben geboten sein.[328]

---

320 MüKoBGB/*Bachmann*, § 241 BGB Rn. 29; *Looschelders*, Schuldrecht AT, § 1 Rn. 12; Eingehend zur Abgrenzung von Haupt- und Nebenleistungspflichten *Stephan*, Haupt- und Nebenleistung, S. 120 ff.; siehe auch *Gernhuber*, Das Schuldverhältnis, § 2 III 4.

321 Staudinger/*Olzen*, § 241 BGB Rn. 151.

322 *Weiler*, Schuldrecht AT, § 5 Rn. 6.

323 So etwa die Auskunftspflicht des Zedenten gem. § 402 BGB, die Auskunfts- und Rechenschaftspflicht des Beauftragten gem. § 666 BGB oder die Aufbewahrungspflicht des Käufers gem. § 379 I HGB.

324 *Looschelders*, Schuldrecht AT, § 1 Rn. 12; *Weiler*, Schuldrecht AT, § 5 Rn. 6.

325 Palandt/*Grüneberg*, § 241 BGB Rn. 6; *Looschelders*, Schuldrecht AT, § 1 Rn. 19.

326 *Brox/Walker*, Allgemeines Schuldrecht, § 2 Rn. 11; *Weller*, Die Vertragstreue, S. 241; Staudinger/*Olzen*, § 241 BGB Rn. 145.

327 *Looschelders*, Schuldrecht AT, § 1 Rn. 19.

328 *Looschelders*, Schuldrecht AT, § 1 Rn. 19.

Gesetzlich waren in § 241 BGB a.F. ursprünglich nur die Leistungspflichten geregelt, bevor durch das Schuldrechtsmodernisierungsgesetz am 01.01.2002 ein zweiter Absatz hinzugefügt wurde, der die Schutzpflichten kodifizierte. Gleichwohl war auch schon vor Einführung des § 241 II BGB anerkannt, dass die Parteien im Rahmen der Durchführung des Schuldverhältnisses gehalten sind, Schädigungen des anderen Teils zu vermeiden.[329] Systematisch hatte die Einführung des § 241 II BGB zur Folge, dass Schutzpflichten nicht mehr unter § 242 BGB verortet werden mussten.[330]

Das Bestehen von Schutzpflichten rechtfertigt sich daraus, dass sich die Parteien in einer Sonderverbindung befinden, durch welche dem anderen Vertragsteil die Möglichkeit gewährt wird, auf ihre Rechte, Rechtsgüter und Interessen einzuwirken.[331] Durch die Schutzpflichten soll darauf vertraut werden können, dass jeder Vertragspartner die gebotene Rücksichtnahme walten lässt.

#### *cc) Abgrenzbarkeit von Nebenleistungs- und Schutzpflichten*

Während sich Hauptleistungspflichten meist relativ eindeutig als solche ausmachen lassen, bestehen insbesondere zwischen Nebenleistungs- und Schutzpflichten nicht selten Abgrenzungsschwierigkeiten. Zur Lösung dieses Problemkreises werden in der Literatur unterschiedliche Abgrenzungskriterien diskutiert.[332]

##### *(1) Klagbarkeit*

Teilweise wird versucht die Abgrenzungsfrage anhand des Merkmals der Klagbarkeit zu lösen.[333] Leistungs- und damit auch Nebenleistungspflichten würden

---

329 MüKoBGB/*Bachmann*, § 241 BGB Rn. 47; *Weiler*, Schuldrecht AT, § 5 Rn. 10; insofern ist auch in der Gesetzesbegründung der Hinweis enthalten, dass durch die Einführung des § 241 II BGB an der „Lehre von den Schutzpflichten, die sich allgemein durchgesetzt hat, nichts geändert werden soll", vgl. BT-Drucks. 14/6040, S. 125.

330 Siehe etwa BAG 14.12.2006 - 8 AZR 628/05, NZA 2007, 262, 263; vgl. auch *Bachmann*, der die „zuvor gewählte Krücke" der Verortung von Schutzpflichten bei § 242 BGB mit der Einführung des § 241 II BGB als „hinfällig" beschreibt, MüKoBGB/*Bachmann*, § 241 BGB Rn. 47.

331 *Looschelders*, Schuldrecht AT, § 1 Rn. 20.

332 Siehe zum Diskussionsstand insbesondere *Madaus*, JURA 2004, 289, 290 ff.; *Grigoleit*, in: Festschrift für Claus-Wilhelm Canaris (2007), Bd. I, S. 275, 278 ff.; Staudinger/*Olzen*, § 241 BGB Rn. 157 ff.; *Medicus*, in: Festschrift für Claus-Wilhelm Canaris (2007), Bd. I, S. 835, 837 ff.

333 MüKoBGB/*Bachmann*, § 241 BGB Rn. 62; *Larenz*, Lehrbuch des Schuldrechts, Bd. I, S. 11 f.; den Aspekt der Klagbarkeit zumindest berücksichtigend AnwK-BGB/*Krebs*, § 241 Rn. 38.

danach durch Leistungs- und Unterlassungsklagen durchgesetzt, während die Verletzung von Schutzpflichten lediglich Schadensersatzansprüche erzeuge und eine Klagbarkeit grundsätzlich nicht in Betracht komme.[334]

Zweifel an dieser Betrachtungsweise resultieren daraus, dass es keineswegs unstreitig ist, dass bei Schutzpflichten die Zulässigkeit einer Leistungs- bzw. Unterlassungsklage generell ausgeschlossen ist.[335] Vielmehr hat sich mittlerweile weitgehend durchgesetzt, dass die fehlende Klagbarkeit nicht zwingend mit dem Wesen der Schutzpflichten verknüpft ist, sondern es auch durchsetzbare Schutzpflichten gibt.[336]

Darüber hinaus wird sich die Frage, ob nach dem Parteiwillen auf Erfüllung der jeweiligen Pflicht geklagt werden darf, kaum beantworten lassen, da die Parteien in der Regel über Schutzpflichten bzw. deren Klagbarkeit keine Vereinbarung treffen werden. Die Erforschung des Parteiwillens hinsichtlich der Klagbarkeit einer in Rede stehenden Schutzpflicht würde in Bereiche der ergänzenden Vertragsauslegung und damit zur Suche nach anderen, über das Merkmal der Klagbarkeit hinausgehenden Kriterien wie den Vertragszweck oder die besondere Schutzbedürftigkeit führen.[337] Der Rechtscharakter einer in Rede stehenden Pflicht hängt dementsprechend nicht von der Frage ihrer Klagbarkeit ab. Vielmehr kann eine Antwort auf die Frage der Klagbarkeit nur unter Berücksichtigung des Rechtscharakters gegeben werden.[338]

#### *(2) Fixierungszeitpunkt*

Ein anderer Ansatz versucht Nebenleistungs- und Schutzpflichten nach dem Zeitpunkt ihrer Fixierung voneinander abzugrenzen.[339] So soll es sich dann um eine Leistungspflicht handeln, wenn die in Rede stehende Pflicht anfänglich im Moment des Vertragsschlusses auf autonomer oder gesetzlicher Grundlage konkret fixiert wurde. Ist sie dagegen erst nachträglich während der

---

334 *Larenz*, Lehrbuch des Schuldrechts, Bd. I, S. 11 f.; Staudinger/*Olzen*, § 241 BGB Rn. 158.

335 Zum Meinungsstand siehe etwa Staudinger/*Olzen*, § 241 BGB Rn. 554 ff.; MüKoBGB/*Bachmann*, § 241 BGB Rn. 66 ff.

336 *Weller*, Die Vertragstreue, S. 255; *Grigoleit*, in: Festschrift für Claus-Wilhelm Canaris (2007), Bd. I, S. 275, 291 f.; eingehend bereits *Stürner*, JZ 1976, 384 ff.

337 *Madaus*, JURA 2004, 289, 290.

338 So auch Staudinger/*Olzen*, § 241 BGB Rn. 158; ähnlich *Medicus*, in: Festschrift für Claus-Wilhelm Canaris (2007), Bd. I, S. 835, 839.

339 *Weller*, Die Vertragstreue, S. 256 f.

Vertragsdurchführung (etwa auf Grundlage des § 242 BGB) konkretisiert worden, handele es sich um eine Schutzpflicht.[340]

Dieser Ansatz kann allerdings zumindest nicht im Hinblick auf alle in Betracht kommenden Pflichten überzeugen, weil der Zeitpunkt der Pflichtfixierung zwar einen Hinweis auf die Wertigkeit der Pflicht für die Vertragsparteien, nicht aber auf deren Inhalt geben kann. Insofern kann etwa eine bereits mit Vertragsschluss fixierte Pflicht genauso auf die Realisierung der Vertragserfüllung gerichtet sein wie eine solche, deren Bestehen sich erst während der Vertragsdurchführung zeigt. Eine trennscharfe Abgrenzung anhand des Fixierungszeitpunktes ist daher nicht möglich.[341]

*(3) Zielsetzung*

Ein sehr weit verbreitetes Unterscheidungsmerkmal von Nebenleistungs- und Schutzpflichten bildet die Zielsetzung der in Rede stehenden Pflicht. Schutzpflichten dienen wie ausgeführt dem Erhalt des Status quo und damit dem Schutz des Integritätsinteresses der Vertragsparteien.[342] Bezweckt die Pflicht unabhängig vom Vertragserfolg den Rechtsgüterschutz der Partei, handelt es sich also um eine Schutzpflicht i.S.d. § 241 II BGB. Nebenleistungspflichten sollen hingegen die mit den Hauptleistungspflichten angestrebte Veränderung der Güterlage unterstützen und dienen somit dem Erfüllungsinteresse.[343] Ist die Pflicht auf die Sicherstellung der Vertragserfüllung und damit den vertraglichen Erfolg gerichtet, handelt es sich dementsprechend um eine Nebenleistungspflicht i.S.d. § 241 I BGB.

Trotz der Tatsache, dass sich mit dem Abgrenzungsmerkmal der Zielsetzung wohl die sachnächsten Ergebnisse erzielen lassen, bleibt problematisch, dass auch unter diesem Gesichtspunkt die Grenzen mitunter fließend sein können. Insbesondere fällt eine eindeutige Einordnung bei solchen Pflichten schwer, die sowohl dem Äquivalenz- wie auch dem Integritätsinteresse einer Vertragspartei dienen.

Stehen solche doppelrelevante Pflichten in Rede, muss eine Einordnung zunächst im Rahmen der oben dargestellten Grundsätze anhand derjenigen

---

340 *Weller*, Die Vertragstreue, S. 256 f.; Staudinger/*Olzen*, § 241 BGB Rn. 160.

341 Im Ergebnis ähnlich Staudinger/*Olzen*, § 241 BGB Rn. 160.

342 Siehe oben unter E. III. 2. a) bb).

343 Palandt/*Grüneberg*, § 241 BGB Rn. 5; *Grigoleit*, in: Festschrift für Claus-Wilhelm Canaris zum 70. Geburtstag (2007), S. 275, 278 f.; Staudinger/*Olzen*, § 241 BGB Rn. 151; Erman/*Martens*, § 241 BGB Rn. 2.

Zielsetzung erfolgen, welche überwiegend im Vordergrund steht. Lässt sich eine solche abstrakt nicht ausmachen, so muss im Wege der Auslegung ermittelt werden, welche konkrete Zielsetzung der Pflicht durch die jeweilige Verletzungshandlung oder Unterlassung betroffen wird.[344]

### *b) Einordnung der Beschäftigungspflicht des Arbeitgebers*

Nach der dargelegten Differenzierung soll nachfolgend die Beschäftigungspflicht des Arbeitgebers in den zivilrechtlichen Pflichtenkatalog eingeordnet werden. Dazu muss der Frage nachgegangen werden, worin der Umstand, dass der Arbeitgeber den Arbeitnehmer beschäftigen muss, zivilrechtsdogmatisch seinen Grund findet.

Bevor allerdings bestimmt werden kann, welcher Art von Pflicht die vom Arbeitgeber zu leistende Beschäftigung entspricht, muss zunächst abstrakt der Leistungsgegenstand, also der allgemeine Inhalt des Beschäftigungsanspruchs, umrissen werden.

#### *aa) Inhalt des Beschäftigungsanspruchs*

Auf Grund der Beschäftigungspflicht ist der Arbeitgeber gehalten, sämtliche Mitwirkungshandlungen vorzunehmen, die erforderlich sind, damit der Arbeitnehmer die vertraglich vereinbarte Arbeitsleistung erbringen kann.[345] Dies beinhaltet, dass der Arbeitgeber dem Arbeitnehmer, auf einem funktionsfähigen Arbeitsplatz im Rahmen seiner vertraglich geschuldeten Tätigkeit, die zu erledigende Arbeit tatsächlich zuweist.

##### *(1) Zur-Verfügung-Stellen eines funktionsfähigen Arbeitsplatzes*

Der Beschäftigungsanspruch steht nicht nur dann entgegen, wenn der Arbeitgeber den Arbeitnehmer ohne einen besonderen Grund einseitig von der Arbeit freistellt, die Beschäftigung also schlicht verweigert.[346] Vielmehr wird der Anspruch auch dann aktuell, wenn der Arbeitgeber den Arbeitnehmer zwar mit Arbeit betraut, diese Beschäftigung aber auf einem nicht zur Aufgabenerfüllung geeigneten und damit nicht funktionsfähigen Arbeitsplatz erfolgt.[347]

---

344 So auch Staudinger/*Olzen*, § 241 BGB Rn. 162.

345 MHdB/*Reichold*, § 92 Rn. 2.

346 Zu den Möglichkeiten des Arbeitgebers den Arbeitnehmer einseitig von der Arbeit freizustellen siehe unter F.

347 *Lee*, Die Beschäftigung des Arbeitnehmers durch den Arbeitgeber, S. 35 ff.; *Pallasch*, Der Beschäftigungsanspruch des Arbeitnehmers, S. 38 ff.

Insofern muss der Arbeitgeber die nötigen sachlichen und personellen Mittel bereitstellen, die für das vertragsgemäße Tätigwerden des Arbeitnehmers erforderlich sind.[348] Das bedeutet etwa im Falle eines im Büro des Unternehmens eingesetzten Sachbearbeiters, dass der Arbeitgeber einen mit für die Aufgabenbewältigung geeigneten Arbeitsmitteln ausgestatteten Arbeitsplatz bereithalten muss. Inhalt des Beschäftigungsanspruchs ist also nicht nur, dass der Arbeitnehmer Zugang zu seinem Arbeitsplatz erhält, um die Arbeit überhaupt auszuführen zu können.[349] Dem Arbeitnehmer müssen auch solche Arbeitsmittel zur Verfügung gestellt werden, dass er die arbeitsvertraglich umrahmten Aufgaben gem. § 242 BGB in zumutbarer Weise erledigen kann.[350]

Welche sachlichen Mittel eine zumutbare Ausführung der Arbeit ermöglichen, muss im Einzelfall an der arbeitsvertraglich geschuldeten Tätigkeit, aber auch an den beim Arbeitgeber herrschenden Gesamtumständen bemessen werden. Grundsätzlich muss es sich zunächst um Sachmittel handeln, welche die Aufgabenbewältigung überhaupt zulassen. Dem Sachbearbeiter, der etwa Arbeitsverläufe zu protokollieren und Abschriften zu fertigen hat, müssen jedenfalls solche Utensilien zur Verfügung gestellt werden, die eine dauerhafte Sicherung der Arbeitsergebnisse im Sinne einer Perpetuierung ermöglichen. Insofern muss die Art der bereitzustellenden Mittel ein brauchbares Resultat ermöglichen.

Darüber hinaus ist fraglich, inwieweit der Arbeitgeber zur Erfüllung seiner Beschäftigungspflicht gehalten ist, eine bestimmte Art bzw. Qualität von Sachmitteln bereitzustellen. Muss dem Sachbearbeiter also zur Protokollierung Stift und Papier, eine Schreibmaschine, ein Computer evtl. samt Spracherkennungssoftware oder vielleicht zusätzlich noch ein mobiles Gerät zur Verfügung gestellt werden?

Zwar könnte man unterstellen, dass eine moderne und arbeitserleichternde Ausstattung gerade den Interessen des Arbeitgebers entsprechen sollte. Denn wenn der Arbeitnehmer die Aufgaben in einer qualitativ hochwertigen Art und Weise und gleichzeitig zügig bewältigen kann, sollten die positiven

---

348 MHdB/*Reichold*, § 92 Rn. 2; *Lee*, Die Beschäftigung des Arbeitnehmers durch den Arbeitgeber, S. 35.

349 Im Zuge der immer stärker zunehmenden mobilen Arbeit rückt zwar die örtliche Komponente etwas mehr in den Hintergrund, allerdings muss der Arbeitgeber auch hier Zugang zu Hardware, Software und Servern ermöglichen, ohne die eine ordnungsgemäße Tätigkeitsausführung ebenfalls nicht möglich ist.

350 Vgl. insoweit *Lee* der konstatiert, dass der Grundsatz des § 242 BGB auch bezüglich des Inhalts der Beschäftigungspflicht des Arbeitgebers gilt, *Lee*, Die Beschäftigung des Arbeitnehmers durch den Arbeitgeber, S. 37 ff.

Effekte hinsichtlich Arbeitsergebnis und Arbeitszufriedenheit beiden Arbeitsvertragsparteien zugutekommen. Allerdings kann auf Arbeitgeberseite neben den divergierenden finanziellen Rahmenbedingungen auch die Bereitschaft zur Umstellung alt hergebrachter Betriebsabläufe höchst unterschiedlich ausfallen. Insofern ist nicht nur auf die wirtschaftliche Situation des Arbeitgebers, sondern auch auf dessen fundamentales Recht Rücksicht zu nehmen, die betrieblichen Abläufe nach seinen eigenen Vorstellungen zu strukturieren. Denn die teilweise als Ausprägung der wirtschaftlichen Entfaltungsfreiheit aus Art. 2 I GG, teilweise aus Art. 12 I und Art. 14 I GG abgeleitete Unternehmerfreiheit[351] beinhaltet unter anderem neben der freien Disposition über die Art und Weise, in der auf den Unternehmenserfolg hingearbeitet werden soll, auch die Entscheidungsfreiheit über den Einsatz von Betriebs- und Investitionsmittel.[352] Das Recht des Arbeitgebers, sein frei organisiertes Unternehmen nach eigenen Vorstellungen und Entschlüssen zu führen und zu entwickeln, hat insofern ein besonderes Gewicht, als die Organisation eines Unternehmens inklusive der Entscheidung über die zur Verfügung gestellten Betriebsmittel mitunter einen erheblichen Einfluss auf dessen wirtschaftlichen Erfolg haben kann.[353] Dementsprechend obliegt die Unternehmensführung auch in Fragen der Arbeitsplatzausgestaltung grundsätzlich dem Arbeitgeber.

Dies findet seine Grenzen allerdings dort, wo eine zumutbare Ausübung der vertraglich geschuldeten Tätigkeit nicht mehr möglich ist. Daher kann im Sinne des § 242 BGB verlangt werden, dass zur Erbringung der vertraglich geschuldeten Tätigkeit Mittel bereitzustellen sind, die einer „zeitgemäßen Durchschnittsausstattung“ entsprechen. Dabei ist nicht außer Acht zu lassen, dass die Anforderungen unter Umständen an die jeweilige Situation des Arbeitgebers angepasst werden müssen.

---

351 Während die Lehre im Bereich der Unternehmerfreiheit überwiegend Art. 12 I und 14 I GG für vorrangige leges speciales hält, neigt das Bundesverfassungsgericht zumindest dann zu einer Rubrizierung unter Art. 2 I GG, soweit nicht eindeutig eine berufsregelnde Tendenz vorliegt, vgl. *Dreier*, Art. 2 I GG Rn. 36 sowie Dreier/*Wieland*, Art. 12 Rn. 53. Siehe auch BVerfG 03.12.1997 - 2 BvR 882/97, BVerfGE 97, 67 = DStRE 1998, 270, 275, wo die Ableitung der Unternehmerfreiheit ohne genaue Abgrenzung aus Art. 2 I GG und Art. 12 I GG erfolgt. Vgl. zur verfassungsrechtlichen Verortung der Unternehmerfreiheit auch *Ossenbühl*, AÖR 115 (1990), 1, 3 f. sowie *Degenhart*, JuS 1990, 161, 165 f.

352 Maunz/Dürig/*Di Fabio*, Art. 2 I GG Rn. 126; *Dreier*, Art. 2 I GG Rn. 36; *Ossenbühl*, AÖR 115 (1990), S. 1, 18 f.

353 *Ossenbühl*, AÖR 115 (1990), S. 1, 16.

Konkret am Beispiel des im Büro beschäftigten Sachbearbeiters bedeutet dies etwa, dass ein zur gewöhnlichen Datenverarbeitung fähiger Computer zur Standardausstattung gehören dürfte. Wenn allerdings der Betrieb des Arbeitgebers insgesamt sehr einfach strukturiert ist und über nur sehr geringe sachliche und finanzielle Mittel verfügt, kann es auch ausreichen, wenn dem Arbeitnehmer entsprechende Vordrucke in Papierform zur Verfügung gestellt werden. Dies hängt immer von den Gepflogenheiten des jeweiligen Betriebs und dem im Arbeitsvertrag festgelegten Tätigkeitsrahmen ab, der stets mit den zur Verfügung gestellten Mitteln ordnungsgemäß und in einem vertretbaren Zeitrahmen zu bewältigen sein muss.

Aus arbeitsschutzrechtlicher Perspektive hat der Arbeitgeber darüber hinaus die spezialgesetzlichen Regelungen des ArbSchG, § 62 HGB sowie § 114 SeeArbG zu beachten. Falls keine dieser Sonderregeln greift,[354] hat der Arbeitgeber gem. § 618 I BGB Räume, Vorrichtungen und Gerätschaften so einzurichten und zu unterhalten, dass der Verpflichtete gegen Gefahren für Leben und Gesundheit soweit geschützt ist, als die Natur der Dienstleistung es gestattet.[355] Dabei werden die Pflichten des Arbeitgebers im Hinblick auf die Einrichtung und Unterhaltung von Räumen im Anwendungsbereich der ArbStättV vor allem durch die Vorschriften der §§ 3 – 6 ArbStättV konkretisiert.[356]

### *(2) Ausgestaltung und Zuweisung von Arbeitsaufgaben*

Allerdings reicht das Bereithalten eines funktionsfähigen Arbeitsplatzes mitsamt den nötigen Sachmitteln oft deshalb nicht zur Erfüllung des Beschäftigungsanspruchs aus, weil die vom Arbeitnehmer zu erbringende Tätigkeit in der Regel nur rahmenmäßig im Arbeitsvertrag umschrieben ist.[357] Damit der Arbeitnehmer seine Arbeit tatsächlich verrichten kann, muss der Arbeitgeber diesen Rahmen inhaltlich ausgestalten und ihm seinen Aufgabenbereich zuweisen. Dies kann der Arbeitgeber kraft seines aus dem Arbeitsvertrag i.V.m. § 106 S. 1 GewO abgeleiteten Direktionsrechts tun,[358] wonach er Inhalt, Ort und

354 Zum Anwendungsbereich des § 618 I BGB siehe Palandt/*Weidenkaff*, § 618 BGB Rn. 1.

355 ErfK/*Wank*, § 618 BGB Rn. 6.

356 ErfK/*Wank*, § 618 BGB Rn. 8.

357 MüKoBGB/*Spinner*, § 611a BGB Rn. 931.

358 Das Direktionsrecht des Arbeitgebers ist jedem Arbeitsverhältnis immanent und hat rechtsdogmatisch seine Grundlage im Arbeitsvertrag. § 106 GewO hat insoweit nur deklaratorischen Charakter, vgl. BAG 13.10.2009 - 9 AZR 722/08, NZA 2010, 327, 329; HWK/*Lembke*, § 106 GewO Rn. 3 f.; Schaub/*Linck*, ArbR-Hdb, § 45 Rn. 13; MHdB/*Fischinger*, § 11 Rn. 4 f.

Zeit der Arbeitsleistung nach billigem Ermessen bestimmen kann, soweit diese Arbeitsbedingungen nicht durch den Arbeitsvertrag, eine Betriebsvereinbarung, einen anwendbaren Tarifvertrag oder durch das Gesetz festgelegt sind.[359]

Dabei kann die Konkretisierung des arbeitsvertraglichen Pflichtenkreises nicht nur ein Recht des Arbeitsgebers darstellen, sondern sich im Rahmen der zu erbringenden Beschäftigung des Arbeitnehmers auch zu einer Pflicht verdichten.[360] Dies ist immer dann der Fall, wenn die Ausübung des Direktionsrechts Voraussetzung dafür ist, dass dem Arbeitnehmer die Leistungserbringung überhaupt erst möglich wird.[361] Je allgemeiner die vom Arbeitnehmer zu leistenden Dienste im Arbeitsvertrag festgelegt sind, desto weiter geht die Befugnis, aber gleichzeitig auch die Verpflichtung des Arbeitgebers, dem Arbeitnehmer seine Aufgaben im Wege des Direktionsrechts zuzuweisen.[362]

Inhaltlich hat der Arbeitgeber das Direktionsrecht gem. § 106 S. 1 GewO nach billigem Ermessen auszuüben. Dies ist der Fall, wenn er bei der Zuweisung der Tätigkeit die wesentlichen Umstände des Falles abgewogen und die beiderseitigen Interessen angemessen berücksichtigt hat.[363]

Zweifellos hat der Arbeitgeber auch im Rahmen der Ausübung seines Direktionsrechts die oben genannten Vorschriften des Arbeitsschutzes zu beachten und dementsprechend die unter seine Leitung fallenden Tätigkeiten so vornehmen zu lassen, dass der Arbeitnehmer möglichst umfassend vor Gefährdungen geschützt ist.[364]

#### *bb) Die Beschäftigungspflicht des Arbeitgebers in der Systematik des § 241 BGB*

Nachdem damit der inhaltliche Rahmen der Beschäftigungspflicht abgesteckt wurde, soll im Folgenden untersucht werden, was die Beschäftigungspflicht des Arbeitgebers für eine Art von Pflicht im Sinne des § 241 BGB darstellt. Insofern

359 BAG 19.05.2010 - 5 AZR 162/09, NZA 2010, 1119, 1120; MüKoBGB/*Spinner*, § 611a BGB Rn. 931; Moll/*Gragert* MAH Arbeitsrecht, § 12 Rn. 21 f.; vgl auch die Gesetzesbegründung zur Änderung der Gewerbeordnung, BT-Drucks. 14/8796, S. 24.

360 BAG 09.04.2014 - 10 AZR 637/13, NZA 2014, 719, 720; ErfK/*Preis*, § 106 GewO Rn. 16; *Lee*, Die Beschäftigung des Arbeitnehmers durch den Arbeitgeber, S. 35 f.

361 Moll/*Gragert* MAH Arbeitsrecht, § 12 Rn. 52 f.

362 Schaub/*Linck*, ArbR-Hdb, § 45 Rn. 13.

363 BAG 24.04.1996 - 5 AZR 1031/94, NZA 1996, 1088, 1089; HWK/*Lembke*, § 106 GewO Rn. 119; ErfK/*Preis*, § 106 GewO Rn. 10.

364 Vgl. hierzu bereits im Rahmen des Zur-Verfügung-Stellens eines funktionsfähigen Arbeitsplatzes unter E. III. 2. b) aa) (1).

muss eingeordnet werden, ob es sich bei der Beschäftigungspflicht aus zivilrechtlicher Sicht um eine Leistungspflicht, also eine Hauptleistungs- oder eine Nebenleistungspflicht, oder doch eher um eine Schutzpflicht handelt.

### *(1) Leistungspflicht im Sinne einer arbeitsvertraglichen Hauptleistung*

Teilweise wird vertreten, dass die Beschäftigungspflicht eine vertragliche Hauptleistungspflicht ist[365] oder zumindest die rechtsfortbildende Konkretisierung einer solchen darstellt.[366] Diese These wird mit dem Argument versucht zu belegen, dass die Beschäftigungspflicht die „Kehrseite der Arbeitspflicht" sei.[367]

Mitunter wird auch nach dem Grad des jeweiligen Arbeitnehmerinteresses an der Inanspruchnahme der Arbeitsleistung differenziert und die Beschäftigungspflicht jedenfalls dann als Hauptleistungspflicht eingeordnet, wenn das Arbeitnehmerinteresse entsprechend stark ist.[368]

### *(a) Gepräge des Arbeitsvertrags*

Als tragende Elemente des arbeitsvertraglichen Austauschverhältnisses stehen sich allerdings nach der Konzeption des Gesetzes zunächst nur die Pflicht zur Arbeitsleistung und diejenige zur Vergütungszahlung gegenüber.[369] Insofern stellt die Beschäftigungspflicht nicht etwa die vertragscharakteristische Gegenleistung für die Arbeitsleistung des Arbeitnehmers dar. Sie ist nicht Bestandteil des synallagmatischen Austauschverhältnisses des Arbeitsvertrags.[370] Vielmehr kann die Beschäftigungspflicht des Arbeitgebers hinweggedacht werden,

---

365 HWK/*Thüsing*, § 611a BGB Rn. 323; *Preis/Temming*, Individualarbeitsrecht, Rn. 1419 f.; *Bühn*, Die einseitige Suspendierung von Arbeitnehmern im Individualarbeitsrecht, S. 46 f.; offen insoweit *Beckmann*, NZA 2004, 1131 („Hauptleistungspflicht, zumindest aber klagbare Nebenleistungspflicht, die eng mit den Hauptleistungspflichten zusammenhängt").

366 ErfK/*Preis*, § 611a BGB Rn. 564.

367 ErfK/*Preis*, § 611a BGB Rn. 564; die Beschäftigungspflicht ebenfalls als „Kehrseite der Arbeitspflicht" bezeichnend, ohne sie allerdings zwingend als Hauptleistungspflicht einzuordnen Erman/*Edenfeld*, § 611 BGB Rn. 353.

368 *Wiedemann*, Das Arbeitsverhältnis als Austausch- und Gemeinschaftsverhältnis, S. 62; ebenfalls in diese Richtung Erman/*Edenfeld*, § 611 BGB Rn. 353.

369 *Leßmann*, RdA 1988, 149, 151; ähnlich auch *Boemke*, Schuldvertrag und Arbeitsverhältnis, S. 330.

370 *Rinösl*, Der Beschäftigungsanspruch des Arbeitnehmers in der Insolvenz des Arbeitgebers, S. 21.

ohne dass sich an der arbeitsvertraglichen Natur des Schuldverhältnisses etwas ändert.[371]

Es würde zu weit gehen, wenn man die Beschäftigungspflicht als eine solche Pflicht qualifizieren würde, die dem Schuldverhältnis des Arbeitsvertrags sein Gepräge gibt. Das Arbeitsverhältnis ist als ein solches zu qualifizieren, weil für ein gewisses Engagement eine bestimmte Vergütung gezahlt wird. Die Pflicht zur Beschäftigung soll diesen Leistungsaustausch zwar ermöglichen und absichern, sie prägt das Schuldverhältnis aber nicht seiner Art nach.

Damit ist die Beschäftigungspflicht nach der gesetzlichen Konzeption des § 611a BGB nicht als arbeitsvertragliche Hauptleistungspflicht zu qualifizieren.

*(b) Parteivereinbarung*

Gleichwohl ist es den Vertragsparteien grundsätzlich unbenommen, einen gesetzlich vorgegebenen Vertragstypus im Rahmen ihrer Privatautonomie nach ihren Vorstellungen zu modifizieren. Dementsprechend können zusätzliche Pflichten vereinbart oder bereits bestehende, möglicherweise untergeordnete Pflichten betont und zu einem essentiellen Bestandteil des Vertrags „angehoben“ werden.

Wird nach dem Parteiwillen deutlich, dass die tatsächliche Beschäftigung des Arbeitnehmers maßgeblicher Vertragsbestandteil sein soll, kann es sich bei der Beschäftigungspflicht also um eine Hauptleistungspflicht handeln, welche das Vertragsgepräge bestimmt. Dies kann indes nur in den (seltenen) Fällen gelten, in welchen einerseits das Beschäftigungsinteresse des Arbeitnehmers im Verhältnis zu dessen Interesse am Erhalt der Vergütung als nahezu gleichwertig oder sogar höher einzustufen ist und andererseits der Stellenwert der in Rede stehenden Beschäftigung erkennbar dem Willen beider Vertragspartner entspricht.[372]

Da solche Konstellationen aber eher die Ausnahme darstellen werden, ist mit der Annahme einer stillschweigenden oder konkludenten Vereinbarung Zurückhaltung geboten. Allerdings kann durch eine besondere Abrede die Beschäftigung des Arbeitnehmers als Hauptleistungspflicht des Arbeitgebers im Arbeitsvertrag oder Tarifvertrag vereinbart werden.[373]

---

371 *Lepsien*, Die Suspendierung eines Arbeitnehmers im unstreitigen Arbeitsverhältnis, S. 49; *Leßmann*, RdA 1988, 149, 151.

372 Ähnlich auch *Strehlein*, Freistellungsklauseln, S. 28.

373 *Rinösl*, Der Beschäftigungsanspruch des Arbeitnehmers in der Insolvenz des Arbeitgebers, S. 21; noch weitergehend *Reichold*, nach dem auch eine stillschweigende oder konkludente Vereinbarung in Betracht kommt, MHdB/*Reichold*, § 92 Rn. 3.

### *(c) Vergleich mit der Abnahmepflicht des § 640 I 1 BGB*

Auch werden Vergleiche mit der in § 640 I 1 BGB geregelten Abnahmepflicht des Bestellers gezogen,[374] welche wegen ihrer besonderen Wirkung auf die Erfüllungsansprüche des Werkvertrags als Hauptleistungspflicht ausgestaltet ist.[375]

Zwar handelt es sich sowohl bei der Abnahme gem. § 640 I 1 BGB wie auch bei der Beschäftigung jeweils um eine den Besteller bzw. Arbeitgeber treffende Pflicht im Sinne einer „Mitwirkungshandlung".

Allerdings sind die Pflichten der Beschäftigung einerseits und der Abnahme andererseits insofern von unterschiedlicher Qualität, als mit der Beschäftigung schuldrechtlich der Leistungsaustausch überhaupt erst ermöglicht werden soll. Denn die Beschäftigung des Arbeitnehmers dient neben persönlichkeitsrechtlichen Aspekten auch dazu, den Grundgedanken eines synallagmatischen Austauschs der Komponenten Arbeit gegen Vergütung zu ermöglichen. Zwar hält das BGB mit § 615 BGB eine Regelung bereit, die dem Arbeitnehmer seinen Vergütungsanspruch im Zweifel absichert. Nichtsdestotrotz ist das Arbeitsverhältnis zunächst einmal auf den für beide Arbeitsvertragsparteien gewinnbringenden Leistungsaustausch angelegt, welchem durch die tatsächliche Beschäftigung zu seiner Realisierung verholfen werden soll.

Demgegenüber handelt es sich bei der Abnahmeverpflichtung des Bestellers in § 640 I 1 BGB um eine Pflicht, welche durch die Billigung des Werks auf einen Abschluss des Leistungsaustauschs gerichtet ist. Dies hat bei diesem Vertragstyp ausschlaggebende Bedeutung, da das Werk individuell hergestellt wird und daher einer besonderen Prüfung auf Vertragsgemäßheit bedarf.

Die Unterschiede zur rechtlichen Qualität der Beschäftigungspflicht werden nicht zuletzt an den weitreichenden Folgen deutlich, welche die Rechtsordnung an die Abnahme knüpft. Das In-Gang-setzen der Verjährung von Mängelansprüchen gem. § 634a II BGB, die Beweislastumkehr zu Gunsten des Unternehmers, das Ende des Kündigungsrechts des Bestellers gem. § 648 S. 1 BGB sowie der Übergang der Vergütungsgefahr auf den Besteller gem. § 644 I 1 BGB sind nur einige Beispiele hierfür.[376] Dies unterstreicht, wieso die Abnahmeverpflichtung des Bestellers im Werkvertrag einen essentiellen Vertragsbestandteil bildet.

---

374 *Leßmann*, RdA 1988, 149, 151; *Wiedemann*, Das Arbeitsverhältnis als Austausch- und Gemeinschaftsverhältnis, S. 62.

375 BGH 23.02.1989 - VII ZR 89/87, NJW 1989, 1602, 1603; Hk-BGB/*Scheuch*, § 640 BGB Rn. 2; MüKoBGB/*Busche*, § 640 BGB Rn. 36; *Leßmann*, RdA 1988, 149, 151.

376 Zu den Wirkungen der Abnahme des § 640 I 1 BGB vgl. MüKoBGB/*Busche*, § 640 BGB Rn. 45 ff.

Eine Einordnung der Beschäftigung als Hauptleistungspflicht lässt sich demgemäß aus den teilweise vorhandenen Parallelen mit der Abnahmepflicht des § 640 I 1 BGB nicht ableiten.

*(d) Zwischenergebnis*

Außer in den (seltenen) Fällen einer Übereinkunft der Vertragspartner stellt die Beschäftigungspflicht also keine Leistungspflicht im Sinne einer arbeitsvertraglichen Hauptleistung dar.

*(2) Schutzpflicht*

Häufig wird in der Literatur vertreten, dass es sich bei der Beschäftigungspflicht des Arbeitgebers um eine Schutzpflicht i.S.d. § 241 II BGB handelt.[377]

Wie oben dargestellt, erschöpft sich das Arbeitsverhältnis nicht in der Herbeiführung des geschuldeten Leistungserfolgs, sondern ist daneben gem. § 241 II BGB von Schutz- und Rücksichtnahmepflichten geprägt.[378] Diese beziehen sich nicht unmittelbar auf die geschuldete Leistung, sondern sollen die (schon) bestehenden Rechte und Rechtsgüter der jeweiligen Arbeitsvertragspartei schützen.[379] Schutzgut ist damit das Integritätsinteresse der Arbeitsvertragspartei.[380]

Daher soll in diesem Zusammenhang untersucht werden, ob der Beschäftigungsanspruch seiner Zielsetzung nach den personen- und vermögensrechtlichen Status quo des Arbeitnehmers absichern und erhalten soll. Dies würde voraussetzen, dass der Arbeitgeber durch die Nichtbeschäftigung in eine vorhandene Rechtsposition des Arbeitnehmers eingreift und ihn infolgedessen in seinem Rechtsbestand beeinträchtigt.

*(a) Ermöglichung des arbeitsvertraglichen Leistungsaustauschs*

Dies scheint nach dem Inhalt des Beschäftigungsanspruchs aber weniger der Fall zu sein. Denn nach der Grundvorstellung des (funktionierenden) Arbeitsver-

---

377 MHdB/*Reichold*, § 92 Rn. 1; MüKoBGB/*Spinner*, § 611a BGB Rn. 887; Schaub/*Ahrendt*, ArbR-Hdb, § 109 Rn. 1; *Boemke*, Schuldvertrag und Arbeitsverhältnis, S. 330; Erman/*Edenfeld*, § 611 BGB Rn. 353 („grds. Nebenpflicht"); *Strehlein*, Freistellungsklauseln, S. 32 ff; *Rinösl*, Der Beschäftigungsanspruch des Arbeitnehmers in der Insolvenz des Arbeitgebers, S. 21.

378 Siehe oben unter E. III. 2. a) bb).

379 Palandt/*Grüneberg*, § 241 BGB Rn. 6.

380 MüKoBGB/*Bachmann*, § 241 BGB Rn. 56; Palandt/*Grüneberg*, § 241 BGB Rn. 6.

hältnisses dient die Beschäftigung zunächst dazu, um den Leistungsaustausch der Arbeitsvertragsparteien überhaupt erst zu ermöglichen. Im Rahmen des Beschäftigungsanspruchs ist der Arbeitgeber gehalten, dem Arbeitnehmer einen funktionsfähigen Arbeitsplatz zur Verfügung zu stellen, seine Arbeitsaufgaben auszugestalten und ihm diese zuzuweisen.[381] Dementsprechend verpflichtet der Beschäftigungsanspruch den Arbeitgeber positiv zur Bereitstellung und zum Erhalt derjenigen Voraussetzungen, die für den Arbeitnehmer die Rahmenbedingungen zur Erbringung seiner Arbeitsleistung schaffen. Dies entspricht nicht dem klassischen Verständnis der Pflichten des § 241 II BGB im Sinne eines Schutzes des Integritätsinteresses.

Auch aus sprachlicher Perspektive erfolgt die Beschäftigung nicht „bei" Abwicklung des Arbeitsverhältnisses, sondern „zur" Verwirklichung desselben. Es handelt sich also weniger um ein Rechtsinstitut, das in einen bestehenden Rechtsbestand eingreift, als vielmehr um ein solches, das die Rechtsbeziehung „Arbeitsverhältnis" nach ihrer Grundvorstellung (Arbeit gegen Lohn) erst ermöglicht.

### *(b) Ausprägungsmöglichkeit der Arbeitnehmerpersönlichkeit*

Ein ähnliches Bild zeichnet sich ab, wenn man die Beschäftigungspflicht mit den klassischen Schutzpflichten i.S.d. § 241 II BGB vergleicht. Typische Beispiele für die arbeitgeberseitigen Schutzpflichten gem. § 241 II BGB sind etwa die Pflicht, sich im Rahmen der Abwicklung des Arbeitsverhältnisses so zu verhalten, dass das Leben und die Gesundheit des Arbeitnehmers,[382] sein Eigentum sowie die von ihm eingebrachten Vermögensgegenstände[383] nicht verletzt werden. Aber auch die Achtung und Gewährleistung des Persönlichkeitsrechts des Arbeitnehmers zählt zu den anerkannten Pflichten des § 241 II BGB.[384]

Da die grundsätzliche Anerkennung der Beschäftigungspflicht durch das BAG seiner Begründung nach maßgeblich persönlichkeitsrechtlich motiviert war, könnte man geneigt sein, auf Grund dessen die Rechtsnatur des Beschäftigungsanspruchs als Schutzpflicht i.S.d. § 241 II BGB zu qualifizieren.[385]

Allerdings muss auch in diesem Bezug gelten, dass die Beschäftigung dem Arbeitnehmer in erster Linie zur Ausprägung und zum Ausleben seiner

---

381 Siehe hierzu oben unter E. III. 2. b) aa).

382 *Preis/Temming*, Individualarbeitsrecht, Rn. 1784 ff.; MHdB/*Reichold*, § 93 Rn. 1 ff.

383 MHdB/*Reichold*, § 93 Rn. 15 ff.; *Preis/Temming*, Individualarbeitsrecht, Rn. 1809 ff.

384 *Preis/Temming*, Individualarbeitsrecht, Rn. 1800 f.

385 In diese Richtung *Strehlein*, Freistellungsklauseln, S. 33 f.

Persönlichkeit verhelfen soll. Die Persönlichkeit ist insofern weniger eine bestehende Konstante, welche durch eine Nichtbeschäftigung beeinträchtigt oder verloren zu gehen droht, sondern vielmehr eine Variable, zu deren Ausformung die Beschäftigung dienen kann.

Dies lässt sich auch an der Formulierung des BAG erkennen, wonach den Arbeitgeber eine „Förderungspflicht“ im Hinblick auf die persönlichkeitsrechtlich unterlegten Beschäftigungsinteressen des Arbeitnehmers trifft.[386] Der Große Senat betont im Zuge seiner Ausführungen zur Begründung des Beschäftigungsanspruchs, dass Arbeit eine „wesentliche Möglichkeit zur Entfaltung der geistigen und körperlichen Fähigkeiten und damit zur Entfaltung der Persönlichkeit“ darstellt.[387] Der Arbeitnehmer habe die Gelegenheit „durch Ausübung der vertragsgemäßen Tätigkeit seine Persönlichkeit zu entfalten“ und so „die Achtung und Wertschätzung der Menschen seines Lebenskreises zu erwerben“.[388] Der Arbeitgeber ist also nicht nur gehalten, den Arbeitnehmer im Sinne der klassischen Schutzpflichten vor Beeinträchtigungen und Schäden zu bewahren, sondern ihm positiv eine Gelegenheit zur Förderung seiner Rechtsgüter einzuräumen, was deutlich über die Funktion des § 241 II BGB hinausgeht.[389]

Auch insofern wird im Falle der Nichtbeschäftigung weniger in einen vorhandenen Bestand eingegriffen, als vielmehr eine weitere Ausformung und Entwicklung der Arbeitnehmerpersönlichkeit versagt.

#### *(c) Zwischenergebnis*

Die Beschäftigungspflicht kann also auf zweierlei Weise von den klassischen Schutzpflichten i.S.d. § 241 II BGB abgegrenzt werden: In schuldrechtlicher Hinsicht fördert sie den Austausch der Komponenten Arbeitsleistung gegen Vergütung. Sie dient damit nicht dem Integritätsschutz des Arbeitnehmers, sondern der tatsächlichen Umsetzung des Arbeitsverhältnisses. Aber auch in persönlichkeitsrechtlicher Hinsicht geht die Beschäftigungspflicht nach ihrer Zielsetzung über eine Absicherung des Status quo hinaus. Sie gewährt dem

---

386 BAG 27.02.1985 - GS 1/84, AP Nr. 14 zu § 611 BGB Beschäftigungspflicht, Gründe C I 2 b).

387 BAG 27.02.1985 - GS 1/84, AP Nr. 14 zu § 611 BGB Beschäftigungspflicht, Gründe C I 2 b).

388 BAG 27.02.1985 - GS 1/84, AP Nr. 14 zu § 611 BGB Beschäftigungspflicht, Gründe C II 3 b).

389 Dies anerkennend, die „Förderungspflicht“ aber dennoch als Nebenpflicht des Arbeitgebers i.S.d. § 241 II BGB einordnend *Preis/Temming*, Individualarbeitsrecht, Rn. 1781.

Arbeitnehmer weniger einen „Persönlichkeitserhalt", als vielmehr eine Förderungs- und Ausprägungsmöglichkeit im Rahmen des tatsächlich abzuwickelnden Arbeitsverhältnisses.

Daher greift der Arbeitgeber im Falle der Nichtbeschäftigung nicht in einen dauerhaft vorhandenen Bestand des Arbeitnehmers ein. Es handelt sich bei der Beschäftigungspflicht um keine Schutzpflicht i.S.d. § 241 II BGB.

#### *(3) Ergebnis: Leistungspflicht im Sinne einer arbeitsvertraglichen Nebenleistung*

Wie dargelegt, ermöglicht der Beschäftigungsanspruch aus schuldrechtlicher Perspektive den Leistungsaustausch der Arbeitsvertragsparteien. Durch die tatsächliche Abwicklung des Arbeitsverhältnisses soll die Grundlage für eine ordnungsgemäße Erfüllung der Hauptleistungspflichten gelegt werden. Unabhängig von der Tatsache, dass der Entgeltanspruch des Arbeitnehmers durch die Regelungen des Annahmeverzugs abgesichert wird, fördert der Beschäftigungsanspruch die Durchführung der Hauptleistungspflichten und schafft so das Fundament für Arbeitsleistung und Vergütungszahlung. Durch das Zur-Verfügung-Stellen eines funktionsfähigen Arbeitsplatzes sowie die Ausgestaltung und Zuweisung von Arbeitsaufgaben wird eine Veränderung der Güterlage der Arbeitsvertragsparteien durch einen gegenseitigen Austausch der Hauptleistungspflichten angestrebt.

Daher handelt es sich bei der Beschäftigungspflicht um eine Nebenleistungspflicht des Arbeitgebers i.S.d. § 241 I BGB.[390]

## IV. Grundrechtliche Wertungen

Doch welche Grundrechte sind es konkret, die zur Begründung des Beschäftigungsanspruchs über die privatrechtliche Einbruchstelle des § 242 BGB in Ausfüllung der „Förderpflicht des Arbeitgebers" in Stellung gebracht werden können? Naheliegend und viel diskutiert worden ist bereits das allgemeine Persönlichkeitsrecht des Arbeitnehmers. Allerdings soll darüber hinaus der Blick geweitet und auch die Berufsfreiheit auf ihre Einschlägigkeit hin überprüft werden.

---

390 So im Ergebnis auch *Lepsien*, Die Suspendierung eines Arbeitnehmers im unstreitigen Arbeitsverhältnis, S. 49; *Leßmann*, RdA 1988, 149, 151; *Bengelsdorf*, DB 1986, 168 f.

### 1. Allgemeines Persönlichkeitsrecht, Art. 2 I, 1 I GG

Einen ersten und zweifelsohne essentiellen Bezugspunkt bildet das nicht nur in der Entscheidungsbegründung des Großen Senats,[391] sondern auch schon in vorigen BAG-Urteilen zum Beschäftigungsanspruch herangezogene allgemeine Persönlichkeitsrecht des Arbeitnehmers,[392] welches aus Art. 2 I, 1 I GG als „eigenständiges Grundrecht" abgeleitet wird.[393] Die Verbindung von Art. 2 I GG und Art. 1 I GG bedeutet insofern nicht etwa, dass zwei Grundrechte kumulativ zur Anwendung kämen.[394] Vielmehr ist Art. 1 I GG als Interpretationsrichtlinie bei der Bestimmung von Inhalt und Gewährleistungsumfang des Art. 2 I GG zu beachten.[395]

#### *a) Die besondere Bedeutung des allgemeinen Persönlichkeitsrechts im Arbeitsverhältnis*

Doch wieso bildet das allgemeine Persönlichkeitsrecht immer wieder eine Grenze für arbeitgeberseitige Maßnahmen oder tritt wie im Fall des Beschäftigungsanspruchs als ein bedeutender arbeitsvertraglicher Auslegungsmaßstab hervor?[396]

---

391 BAG 27.02.1985 - GS 1/84, AP Nr. 14 zu § 611 BGB Beschäftigungspflicht, Gründe I.

392 BAG 10.11.1955 - 2 AZR 591/54, AP Nr. 2 zu § 611 BGB Beschäftigungspflicht, Gründe II; BAG 19.08.1976 - 3 AZR 173/75, NJW 1977, 215; BAG 26.05.1977 - 2 AZR 632/76, NJW 1978, 239.

393 *Jarass*/Pieroth, Art. 2 GG Rn. 36; siehe auch *Di Fabio*, nach dem das allgemeine Persönlichkeitsrecht inzwischen die Statur eines „Grundrechts im Grundrecht" gewonnen hat, Maunz/Dürig/*Di Fabio*, Art. 2 I GG Rn. 127;
*Böglmüller*, Persönlichkeitsrechte im Sportarbeitsverhältnis, S. 54.

394 V. Mangoldt/Klein/*Starck*, Art. 2 GG Rn. 15; Sachs/*Murswiek*/*Rixen*, Art. 2 GG Rn. 63.

395 BVerfG 15.01.1970 - 1 BvR 13/68, BVerfGE 27, 344 = NJW 1970, 555; *Jarass*/Pieroth, Art. 2 GG Rn. 36; vgl. auch *Kube*, der Art. 2 I GG als Basisnorm des allgemeinen Persönlichkeitsrechts bezeichnet, zu der Art. 1 I GG als gewährleistungsverdeutlichend und -intensivierend hinzutrete, HStR VII/*Kube*, § 148 Rn. 32.

396 Maßgebliche Bedeutung hat das allgemeine Persönlichkeitsrecht neben dem Beschäftigungsanspruch beispielsweise bei Maßnahmen, die auf eine Ausforschung des Arbeitnehmers bei der Anbahnung des Arbeitsverhältnisses („Fragerecht" des Arbeitgebers) oder auf eine Überwachung von dessen Leistung und Verhalten während der Durchführung des Arbeitsverhältnisses abzielen (Videoüberwachung, Kontrolle des Telefon- oder Email-Verkehrs). Siehe hierzu auch *Krause*, in: Wendepunkte der Rechtswissenschaft: Aspekte des Rechts in der Moderne (2014), S. 175, 196 f.; überblicksartig *Ehmann*, in: Festschrift für Günther Wiese zum 70. Geburtstag (1998), S. 99, 116 ff.

Die besondere Bedeutung des allgemeinen Persönlichkeitsrechts im Arbeitsverhältnis ergibt sich vornehmlich aus der dauerhaften, fremdbestimmten Eingliederung des Arbeitnehmers in den Betrieb des Arbeitgebers.[397] Rechtlich hat diese Eingliederung zwar Grenzen: So wirkt der Arbeitsvertrag als schuldrechtlicher Vertrag prinzipiell nur zwischen Arbeitgeber und Arbeitnehmer als den unmittelbar vertragsschließenden Parteien. Tatsächlich ist der Arbeitnehmer allerdings nicht selten ein Mitglied der Betriebsbelegschaft, sodass die personale Komponente nicht nur das Verhältnis zu seinem Arbeitgeber als Vertragspartner, sondern zugleich dasjenige zu seinen Kollegen sowie Dritten betrifft, mit denen er durch seine Aufgaben in Kontakt kommt.[398]

Darüber hinaus bezieht sich die rechtliche Verpflichtung des Arbeitnehmers zwar (nur) auf die ordnungsgemäße Erbringung der arbeitsvertraglich festgelegten Arbeitsleistung. Tatsächlich aber hat der Arbeitnehmer eine von seiner Person untrennbare Leistung zu erbringen, durch die er häufig in der Sphäre des Arbeitgebers einem fremden Zugriff ausgesetzt ist.[399] Daneben wird zwangsläufig auch die private Lebensführung des Arbeitnehmers beeinflusst. Insofern ist es keine Ausnahme, dass sich der Arbeitnehmer auch außerhalb der eigentlichen Arbeitszeit mit Arbeitsinhalten beschäftigt, sei es nur in Form einer gedanklichen Auseinandersetzung, oder aber weil tatsächlich auch in der Freizeit unterschiedlich umfängliche Tätigkeiten mit einem Erwerbsbezug erledigt werden. Das Arbeitsverhältnis bestimmt also nicht nur Zeitstruktur, Tagesablauf und Freizeitgestaltung, sondern durchdringt das Wesen des Arbeitnehmers ganzheitlich in nicht abgrenzbarer Weise zu dessen „sonstiger" Persönlichkeit. Eine differenzierende Zuordnung von persönlichkeitsbeeinflussenden Faktoren zu den Kategorien Arbeits- und Freizeit ist daher kaum möglich. Der dargestellte, im Vergleich zu sonstigen Schuldverhältnissen weit überdurchschnittlich ausgeprägte personale Gehalt, der erheblich über die reine Austauschbeziehung

---

397 So zumindest nach einem klassischen Verständnis des Arbeitsverhältnisses. Dabei soll nicht außer Acht gelassen werden, dass sich eine Reihe traditioneller Strukturen nicht zuletzt aufgrund der zunehmenden Digitalisierung sowie der Ausprägung von atypischen Beschäftigungsverhältnissen aufzulösen droht. Gleichwohl wird hier prinzipiell von einem „Normalarbeitsverhältnis" ausgegangen.

398 Ähnlich *Wiese*, nach welchem das personale Element nicht nur die Beziehung zum Arbeitgeber, sondern zugleich das Verhältnis des Einzelnen zum Kollektiv betrifft, vgl. *Wiese*, ZfA 1996, 439, 440.

399 *Wiese*, ZfA 1996, 439, 440; *Böglmüller*, Persönlichkeitsrechte im Sportarbeitsverhältnis, S. 63.

von Arbeit gegen Entgelt hinausgeht, ist mithin bereits durch die Strukturen des Arbeitsverhältnisses angelegt.[400]

Da dementsprechend die vom Arbeitnehmer im Rahmen seines Arbeitsvertrags zu erbringende Verpflichtung nicht von seiner Persönlichkeit abgeschichtet werden kann, muss mit Hilfe der Wertungen des allgemeinen Persönlichkeitsrechts versucht werden, der persönlichen Einbindung des Arbeitnehmers in das Arbeitsverhältnis gerecht zu werden.

### *b) Verfassungsrechtliche Schutzrichtung des allgemeinen Persönlichkeitsrechts*

Vom allgemeinen Persönlichkeitsrecht werden natürliche Personen unabhängig von ihrer Staatsangehörigkeit und damit auch die Person des Arbeitnehmers geschützt.[401]

Der sachliche Schutzbereich des allgemeinen Persönlichkeitsrechts ist nicht ganz einfach zu fassen.[402] Neben der Besonderheit, dass dem Verfassungstext des Art. 2 I GG mit der allgemeinen Handlungsfreiheit und dem allgemeinen Persönlichkeitsrecht zwei unterschiedliche, wenngleich nicht immer leicht voneinander abgrenzbare Grundrechte entnommen werden, stehen dem knappen Wortlaut mit der Schutzgutsbezeichnung „Persönlichkeit" eine Fülle an unterschiedlichen Ausprägungen gegenüber.[403]

Grundsätzlich schützt das allgemeine Persönlichkeitsrecht in seinen verschiedenen Kategorisierungen die Persönlichkeit in allen ihren Ausformungen.[404]

---

400 In diese Richtung auch *Ehmann*, der „die Besonderheit der Ware Arbeitskraft" beschreibt, *Ehmann*, in: Festschrift für Günther Wiese zum 70. Geburtstag (1998), S. 99, 102 f.

401 BeckOK GG/*Lang*, Art. 2 GG Rn. 47; Maunz/Dürig/*Di Fabio*, Art. 2 I GG Rn. 10; *Jarass*, NJW 1989, 857, 859.

402 BeckOK GG/*Lang*, Art. 2 GG Rn. 31; das BVerfG betont im Übrigen immer wieder die Entwicklungsoffenheit des allgemeinen Persönlichkeitsrechts, siehe etwa BVerfG 03.06.1980 - 1 BvR 185/77, BVerfGE 54, 148 = NJW 1980, 2070; BVerfG 13.05.1986 - 1 BvR 1542/84, BVerfGE 72, 155 = NJW 1986, 1859, 1860; BVerfG 31.01.1989 - 1 BvL 17/87, BVerfGE 79, 256 = NJW 1989, 891; BVerfG 27.02.2008 - 1 BvR 370/07, 1 BvR 595/07, BVerfGE 120, 274 = NJW 2008, 822, 824; vgl. auch Maunz/Dürig/*Di Fabio*, Art. 2 I GG Rn. 147.

403 *Jarass*, NJW 1989, 857 f.; BeckOK GG/*Lang*, Art. 2 GG Rn. 31.

404 *Wiese*, ZfA 1996, 439, 469; eingängig auch *Jarass*, nach dem das allgemeine Persönlichkeitsrecht das „Person-sein" schützt, das jedem Menschen zukomme, vgl. *Jarass*, NJW 1989, 857, 859; *Jarass*/Pieroth, Art. 2 GG Rn. 39.

Hierbei soll das allgemeine Persönlichkeitsrecht jedem Einzelnen „einen autonomen Bereich privater Lebensgestaltung sichern, in dem er seine Individualität entwickeln und wahren kann".[405] Zur Konkretisierung des allgemeinen Persönlichkeitsrechts haben sich in der Rechtsprechung und Literatur eine Reihe spezieller Rechte bzw. Fallgruppen durchgesetzt.[406]

Allerdings wird dem allgemeinen Persönlichkeitsrecht mitunter, besonders in Abgrenzung zum Grundrecht der allgemeinen Handlungsfreiheit, ein eher passiver, auf Wahrung der Integrität gerichteter Charakter zugesprochen.[407] Zwar ist nicht nur von Seiten des BVerfG anerkannt, dass das allgemeine Persönlichkeitsrecht ein Element der „freien Entfaltung der Persönlichkeit" enthält.[408] Dieses wird aber zuweilen mehr als ein (passives) Recht auf Respektierung eines geschützten Persönlichkeitsbereichs interpretiert, als in ihm ein aktives Element der Persönlichkeitsentfaltung zu sehen, welches zum Teil eher der allgemeinen Handlungsfreiheit zugeschrieben wird.[409] Insofern tendierte das BVerfG sogar stellenweise zu einer Verabsolutierung des (passiven) Aspekts des Persönlichkeitsschutzes, indem es das allgemeine Persönlichkeitsrecht „als Recht auf Respektierung des geschützten Bereichs" dem „aktiven Element dieser Entfaltung" im Sinne der allgemeinen Handlungsfreiheit gegenübergestellt hat.[410] Auch wird nicht selten versucht, das allgemeine Persönlichkeitsrecht von der allgemeinen Handlungsfreiheit durch Begriffspaare wie passiv/aktiv, Sein/Tun oder Integrität/Aktivität abzugrenzen.[411]

Demgegenüber erscheint es sinnvoller, den Schutzbereich nicht auf das Abschirmen der Intim- und Privatsphäre zu beschränken, sondern dem allgemeinen Persönlichkeitsrecht, neben seinem unbestreitbar passiven, ebenso einen aktiven Charakter beizumessen.[412] Dies wurzelt darin, dass die menschliche

---

405 BVerfG 31.01.1989 - 1 BvL 17/87, BVerfGE 79, 256 = NJW 1989, 891; BVerfG 13.02.2007 - 1 BvR 421/05, BVerfGE 117, 202 = NJW 2007, 753.

406 Siehe zu den einzelnen Ausprägungen des allgemeinen Persönlichkeitsrechts Sachs/*Murswiek/Rixen*, Art. 2 GG Rn. 68 ff.; Maunz/Dürig/*Di Fabio*, Art. 2 I GG Rn. 148 ff.

407 In diese Richtung etwa BeckOK GG/*Lang*, Art. 2 GG Rn. 31; Sachs/*Murswiek/Rixen*, Art. 2 GG Rn. 59.

408 BVerfG 03.06.1980 - 1 BvR 185/77, BVerfGE 54, 148 = NJW 1980, 2070; *Ehmann*, in: Festschrift für Günther Wiese zum 70. Geburtstag (1998), S. 99, 105 f.

409 BVerfG 03.06.1980 - 1 BvR 185/77, BVerfGE 54, 148 = NJW 1980, 2070; BeckOK GG/*Lang*, Art. 2 GG Rn. 31.

410 BVerfG 03.06.1980 - 1 BvR 185/77, BVerfGE 54, 148 = NJW 1980, 2070; *Jarass*, NJW 1989, 857, 859.

411 HStR VII/*Kube*, § 148 Rn. 28.

412 So auch *Jarass*, NJW 1989, 857, 859.

Persönlichkeit von zwei unterschiedlichen, teilweise sich ergänzenden, stellenweise aber auch gegenläufigen sozialen Bedürfnissen und Verhaltensweisen geprägt wird: Auf der einen Seite ist der Mensch eine Intimperson mit einem Bedürfnis nach Abschirmung seines privaten Bereichs. Private Angelegenheiten, Daten oder die persönliche Situation sollen nicht nach außen dringen.[413] Andererseits ist der Mensch ein auf sozialen Kontakt und geistigen Austausch angelegtes Wesen, das sich in Beziehung zu seiner Umwelt setzt und sich durch die Interaktion mit seinem sozialen Umfeld weiterentwickelt.[414] Sowohl das „statische" Element der Abschottung, wie auch der „dynamische", sich durch die Interaktion mit der Umwelt ausdrückende Teil, sind Bestandteile des menschlichen Persönlichkeitsbildes.[415]

In Anbetracht dessen und vor dem Hintergrund des komplexen Persönlichkeitsbegriffs, der vom Grundbefund eines würdevollen Menschen und dessen freiheitlicher Entfaltung ausgeht, ist es nicht angebracht, der aktiven Persönlichkeitsentfaltung eine im Vergleich zum Integritätsschutz untergeordnete Rolle beizumessen.[416] Denn nur eine aktive Beteiligung am sozialen Geschehen schafft einen Rahmen, innerhalb dessen sich die Persönlichkeit durch das tatsächliche Ausleben bestimmter Verhaltensweisen ausbilden kann.

Insofern muss vom allgemeinen Persönlichkeitsrecht (neben einem passiven Schutz) auch die aktive Teilnahme am Leben als notwendige Voraussetzung für eine Persönlichkeitsbildung und -entfaltung gewährleistet werden.[417]

Im Unterschied zur allgemeinen Handlungsfreiheit geht es dabei nicht um den Schutz jeglicher Betätigung im Sinne eines „jeder kann tun und lassen, was die Rechte anderer nicht verletzt".[418] Vielmehr soll von Art. 2 I, 1 I GG die

---

413 *Ehmann*, AcP 188 (1988), 230, 233; *Thees*, Das Arbeitnehmer-Persönlichkeitsrecht als Leitidee des Arbeitsrechts, S. 31; zu den Begriffen der Intim- und Sozialperson siehe *Scheler*, Der Formalismus in der Ethik und die materielle Wertethik, S. 563 ff.

414 *Ehmann*, AcP 188 (1988), 230, 234; vgl. auch *Luhmann*, nach dem der Mensch seine Individualität als Persönlichkeit nur im sozialen Verkehr gewinnt, *Luhmann*, Grundrechte als Institution, S. 61 f.

415 *Thees*, Das Arbeitnehmer-Persönlichkeitsrecht als Leitidee des Arbeitsrechts, S. 31.

416 Noch weitergehend *Kube*, der für ein einheitliches Recht auf freie Entfaltung der Persönlichkeit plädiert, HStR VII/*Kube*, § 148 Rn. 107 ff.

417 Ähnlich *Jarass*, NJW 1989, 857, 859.

418 Im Rahmen der allgemeinen Handlungsfreiheit wird die Betätigung in einem umfassenden Sinn geschützt. Dabei spielt es keine Rolle, welches Gewicht der Betätigung für die Persönlichkeitsentfaltung zukommt, siehe BVerfG 06.06.1989 - 1 BvR 921/85, BVerfGE 80, 137 = NJW 1989, 2525; *Jarass*/Pieroth, Art. 2 GG Rn. 5; BeckOK GG/*Lang*, Art. 2 GG Rn. 2 ff.

Möglichkeit der aktiven Teilnahme einer Person an seiner Umwelt als Voraussetzung der Persönlichkeitsbildung und -entfaltung gewährleistet werden,[419] womit dem Persönlichkeitsbezug der Betätigung zumindest ein gesteigerter Wert zukommen muss.[420]

Daher umfasst das allgemeine Persönlichkeitsrecht seiner Zielrichtung nach neben dem (passiven) Persönlichkeitsschutz auch das (aktive) Element der Persönlichkeitsentfaltung.

### *c) Betroffenheit im Falle der Nichtbeschäftigung*

Fraglich ist, inwieweit das allgemeine Persönlichkeitsrecht des Arbeitnehmers im Falle einer Nichtbeschäftigung tangiert wird, beziehungsweise ob persönlichkeitsrechtliche Wertungen über die Einbruchstelle des § 242 BGB zur Begründung einer Beschäftigungspflicht des Arbeitgebers beitragen können.

#### *aa) Persönlichkeitsschutz und Persönlichkeitsentfaltung als Ausprägungen des allgemeinen Persönlichkeitsrechts*

Hierzu soll zunächst untersucht werden, welche Ausprägung des allgemeinen Persönlichkeitsrechts im Falle der Nichtbeschäftigung des Arbeitnehmers vorwiegend in Rede steht.

Prinzipiell bilden sich im Arbeitsverhältnis beide der soeben aufgezeigten Stoßrichtungen des allgemeinen Persönlichkeitsrechts ab. Auf der einen Seite soll im Rahmen des Arbeitsverhältnisses die vorhandene Arbeitnehmerpersönlichkeit geschützt werden. Das allgemeine Persönlichkeitsrecht hat die Aufgabe, einen abgrenzbaren Bereich vor dem Arbeitgeber, den Kollegen, aber auch anderen mit dem Arbeitnehmer in Berührung kommenden Dritten sowie der Öffentlichkeit abzuschirmen. Der Persönlichkeitsschutz betrifft also das Integritätsinteresse des Arbeitnehmers an der Erhaltung seines persönlichkeitsrechtlichen Status quo und damit das statische Element des Persönlichkeitsrechts.[421] Beispielhaft äußern sich Aspekte des Persönlichkeitsschutzes etwa im Rahmen

---

419 In diese Richtung gehend auch die Formulierung des BVerfG, welches es als Aufgabe des allgemeinen Persönlichkeitsrechts sieht, „die engere persönliche Lebenssphäre und die Erhaltung ihrer Grundbedingungen" zu schützen, BVerfG 03.06.1980 - 1 BvR 185/77, BVerfGE 54, 148 = NJW 1980, 2070.

420 Zur allgemeinen Handlungsfreiheit verhält sich das allgemeine Persönlichkeitsrecht daher wie ein Spezialgrundrecht, vgl. Sachs/*Murswiek/Rixen*, Art. 2 GG Rn. 64.

421 BeckOK GG/*Lang*, Art. 2 GG Rn. 31; *Thees*, Das Arbeitnehmer-Persönlichkeitsrecht als Leitidee des Arbeitsrechts, S. 54.

der Frage nach der Zulässigkeit von Überwachungsmaßnahmen[422] oder beim arbeitgeberseitigen Fragerecht.[423]

Andererseits soll dem Arbeitnehmer die Möglichkeit zur Ausprägung und Entfaltung seiner Persönlichkeit gegeben werden. Dies trägt dem Umstand Rechnung, dass sich die Persönlichkeit des Arbeitnehmers aufgrund der beruflich veranlassten Einflüsse ständig formt, verändert und fortentwickelt.[424] Der Arbeitnehmer soll seine Individualität im Rahmen seiner Beschäftigung ausleben können. Insofern betrifft die Persönlichkeitsentfaltung das im Persönlichkeitsrecht angelegte dynamische Element.[425]

Welche dieser Stoßrichtungen des allgemeinen Persönlichkeitsrechts aber steht beim Beschäftigungsanspruch des Arbeitnehmers im Mittelpunkt? Dient Beschäftigung eher dem statischen Persönlichkeitsschutz oder der dynamischen Persönlichkeitsentfaltung und -fortentwicklung?

Von der durch die tatsächliche Beschäftigung vermittelten Möglichkeit der Persönlichkeitsentfaltung ist die Frage des Persönlichkeitsschutzes im Sinne eines Integritätsschutzes mitunter nicht ganz leicht abzugrenzen. Einerseits könnte man geneigt sein zu sagen: Wenn der Arbeitnehmer nicht beschäftigt wird und ihm so die Einbindung in den betrieblichen Alltag mit allen sich daraus ergebenden Konsequenzen verwehrt wird, kann sich das auf sein Persönlichkeitsbild (negativ) auswirken und daher in seinen Persönlichkeitsbestand eingreifen. Dann müsste die Persönlichkeit allerdings als eine Art Status quo gesehen werden, als ein erreichtes „Persönlichkeitslevel", dessen Bestand durch die Nichtbeschäftigung gefährdet werden könnte.

Dies würde aber das Persönlichkeitsbild aus unterschiedlichen Gründen in einer unzutreffenden Weise verzerren: Zum einen ist die Persönlichkeit nichts, was sich im Sinne eines „immer mehr" auftürmt oder wächst. Zwar gewinnt man sicherlich durch mehr (Lebens)Erfahrung stetig an persönlichkeitsprägenden Erfahrungen hinzu. Nichtsdestotrotz gibt es keinen messbaren „Persönlichkeitsbestand", der im Sinne eines Integritätsschutzes verteidigt werden könnte. Außerdem können die durch (Lebens)Erfahrung gewonnenen persönlichkeitsprägenden Erfahrungen nicht nur im Rahmen einer Beschäftigung, sondern auch auf andere Art und Weise gewonnen werden. Insofern findet unabhängig

---

422 NK-ArbR/*Hanau/Wall*, Art. 2 GG Rn. 39 ff.; HaKo-ArbR/*Becker*, Art. 2 GG Rn. 35 ff.

423 Schaub/*Linck*, ArbR-Hdb, § 26 Rn. 12, 21 ff.; NK-ArbR/*Hanau/Wall*, Art. 2 GG Rn. 29 ff.; BeckOK ArbR/*Joussen*, § 611a BGB Rn. 102 ff.

424 *Thees*, Das Arbeitnehmer-Persönlichkeitsrecht als Leitidee des Arbeitsrechts, S. 54.

425 *Thees*, Das Arbeitnehmer-Persönlichkeitsrecht als Leitidee des Arbeitsrechts, S. 54.

von der tatsächlichen Beschäftigung immer eine Persönlichkeitsentwicklung statt. Dies wird zwar zweifellos vom „Erlebten" geprägt und daher vermutlich ohne die tägliche Beschäftigung im Rahmen eines Arbeitsverhältnisses anders ausfallen. Trotzdem wird die Persönlichkeitsentwicklung ohne die tägliche betriebliche Einbindung nicht zwangsläufig negativ beeinträchtigt oder gar gestoppt.

Die Persönlichkeitsbildung ist eher ein sich ständig fortentwickelnder, nie abgeschlossener Prozess, der durch die sich aus einer tatsächlichen Beschäftigung ergebenden Einflüsse unterstützt und positiv gefördert werden kann. Die Persönlichkeit ist insofern ein sich im Fluss befindliches Gebilde, das keinen festen Bestand aufweist. Durch die Beschäftigung im Rahmen eines Arbeitsverhältnisses wird dem Arbeitnehmer die Möglichkeit gegeben, seine Persönlichkeit in einer bestimmten Weise auszuleben und sich hierdurch weiterzuentwickeln. Umgekehrt droht durch Nichtbeschäftigung aber kein Eingriff in einen „Persönlichkeitsbestand" im Sinne einer Beeinträchtigung des Intimbereichs des Arbeitnehmers, wie es beispielsweise im Falle von Überwachungsmaßnahmen oder der Verarbeitung höchstpersönlicher Daten der Fall sein könnte.

Daher handelt es sich insgesamt mehr um einen durch die tatsächliche Beschäftigung ermöglichten Prozess der Entwicklung von Persönlichkeitsstrukturen, mithin einen dynamischen Prozess, als um den mindernden Eingriff in einen vorhandenen „Persönlichkeitsbestand" im Falle der Nichtbeschäftigung. Für die Frage nach dem Persönlichkeitsbezug des Beschäftigungsanspruchs steht dementsprechend der Aspekt der Persönlichkeitsentfaltung im Zentrum der Betrachtung.

#### *bb) Persönlichkeitsentfaltung als unwillkürliche Folge tatsächlicher Beschäftigung?*

Das Arbeitsverhältnis bildet wie dargelegt nicht nur eine Versorgungs- und damit Existenzgrundlage, sondern kann in vielen Fällen auch sinnstiftenden und persönlichkeitsbildenden Charakter haben.[426] Denn die Persönlichkeit wird in besonderem Maß durch die berufliche Tätigkeit geformt. Dies kann sowohl durch die Ausübung der Tätigkeit als solche erfolgen, als auch durch die mit der Beschäftigung verbundenen Eindrücke, Erkenntnisse und Kontakte gefördert werden.

426 Zum Interesse des Arbeitnehmers an seiner Persönlichkeitsentfaltung im Rahmen des Arbeitsverhältnisses siehe oben unter B. I. 2. c).

Bei der Ausübung der Tätigkeit als solche sind Beschäftigung und Persönlichkeitsentwicklung wechselseitig miteinander verbunden: Einerseits kann im Rahmen der tatsächlichen Beschäftigung der Persönlichkeit Ausdruck verliehen werden, so etwa, wenn ein Designer eine Arbeit mit einer persönlichen Note erstellt. Hier ist das Werk Ausfluss des Persönlichkeitsbildes des Erstellers. Andererseits kann die Persönlichkeit auch durch den Arbeitsablauf und den Arbeitserfolg oder Misserfolg geformt werden. So dient die tatsächliche Beschäftigung im positiven Sinne neben der Befriedigung des inneren Schaffenstriebs auch der Vermittlung eines Gefühls der Zufriedenheit, des Selbstbewusstseins, des Stolzes und der Sicherheit.

Neben der Ausübung der Tätigkeit als solcher darf aber nicht der persönlichkeitsformende Charakter all desjenigen vergessen werden, was mit der tatsächlichen Beschäftigung in einem bestehenden Arbeitsverhältnis noch verbunden ist. Insofern können im Rahmen der Berufseinbindung gewonnene und aufrechterhaltene soziale Kontakte, das Ansehen im beruflichen wie im privaten Umfeld und nicht zuletzt ein durch die Beschäftigung gesicherter „Marktwert" des Arbeitnehmers nicht zu unterschätzende Auswirkungen auf dessen Selbstverständnis und damit die Persönlichkeitsfortentwicklung haben.

So grundlegend die Anerkennung des allgemeinen Persönlichkeitsrechts für die arbeitsvertraglichen Beziehungen ist und so sehr sich die Persönlichkeit auch auf der Basis einer tatsächlichen Beschäftigung zu entwickeln vermag, muss andererseits vor Übertreibungen gewarnt werden. Denn eine Verabsolutierung der personalen Komponente des Arbeitsverhältnisses wäre ebenso einseitig und verfehlt wie die gegenteilige ausschließliche vermögensrechtliche Betrachtung.[427]

Zugegebenermaßen wird die oben beschriebene wechselseitige Verbindung von Beschäftigung und Persönlichkeitsentwicklung nicht immer in gleichem Maß vorhanden sein. Ein Bandarbeiter, der fortlaufend Akkordarbeit verrichtet, wird in seiner Arbeitsweise und seinem Arbeitsergebnis naturgemäß weniger durch seine Persönlichkeit beeinflusst werden als der Künstler, dessen Werk Ausdruck seiner selbst ist. Und ebenso wird nicht jeder Mensch gleichermaßen die Befriedigung eines Schaffenstriebs durch seine Beschäftigung verspüren. Arbeit kann auch als „notwendiges Übel" zum Gelderwerb und damit zur Existenzsicherung gesehen werden. Teilweise wird auf soziale Kontakte während der Arbeit kein Wert gelegt. Möglicherweise wird sogar versucht, den Kontakt mit Kollegen so gering wie möglich zu halten.

---

427 *Wiese*, ZfA 1996, 439, 471 f.

Daher bleibt die Art der Persönlichkeitsentfaltung Sache des Arbeitnehmers.[428] Es ist seinen individuellen Bedürfnissen geschuldet, ob er seine Persönlichkeitsentfaltung etwa in der Berufsausübung und der beruflichen Weiterbildung oder aber in ganz anderen Bereichen wie beispielsweise einem ausgeprägten Familienleben oder einer Intensivierung seiner Hobbys sieht, zu denen ihm durch eine Freistellung von seiner täglichen Arbeit vielleicht sogar erst die entsprechenden Möglichkeiten eröffnet werden. Insofern kann die persönlichkeitsprägende Funktion von tatsächlicher Beschäftigung individuell völlig unterschiedlich ausfallen.

Nichtsdestotrotz ist die tatbestandliche Reichweite des allgemeinen Persönlichkeitsrechts im Ausgangspunkt davon geprägt, dass das Grundrecht mit „Persönlichkeit" das „Person-sein" meint, das jedem Menschen zukommt.[429] Das allgemeine Persönlichkeitsrecht steht also nicht nur solchen Personen zu, die „Persönlichkeit" im landläufigen Sinne besitzen oder deren Persönlichkeit durch eine berufliche Tätigkeit mit besonders persönlichkeitsintensivem Bezug beeinflusst wird.[430]

Im Übrigen sind die konkreten Persönlichkeitsauswirkungen und damit die Persönlichkeitsrelevanz einer tatsächlichen Beschäftigung für Dritte gar nicht beurteilbar. Inwieweit sich der einzelne Arbeitnehmer durch seine Beschäftigung – welche Tätigkeit er auch immer ausübt – ausgefüllt und wertig fühlt, vermag nur der Betroffene selbst einzuschätzen. Insofern können von der Art der ausgeübten Tätigkeit keine pauschalen Rückschlüsse auf deren Persönlichkeitsbezug für den Arbeitnehmer gezogen werden.[431]

Die Schutzintensität des allgemeinen Persönlichkeitsrechts wächst nicht etwa in dem Maße, in dem jemand seine Persönlichkeit entfaltet. Dies unterstreicht ein Vergleich mit den Wurzeln des allgemeinen Persönlichkeitsrechts: Bei der allgemeinen Handlungsfreiheit ist es selbstverständlich, dass es auf eine Qualifikation des Handelnden nicht ankommt.[432] Aber auch für den Schutz der

---

428 So auch *Thees*, Das Arbeitnehmer-Persönlichkeitsrecht als Leitidee des Arbeitsrechts, S. 55.

429 *Jarass*/Pieroth, Art. 2 GG Rn. 39; *Jarass*, NJW 1989, 857, 859; vgl. auch HStR VII/*Horn*, § 149 Rn. 30.

430 *Jarass*, NJW 1989, 857, 859.

431 Anders offenbar *Gamillscheg*, in: Richterliches Arbeitsrecht: Festschrift für Thomas Dieterich zum 65. Geburtstag (1999), S 185, 193 f.: „Dass jeder seine Selbstachtung verliert, sofern er nicht in der Fischfabrik oder auf dem Bau weiter beschäftigt wird, ist außerdem eine Übertreibung, von der ich mir nicht vorstellen kann, dass die Richter sie selbst ernst genommen haben."

432 *Jarass*, NJW 1989, 857, 859.

Menschenwürde ist es „nicht entscheidend, ob der Träger sich dieser Würde bewusst ist und sie selbst zu wahren weiß".[433] Wenn das BVerfG ausführt, dass „die von Anfang an im menschlichen Sein angelegten potentiellen Fähigkeiten genügen, um die Menschenwürde zu begründen",[434] so muss dieser Grundgedanke in gleicher Weise für den Schutz der Persönlichkeit gelten.[435]

Insofern besteht zwar nicht immer eine gleich starke Korrelation zwischen der tatsächlichen Beschäftigung des Arbeitnehmers und seiner Persönlichkeitsentfaltung. Nichtsdestotrotz erscheint die tatsächliche Beschäftigung des Arbeitnehmers aus dem Blickwinkel der Persönlichkeitsentfaltung prinzipiell angezeigt.

#### *cc) Tatsächliche Beschäftigung als Möglichkeit zur Persönlichkeitsentfaltung*

Auch wenn sich Persönlichkeitsentfaltung wie gezeigt individuell unterschiedlich vollzieht, verschiedenartige Indikatoren haben kann und dementsprechend alles andere als eine zwangsläufige Folge von tatsächlicher Beschäftigung im Rahmen eines bestehenden Arbeitsverhältnisses ist, so sollte das Arbeitsverhältnis nichtsdestotrotz aufgrund seines nicht zu leugnenden Persönlichkeitsbezugs die grundsätzliche Möglichkeit zur Persönlichkeitsentfaltung bereithalten. Denn das Arbeitsverhältnis genießt mit seinem nicht selten vereinnahmenden zeitlichen Umfang in der Regel einen derart hohen persönlichen und gesellschaftlichen Stellenwert, dass Arbeit in vielen Fällen mehr als ein reines Mittel zum Vergütungserwerb darstellt. Eine prinzipiell ununterbrochene tatsächliche Beschäftigung des Arbeitnehmers stellt insofern die Möglichkeit zur Persönlichkeitsentfaltung sicher.

### *d) Ergebnis*

Das allgemeine Persönlichkeitsrecht weist im Rahmen des Beschäftigungsanspruchs leistungsbegründende Tendenzen auf.[436] Auch wenn es nicht unmittelbar

---

433 BVerfG 25.02.1975 - 1 BvF 1 - 6/74, BVerfGE 39, 1 = NJW 1975, 573, 575; in dieselbe Richtung BVerfG 20.10.1992 - 1 BvR 698/89, BVerfGE 87, 209 = NJW 1993, 1457, 1458 f.; vgl. auch BeckOK GG/*Hillgruber*, Art. 1 GG Rn. 4.

434 BVerfG 25.02.1975 - 1 BvF 1 - 6/74, BVerfGE 39, 1 = NJW 1975, 573, 575; vgl. auch Maunz/Dürig/*Herdegen*, Art. 1 I GG Rn. 52 f.

435 *Jarass*, NJW 1989, 857, 859.

436 Siehe auch *Thees*, Das Arbeitnehmer-Persönlichkeitsrecht als Leitidee des Arbeitsrechts, S. 43.

als Anspruchsgrundlage dient, so muss der Inhalt des Arbeitsvertrags durch die Einbeziehung persönlichkeitsrechtlicher Wertungen ausgestaltet werden. Diese können über die Einbruchstelle des § 242 BGB zur Begründung einer Beschäftigungspflicht des Arbeitgebers beitragen.

## 2. Berufsfreiheit, Art. 12 GG

Neben den verfassungsrechtlichen Wertungen des allgemeinen Persönlichkeitsrechts könnte sich der Beschäftigungsanspruch des Arbeitnehmers ebenso auf diejenigen des Art. 12 GG stützen.[437] Auch die Berufsfreiheit fungiert in diesem Zusammenhang nicht nur als klassisches Abwehrrecht, sondern hat als „wertentscheidende Grundsatznorm" Ausstrahlungswirkung auf das einfache Recht.[438] Die durch Art. 12 GG verbürgten Rechte sind mehr als nur subjektiver Natur im Sinne von „Ansprüchen" gegen den Staat auf Unterlassen unverhältnismäßiger Eingriffe.[439] Sie stellen zugleich Elemente objektiver Ordnung dar, die insbesondere auch auf die Beziehungen zwischen Privatrechtssubjekten ausstrahlen können.[440]

### *a) Die Berufsfreiheit als „Muttergrundrecht" des Arbeitsrechts*

Grundstein für die beachtliche Ausstrahlungswirkung des Art. 12 GG in das Rechtsverhältnis zwischen Arbeitnehmer und Arbeitgeber ist die fundamentale gesellschaftliche Bedeutung der beruflichen Beschäftigung.

In der heutigen Industrie- und Dienstleistungsgesellschaft findet die weit überwiegende Mehrheit der Bürger ihre wirtschaftliche Lebensgrundlage nicht (mehr) in Eigentum und Vermögen, sondern im Beruf und dem hierdurch vermittelten Einkommen sowie den damit in Zusammenhang stehenden Leistungen.[441] Damit ist der Beruf entscheidender Baustein für Lebensunterhalt und Altersversorgung. Da berufliche Betätigung allerdings nicht nur eine wirtschaftliche Lebensgrundlage schafft, sondern wie gezeigt auch auf sozialer Ebene wirkt,

---

437 Ähnlich *Krause*, der in diesem Zusammenhang ebenfalls auf Art. 12 GG verweist, *Krause*, Arbeitsrecht, § 12 Rn. 4; siehe auch Maunz/Dürig/*Scholz*, Art. 12 GG Rn. 80.

438 BVerfG 11.06.1958 - 1 BvR 596/56, BVerfGE 7, 377 = NJW 1958, 1035 ff.; vgl. auch BVerfG 31.03.2000 - 1 BvR 608/99, NVwZ 2001, 187 f.; *Mann/Worthmann*, JuS 2013, 385, 388.

439 HGR V/*Schneider*, § 113 Rn. 41.

440 Maunz/Dürig/*Scholz*, Art. 12 GG Rn. 4; in diesem Sinne auch BVerfG 11.06.1958 - 1 BvR 596/56, BVerfGE 7, 377, 404: „klare materielle Wertentscheidung".

441 HStR VIII/*Breuer*, § 170 Rn. 50.

fungieren Arbeit und Beruf zudem als bedeutende Eckpunkte der individuellen Freiheitsentfaltung und Selbstverwirklichung.[442] Insofern werden sowohl Daseinssicherung wie auch Persönlichkeitsentfaltung maßgeblich durch den mit der individuellen Arbeitsleistung einer Person verknüpften beruflich erzielten Erfolg beeinflusst.[443] Das Grundrecht der Berufsfreiheit formt mit Erwerbstätigkeit und Beschäftigung in Gestalt von Beruf, Arbeit und Ausbildung mithin einen der wichtigsten Lebensbereiche des Menschen.[444]

Da der Arbeitnehmer bereits beim Abschluss des Arbeitsvertrags, wie auch während der gesamten Dauer des Arbeitsverhältnisses von seiner Berufsausübungsfreiheit Gebrauch macht, berühren letztlich alle das Arbeitsverhältnis betreffenden Fragen Art. 12 I GG.[445] Streng genommen hat daher praktisch jede arbeitsrechtliche Streitigkeit einen Bezug zu Art. 12 I GG.[446] Daher kann das neben der Koalitionsfreiheit wichtigste Grundrecht im Arbeitsrecht durchaus als „arbeitsrechtliches Muttergrundrecht" bezeichnet werden.[447]

### *b) Arbeitnehmerseitige Schutzinteressen*

Führt man sich aus Arbeitnehmersicht zunächst die Schutzinteressen vor Augen, welche den Nährboden für den verfassungsrechtlichen Gehalt des Art. 12 GG bilden, so wird zumeist zwischen dem Schutz des Bestandsinteresses und demjenigen des Mobilitätsinteresses unterschieden.[448]

Der Arbeitnehmer hat einerseits ein Interesse an Kontinuität und Sicherheit seinen Arbeitsplatz betreffend und damit am Schutz seines Arbeitsverhältnisses in seinem Bestand. Zwar gewährleistet Art. 12 I GG keinen unmittelbaren

---

442 HStR VIII/*Breuer*, § 170 Rn. 49; *Pitschas*, Berufsfreiheit und Berufslenkung, S. 33 f.

443 Vgl. auch *Badura*, Festschrift für Wilhelm Herschel zum 85. Geburtstag (1982), S. 21, 23.

444 HGR V/*Schneider*, § 113 Rn. 41.

445 BVerfG 06.07.2010 - 2 BvR 2661/06, BVerfGE 126, 286 = NZA 2010, 995, 996; *Krause*, in: Wendepunkte der Rechtswissenschaft: Aspekte des Rechts in der Moderne (2014), S. 175, 201; *Krause*, Arbeitsrecht, § 3 Rn. 22.

446 *Krause*, Arbeitsrecht, § 3 Rn. 22.

447 So bereits *Gamillscheg*, Die Grundrechte im Arbeitsrecht, S. 58; Maunz/Dürig/*Scholz*, Art. 12 GG Rn. 6: „zentrale Grundnorm des Berufsverfassungsrechts"; ebenso HGR V/*Schneider*, § 113 Rn. 41; *Badura*, Festschrift für Wilhelm Herschel zum 85. Geburtstag (1982), S. 21: „zentrales Freiheitsrecht der persönlichen Lebensführung".

448 So etwa auch *Krause*, Arbeitsrecht, § 3 Rn. 22.

Schutz gegen den Verlust des Arbeitsplatzes aufgrund privater Disposition.[449] Allerdings erlegt die Berufsfreiheit dem Gesetzgeber die Schutzpflicht auf, den Arbeitnehmer vor einer solchen Einbuße im Sinne eines Mindestschutzes zu bewahren.[450] Dies wurde dem Grunde nach insbesondere durch die geltenden Kündigungsschutzvorschriften umgesetzt.[451]

Andererseits möchte der Arbeitnehmer im Sinne seines Mobilitätsinteresses nicht übermäßig stark an seinen Arbeitsplatz gebunden sein und sich eine gewisse Flexibilität bewahren. Es geht also um den Schutz der Freiheit des Arbeitnehmers, eine seinen sich gegebenenfalls verändernden Vorstellungen entsprechende berufliche Tätigkeit ausüben und dementsprechend auch seinen Arbeitsplatz wechseln zu können.[452]

Insofern ist allgemein anerkannt, dass Art. 12 I GG einerseits vor einem grundlosen Verlust des Arbeitsplatzes, sowie andererseits vor einer unangemessenen Bindung an selbigen schützen soll.[453]

### c) *Verfassungsrechtliche Schutzrichtung der Berufsfreiheit*

Inhaltlich umspannt der Schutzbereich der Berufsfreiheit, trotz der recht kargen Aussage des Verfassungstextes des Art. 12 I GG,[454] ein sehr breites Anwendungsfeld.

---

449 BAG 18.10.2006 - 7 AZR 419/05, NZA 2007, 332, 334; BVerfG 27.01.1998 - 1 BvL 15/87, BVerfGE 97, 169 = NZA 1998, 470, 471; BVerfG 24.04.1991 - 1 BvR 1341/90, BVerfGE 84, 133 = NJW 1991, 1667; Schaub/*Linck*, ArbR-Hdb, § 3 Rn. 42.

450 BAG 18.10.2006 - 7 AZR 419/05, NZA 2007, 332, 334; BAG 31.07.2002 - 7 AZR 140/01, NZA 2002, 1155, 1157; siehe auch *Krause*, in: Wendepunkte der Rechtswissenschaft: Aspekte des Rechts in der Moderne (2014), S. 175, 203.

451 Neben dem Kündigungsschutz ist etwa auch die Einschränkung und Kontrolle der Befristung von Arbeitsverträgen Ausdruck der den Staat treffenden Schutzpflicht aus Art. 12 I GG, vgl. BAG 18.10.2006 – 7 AZR 419/05, NZA 2007, 332, 334; *Krause*, in: Wendepunkte der Rechtswissenschaft: Aspekte des Rechts in der Moderne (2014), S. 175, 204.

452 Zu den vertraglichen Einschränkungen des Mobilitätsinteresses durch den Arbeitgeber siehe *Krause*, in: Wendepunkte der Rechtswissenschaft: Aspekte des Rechts in der Moderne (2014), S. 175, 201 f.

453 *Gamillscheg* beschreibt die Wirkung des Art. 12 GG insofern als „in entgegengesetzte Richtungen“, *Gamillscheg*, Die Grundrechte im Arbeitsrecht, S. 58.

454 Art. 12 I GG: „Alle Deutschen haben das Recht, Beruf, Arbeitsplatz und Ausbildungsstätte frei zu wählen. Die Berufsausübung kann durch Gesetz oder auf Grund eines Gesetzes geregelt werden.“.

Zunächst findet auf der Ebene des Schutzbereichs eine Differenzierung zwischen Berufswahl und Berufsausübung nicht statt.[455] Denn obwohl der Verfassungswortlaut eine Differenzierung zwischen den Aspekten der Berufswahl (Art. 12 I 1 GG) einerseits und der Berufsausübung (Art. 12 I 2 GG) andererseits nahelegt, gewährleistet Art. 12 I GG nach ganz überwiegender Auffassung ein „einheitliches Grundrecht der Berufsfreiheit".[456] Dieses Verständnis stützt sich auf die mangelnde Abgrenzbarkeit der einzelnen Garantien: So wie die Berufsaufnahme sichtbare Manifestation der Berufswahl ist und zugleich den Beginn der Berufsausübung markiert, wird durch die fortlaufende Berufsausübung die vorangegangene Berufswahl kontinuierlich bestätigt.[457] Besonders im modernen Arbeitsleben, wo ein lebenslanger Arbeitsplatz immer weniger die Regel ist, von Arbeitgeberseite zunehmend mehr Flexibilität gefordert wird und es daneben ohnehin keine Arbeitsplatzgarantie gibt, aber auch Umschulungs- sowie Weiterbildungsmaßnahmen nicht selten zu Neuorientierungen auf Arbeitnehmerseite führen, werden die Phasen der Berufswahl, Berufsaufnahme und Berufsausübung häufig mehrfach durchlaufen und greifen mitunter stark ineinander über.[458] Dementsprechend sind Vorbildung, Berufswahl und Berufsausübung als einheitlicher Lebensvorgang zu beurteilen.[459] Art. 12 GG schützt seinem Gehalt nach vor solchen Maßnahmen, die diese Wahl- und Ausübungsfreiheit beschränken beziehungsweise in die beschriebene Abfolge von Entscheidungs- und Handlungsabläufen eingreifen.[460]

Auch das zentrale Tatbestandsmerkmal des „Berufs" bleibt dem weiten Anwendungsspektrum treu und umfasst nicht lediglich gesellschaftlich oder rechtlich

---

455 *Mann/Worthmann*, JuS 2013, 385, 387.

456 BVerfG 11.06.1958 - 1 BvR 596/56, BVerfGE 7, 377 = NJW 1958, 1035, 1037; BVerfG 24.04.1991 - 1 BvR 1341/90, BVerfGE 84, 133, 148; BVerfG 26.02.1997 - 1 BvR 1864/94, BVerfGE 95, 193 = LKV 1997, 325, 326; HGR V/*Schneider*, § 113 Rn. 31; Sachs/*Mann*, Art. 12 GG Rn. 14; *Söllner*, in: Arbeitsrecht in der Bewährung: Festschrift für Otto Rudolf Kissel zum 65. Geburtstag (1994), S. 1121, 1126; *Mann/Worthmann*, JuS 2013, 385, 387.

457 BVerfG 26.02.1997 - 1 BvR 1864/94, BVerfGE 95, 193 = LKV 1997, 325, 326; BVerfG 21.02.1995 - 1 BvR 1397/93, BVerfGE 92, 140 = NZA 1995, 619, 620; Sachs/*Mann*, Art. 12 GG Rn. 14; *Mann/Worthmann*, JuS 2013, 385, 387.

458 HGR V/*Schneider*, § 113 Rn. 33.

459 BVerfG 27.01.1976 - 1 BvR 2325/73, BVerfGE 41, 251 = NJW 1976, 1309; *Badura*, Festschrift für Wilhelm Herschel zum 85. Geburtstag (1982), S. 21, 24; HStR VIII/*Breuer*, § 170 Rn. 56.

460 HGR V/*Schneider*, § 113 Rn. 33.

vorgeprägte Berufsbilder, sondern auch eine Vielzahl untypischer (selbstständiger wie unselbstständiger) Tätigkeitsformen.[461] Gemeinhin wird Beruf daher in einem weiten Sinne als jede auf eine gewisse Dauer angelegte, der Schaffung und Erhaltung einer Lebensgrundlage dienende Tätigkeit definiert.[462] Ohnehin wird der Schutzbereich von Art. 12 I GG nicht als am Begriff „Beruf" haftend empfunden. Vielmehr wird die „Arbeit" als solche geschützt, welche sich in der Organisationsform des Berufs manifestiert.[463] Insofern wird auch die „Arbeitsfreiheit", welche die Tätigkeit innerhalb oder außerhalb eines Berufs selbst zum Gegenstand hat, als „materiales Substrat" der Berufsfreiheit bezeichnet.[464] Auch das BVerfG deutete dies in den Gründen seines „Apotheken-Urteils" an, in denen es formulierte, dass „das Grundrecht auf den Schutz der – wirtschaftlich sinnvollen – Arbeit" zielt.[465]

Zudem ist der Normgehalt des Art. 12 GG nicht abschließend bestimmbar, sondern weist eine in die Zukunft gerichtete „Offenheit" und Dynamik auf.[466] Materiell-rechtlich resultiert diese Dynamik zum einen daraus, dass das zentrale

---

461 *Mann/Worthmann*, JuS 2013, 385, 387.

462 BVerfG 03.07.2007 - 1 BvR 2186/06, BVerfGE 119, 59, 78; BVerwG 04.10.1994 - 1 C 13/93, NVwZ 1995, 481, 483 f.; HGR V/*Schneider*, § 113 Rn. 55; *Mann/Worthmann*, JuS 2013, 385, 387.

463 Vgl. diesbezüglich *Schneider*, der es als folgerichtig ansieht, „die Arbeit [...] in vollem Umfang in den Schutzberiech des Art. 12 GG einzubeziehen", HGR V/*Schneider*, § 113 Rn. 31.

464 HGR V/*Schneider*, § 113 Rn. 53.

465 Das Zitat des BVerfG lautet komplett: „Art. 12 Abs. 1 schützt die Freiheit des Bürgers in einem für die moderne arbeitsteilige Gesellschaft besonders wichtigen Bereich: er gewährleistet dem Einzelnen das Recht, jede Tätigkeit, für die er sich geeignet glaubt, als „Beruf" zu ergreifen, d.h. zur Grundlage seiner Lebensführung zu machen. [...] Wohl zielt das Grundrecht auf den Schutz der - wirtschaftlich sinnvollen - Arbeit, aber es sieht sie als „Beruf", d.h. in ihrer Beziehung zur Persönlichkeit des Menschen im ganzen, die sich erst darin voll ausformt und vollendet, daß der Einzelne sich einer Tätigkeit widmet, die für ihn Lebensaufgabe und Lebensgrundlage ist und durch die er zugleich seinen Beitrag zur gesellschaftlichen Gesamtleistung erbringt. Das Grundrecht gewinnt so Bedeutung für alle sozialen Schichten; die Arbeit als „Beruf" hat für alle gleichen Wert und gleiche Würde.", BVerfG 11.06.1958 - 1 BvR 596/56, BVerfGE 7, 377 = NJW 1958, 1035 f.

466 HGR V/*Schneider*, § 113 Rn. 32; das BVerfG bezeichnet das Grundrecht der Berufsfreiheit als „in hohem Maße zukunftsgerichtet", BVerfG 16.03.1971 - 1 BvR 52, 665, 667, 754/66, BVerfGE 30, 292, 334; siehe auch *Badura*, Festschrift für Wilhelm Herschel zum 85. Geburtstag (1982), S. 21, 25; *Scholz* spricht von einem „prinzipiell offenen Berufstatbestand", Maunz/Dürig/*Scholz*, Art. 12 GG Rn. 18 f.

Tatbestandsmerkmal „Beruf“ wie auch der implizierte Schutz der Arbeit als solcher weit zu verstehen sind.[467] Zum anderen sind diese Begriffe besonders stark dem gesellschaftlichen und wirtschaftlichen Wandel unterworfen,[468] was bereits deutlich wird, wenn man sich etwa die aufgrund der stark angestiegenen Digitalisierung entstandenen Arbeitsfelder und damit verbundenen Möglichkeiten vergegenwärtigt, seinen Lebensunterhalt zu erwirtschaften.[469] Nicht zuletzt liegt die Definitionsmacht über die Frage, ob die verrichtete Arbeit der Daseinssicherung dienen soll, nicht beim Staat, sondern bei demjenigen, der sich für die von ihm gewählte Tätigkeit entschieden hat.[470] Insofern wird nicht nur die große Tragweite, sondern auch die Entwicklungsoffenheit des Art. 12 I GG deutlich.[471]

### *d) Zusammenhang zur tatsächlichen Beschäftigung*

Legt man Bedeutung, Interessen und Schutzrichtung des Art. 12 I GG zugrunde, stellt sich die Frage, ob die Wertungen der Berufsfreiheit über die Einbruchstelle des § 242 BGB zu einer Begründung des Beschäftigungsanspruchs beitragen können.

#### *aa) Beschäftigung zur Wahrung des Bestandsinteresses*

Tatsächliche Beschäftigung kann einen Beitrag zum Erhalt des Arbeitsplatzes leisten. Denn die regelmäßige Einbindung in tagtägliche Arbeitsprozesse eröffnet dem Arbeitnehmer die Möglichkeit, sich im pulsierenden Betriebsablauf unverzichtbar zu machen.[472] Daneben bleibt der Arbeitnehmer durch die Teilnahme

---

467 BVerfG 11.06.1958 - 1 BvR 596/56, BVerfGE 7, 377 = NJW 1958, 1035, 1036; BVerfG 10.05.1988 - 1 BvR 482/84, 1166/85, BVerfGE 78, 179, 192 f.; BVerfG 29.10.1997 - 1 BvR 780/87, BVerfGE 97, 12, 33 f.; HGR V/*Schneider*, § 113 Rn. 32.

468 HGR V/*Schneider*, § 113 Rn. 32.

469 Neuartige Berufsbezeichnungen reichen etwa vom „Social Media Redakteur“ über den „Virtuellen Assistenten“ bis hin zum „SEA-Manager“ oder dem „Feel Good Manager“, siehe http://weltderchancen.de/digitale-berufe/ (zuletzt abgerufen am 01.08.2018); siehe zur Digitalisierung der Arbeitswelt auch *Krause*, NZA 2016, 1004 ff.

470 *Schneider* erkennt in diesem Zusammenhang der Berufsfreiheit ein „Berufserfindungs- und -gestaltungsrecht“ zu, das jeden in die Lage versetze, im Wesentlichen selbst über den Inhalt des von ihm beanspruchten Grundrechtsschutzes zu bestimmen, HGR V/*Schneider*, § 113 Rn. 32; dazu auch HStR VIII/*Breuer*, § 170 Rn. 59.

471 Ähnlich wie beim allgemeinen Persönlichkeitsrecht, siehe hierzu oben unter E. IV. 1. b), insb. Fn. 397.

472 Zum Interesse des Arbeitnehmers am Erhalt seines Arbeitsplatzes siehe oben unter B. I. 1. a).

an Besprechungen, Planungen und nicht zuletzt durch die Umsetzung seiner konkreten Aufgaben „up to date". Hierdurch kann er seinen Marktwert erhalten oder sogar steigern, um sich nicht nur auf dem Arbeitsmarkt, sondern auch für den derzeitigen Arbeitgeber „wertvoll" zu halten.[473]

Damit dient die tatsächliche Beschäftigung sowie die mit ihr einhergehende fachliche Fortentwicklung der Sicherung des Arbeitsplatzes im Sinne des von Art. 12 I GG geschützten arbeitnehmerseitigen Bestandsinteresses.[474] Insofern gebietet es die Wertung des Art. 12 GG, den Arbeitnehmer in einem bestehenden Arbeitsverhältnis auch tatsächlich zu beschäftigen.

### *bb) Ausweitung der arbeitnehmerseitigen Schutzinteressen*

Zweifelsohne sind der Bestand des Arbeitsplatzes auf der einen sowie der Schutz des Arbeitnehmers vor übermäßiger Bindung auf der anderen Seite substantielle wie fundamentale Schutzinteressen, die von Art. 12 I GG umspannt werden.

Allerdings wäre es verkürzt zu behaupten, dass sich das Arbeitnehmerinteresse ausschließlich auf diese Bereiche beschränkt. Vielmehr zeigt die dargestellte Interessenlage,[475] dass der Arbeitnehmer nicht nur an dem Bestand seines Arbeitsplatzes, sondern auch an der tatsächlichen Berufsausführung ein elementares Interesse haben kann. Damit rückt neben dem bloßen Vorhandensein einer arbeitsvertraglichen Bindung die tatsächliche Durchführung derselben ins Zentrum der berufsbedingten Schutzinteressen. Nicht nur der Schutz der Existenz des Arbeitsplatzes als solchem, sondern auch die natürliche Abwicklung der Austauschbeziehung von Arbeitskraft gegen Vergütung liegt im Schutzinteresse des Arbeitnehmers. Daher kann neben dem Bestands- und dem Mobilitätsinteresse auch ein „Durchführungsinteresse" zur tatsächlichen Realisierung der beruflichen Tätigkeit ausgemacht werden.

Zugegebenermaßen sind die Interessen nicht immer trennscharf voneinander abgrenzbar sondern gehen teilweise ineinander über. Insofern kann auch das „Durchführungsinteresse" des Arbeitnehmers dergestalt motiviert sein, dass mit der Einbindung des Arbeitnehmers in den Berufsalltag nicht zuletzt der

---

473 Zum Interesse des Arbeitnehmers am Erhalt bzw. Steigerung des eigenen Markwertes siehe oben unter B. I. 1. b).

474 Ähnlich, allerdings zum Fall der Weiterbeschäftigung während der Kündigung *Gamillscheg*, in: Richterliches Arbeitsrecht: Festschrift für Thomas Dieterich zum 65. Geburtstag (1999), S 185, 193.

475 Siehe hierzu oben unter B. I.

langfristige Erhalt des Arbeitsplatzes intendiert wird, worauf im Ergebnis (auch) das Bestandsinteresse abzielt.

Das „Durchführungsinteresse“ kann allerdings im Rahmen der Begründung des Beschäftigungsanspruchs nur eine Rolle spielen, wenn es ebenso wie das Bestands- und das Mobilitätsinteresse vom Schutzzweck des Art. 12 I GG umfasst ist. Hierfür streiten unterschiedliche Begründungsansätze:

### *(1) Arbeitsverhältnis als Austauschverhältnis*

Art. 12 GG schützt den Beruf und die Arbeit vor dem Hintergrund, dass jedem das Recht auf eine materielle Möglichkeit gegeben werden soll, sein Leben zu bestreiten. Als Recht „zur“ Arbeit, soll die Berufsfreiheit dem Bürger die Gelegenheit vermitteln, durch Arbeit sein Dasein zu finanzieren.[476] Ihm soll die Chance gegeben werden, sich instand zu setzen, seine Grundbedürfnisse zu befriedigen und seine materiellen Lebensbedingungen nach eigenen Vorstellungen zu gestalten.[477] Insofern kann Art. 12 GG auch als „materielles Existenzrecht“ bezeichnet werden.

Damit die Sicherung der materiellen Existenz gewährleistet werden kann, muss Art 12 GG aber auch die Grundvorstellung dessen schützen, woraus die Erwirtschaftung des Lebensunterhalts erwachsen kann. Insofern schützt die Berufsfreiheit auch das Grundprinzip des Leistungsaustauschs, auf dessen Grundlage individuelle (und daneben auch gesamtgesellschaftliche) Wertschöpfung entstehen kann. Denn auch wenn Vorschriften wie § 615 BGB die Rechtsstellung des Arbeitnehmers im Hinblick auf seinen Entgeltanspruch sichern, so ist das Arbeitsverhältnis in seinem Kern als Austauschverhältnis angelegt, bei dem eine Vergütung für eine tatsächlich erbrachte Arbeitsleistung gezahlt werden soll.[478]

---

476 HGR V/*Schneider*, § 113 Rn. 8; zur existenziellen Bedeutung des Arbeitsverhältnisses siehe auch HK-ArbR/*Kreuder/Matthiessen-Kreuder*, § 611a BGB Rn. 1.

477 HGR V/*Schneider*, § 113 Rn. 3; siehe auch *Badura*, welcher der Berufsfreiheit eine wesentliche Bedeutung für die „materielle Daseinssicherung“ attestiert, *Badura*, in: Sozialpartnerschaft in der Bewährung, Festschrift für Karl Molitor zum 60. Geburtstag (1988), S. 1, 13.

478 ErfK/*Preis*, § 611a BGB Rn. 1; Schaub/*Linck*, ArbR-Hdb, § 29 Rn. 1; vgl. auch *Wilke*, der konstatiert, dass das Arbeitsverhältnis als „wirtschaftliches Austauschverhältnis“ darauf gerichtet ist, dass der Arbeitnehmer wirtschaftliche Vorteile zugunsten des Arbeitgebers erarbeiten soll, *Wilke*, Das Verhältnis des sozialversicherungsrechtlichen Beschäftigungsverhältnisses zum zivilrechtlichen Arbeitsverhältnis, S. 120.

Da die reale Berufsausübung insofern unverzichtbares Erfordernis eines Leistungsaustauschs ist, gebietet es die Wertung des Art. 12 GG, den Arbeitnehmer in einem bestehenden Arbeitsverhältnis auch tatsächlich zu beschäftigen.

*(2) Effektivierung der Berufsausübungsfreiheit*

Wie dargestellt schützt Art. 12 I GG neben der Berufswahl gleichermaßen die Berufsausübung.[479] Diese erstreckt sich auf jede Art von Betätigung, die mit dem Erwerbsziel direkt oder indirekt zusammenhängt und umfasst die gesamte Tätigkeit, in der ein gewählter Beruf seinen realen Niederschlag findet.[480]

Natürliche Voraussetzung der Berufsausübung ist auf Seiten des Arbeitnehmers aber dessen tatsächliche Beschäftigung. Denn nur die reale Ausübung der beruflichen Tätigkeit gibt dem Arbeitnehmer die Gelegenheit, seine Fähig- und Fertigkeiten aufrechtzuerhalten, auszuformen und fortzuentwickeln.[481] Tatsächliche Beschäftigung eröffnet insofern die Möglichkeit weiterer beruflicher Anpassungs- und Spezialisierungsprozesse und gibt dem Arbeitnehmer so die Chance, an wissenschaftlichem oder technischem Fortschritt teilzunehmen.[482]

Aufgrund der Tatsache, dass sich der technisierte Wirtschafts- und Arbeitsablauf ständig und dynamisch verändert, stellt die tatsächliche Berufsausübung für den Arbeitnehmer allerdings nicht nur eine Chance, sondern oft auch eine Notwendigkeit dar.[483] Insofern ist der Arbeitnehmer zur Verfeinerung bestehender sowie zum Erwerb neuer Fertigkeiten und Kenntnisse angehalten, um im rasant fortschreitenden Arbeitsalltag nicht den Anschluss zu verlieren.

Da ohne die Einbindung in tägliche Arbeitsabläufe die Berufsausübung leer laufen und das Schutzgut der Berufsausübungsfreiheit für den Arbeitnehmer zu einer leeren Hülle verkommen würde, gebietet es die Wertung des Art. 12 GG auch insoweit, den Arbeitnehmer in einem bestehenden Arbeitsverhältnis tatsächlich zu beschäftigen.

---

479 BVerfG 11.02.1992 - 1 BvR 1531/90, BVerfGE 85, 248 = NJW 1992, 2341; Sachs/*Mann*, Art. 12 GG Rn. 77; siehe zur verfassungsrechtlichen Schutzrichtung der Berufsfreiheit auch oben unter E. IV. 2. c).

480 HGR V/*Schneider*, § 113 Rn. 60; HStR VIII/*Breuer*, § 170 Rn. 82.

481 Siehe zur zugrundeliegenden Interessenlage oben unter B. I. 1. b).

482 HGR V/*Schneider*, § 113 Rn. 3; HStR VIII/*Breuer*, § 170 Rn. 50.

483 HStR VIII/*Breuer*, § 170 Rn. 50.

### *(3) Personale Komponente der Berufsfreiheit*

Die Berufsfreiheit gibt dem Einzelnen das Recht grundsätzlich selbst darüber zu entscheiden, auf welche Weise er den Aufwand seiner Lebensführung durch Erwerbstätigkeit aufbringen will. Arbeit bezweckt allerdings wie dargestellt nicht nur materielle Daseinssicherung.[484] Neben der Finanzierung des Lebensunterhalts dient sie auch als „Schauplatz menschlicher Selbstverwirklichung".[485] Eine Selbstverwirklichung, die sich mit der Berufsfreiheit korrespondierend auf zweierlei Weisen darstellt: Nicht nur die Berufsausübung ist persönlichkeitsbildend und gleichzeitig Persönlichkeitsausdruck, auch bereits die Entscheidung für einen bestimmten Arbeitsplatz entspricht einem individuell gewählten Zuschnitt der Lebensführung.[486]

Da die Berufstätigkeit einerseits die Persönlichkeit stark beeinflusst und andererseits Ausfluss derselben ist,[487] finden sich die durch Art. 2 I, 1 I GG geschützten persönlichkeitsrechtlichen Interessen mit beruflichem Anknüpfungspunkt auch im Schutzgehalt des Art. 12 GG wieder.[488] Diejenigen Persönlichkeitsaspekte, die vom beruflichen Rahmen beeinflusst und geprägt werden, werden nicht nur durch das allgemeine Persönlichkeitsrecht, sondern speziell durch die Berufsfreiheit als solche geschützt. Insofern stellt Art. 12 GG den Erhalt und die Entfaltungsmöglichkeit der „Erwerbstätigen-Persönlichkeit" sicher. Beruflich veranlasster Persönlichkeitsschutz kann daher nicht von der Sicherung der individuellen Daseinsvorsorge abgeschichtet werden. Beide Schutzgüter laufen ihrem Gehalt nach im Grundrecht der Berufsfreiheit zusammen.

---

484 Siehe zur Verknüpfung von Beruf und Persönlichkeit oben unter E. IV. 1. a).

485 *Badura*, Festschrift für Wilhelm Herschel zum 85. Geburtstag (1982), S. 21, 23; *Badura*, in: Sozialpartnerschaft in der Bewährung, Festschrift für Karl Molitor zum 60. Geburtstag (1988), S. 1, 13.

486 Wegen des engen Zusammenhangs mit der Persönlichkeitsentfaltung soll die Berufswahl nach dem BVerfG ein „Akt der Selbstbestimmung des Einzelnen" sein, BVerfG 11.06.1958 - 1 BvR 596/56, BVerfGE 7, 377 = NJW 1958, 1035, 1037; siehe auch *Brugger*, Das Recht des Menschen auf Arbeit (1983), S. 111, 116.

487 BVerfG 11.06.1958 - 1 BvR 596/56, BVerfGE 7, 377 = NJW 1958, 1035, 1036; ähnlich auch *Badura*, Festschrift für Wilhelm Herschel zum 85. Geburtstag (1982), S. 21, 24.

488 Das BVerfG konstatiert sogar, dass das Grundrecht der Berufsfreiheit „in erster Linie persönlichkeitsbezogen" ist, BVerfG 16.03.1971 - 1 BvR 52, 665, 667, 754/66, BVerfGE 30, 292 = NJW 1971, 1255, 1260; siehe auch Maunz/Dürig/*Scholz*, Art. 12 GG Rn. 9: „Das Recht der Berufsfreiheit ist vor allem persönlichkeitsbezogen zu verstehen.".

Dem entspricht es auch, wenn das BVerfG für den Beruf allgemein wie für die Arbeit als Dimension der Berufsfreiheit den Bezug „zur Persönlichkeit des Menschen im ganzen“ betont[489] und darauf hinweist, dass die Berufsfreiheit das Grundrecht auf freie Entfaltung der Persönlichkeit konkretisiert.[490] Insofern ist der Berufsfreiheit in der Tat ein „personaler Kern“ zuzusprechen.[491]

Da somit die Berufsfreiheit über ihre Bedeutung für die materielle Daseinssicherung hinaus den Schutz der freien Entfaltung der „Erwerbstätigen-Persönlichkeit“ umspannt, gebietet es die Wertung des Art. 12 GG auch unter diesem Blickwinkel, den Arbeitnehmer in einem bestehenden Arbeitsverhältnis tatsächlich zu beschäftigen.

#### *e) Ergebnis*

Die Auseinandersetzung mit der Frage nach der Bedeutung und den Auswirkungen des Art. 12 I GG hat gezeigt, dass die Wertungen der Berufsfreiheit nicht nur aufgrund des Bestandsinteresses eine Beschäftigung des Arbeitnehmers gebieten. Auch das „Durchführungsinteresse“ ist vom grundrechtlichen Schutzzweck umfasst, sodass Art. 12 I GG als „materielles und personales Existenzrecht“ eine Beschäftigung des Arbeitnehmers verlangt. Damit lässt sich festhalten, dass die Wertungen der Berufsfreiheit über die Generalklausel des § 242 BGB den Beschäftigungsanspruch des Arbeitnehmers fundieren.

### 3. Verhältnis von allgemeinem Persönlichkeitsrecht und Berufsfreiheit

Das Grundrecht der Berufsfreiheit steht durch seine tatbestandliche Weite und sein beachtliches praktisches Anwendungsfeld in vielfältigen systematischen wie konkurrierenden Bezügen zu anderen Verfassungsbestimmungen.[492] In

---

489 BVerfG 01.03.1979 - 1 BvR 532, 533/77, 419/78, 1 BvL 21/78, BVerfGE 50, 290 = NJW 1979, 699, 707; Maunz/Dürig/*Scholz*, Art. 12 GG Rn. 20.

490 BVerfG 16.03.1971 - 1 BvR 52, 665, 667, 754/66, BVerfGE 30, 292 = NJW 1971, 1255, 1260.

491 BVerfG 01.03.1979 - 1 BvR 532, 533/77, 419/78, 1 BvL 21/78, BVerfGE 50, 290 = NJW 1979, 699, 707: „personaler Grundzug“; die Berufsfreiheit berührt mit ihrem personalen Bezug unmittelbar die Existenz des schaffenden Menschen als „homo faber“ im Unterschied zum „animal laborans“, dessen Dasein sich auf das Arbeiten zur Existenzsicherung reduziert, siehe HGR V/*Schneider*, § 113 Rn. 2 sowie grundlegend *Arendt*, Vita activa oder vom tätigen Leben.

492 Maunz/Dürig/*Scholz*, Art. 12 GG Rn. 121.

diesem Sinne weist Art. 12 I GG auch zahlreiche Berührungspunkte mit anderen Grundrechten auf.[493] Diese Schnittstellen werden nicht zuletzt im Rahmen des Beschäftigungsanspruchs deutlich. Denn wie festgestellt wirken neben den Wertungen der Berufsfreiheit auch diejenigen des allgemeinen Persönlichkeitsrechts über die Einbruchstelle des § 242 BGB in das Arbeitsverhältnis ein.[494] Ob es sich hierbei allerdings um ein „echtes" Nebeneinander im Sinne einer Idealkonkurrenz oder eher um einen Fall der Spezialität handelt, soll im Folgenden untersucht werden.

Hierbei ist nicht zu vergessen, dass es sich bei der Frage nach der Begründung des Beschäftigungsanspruchs keineswegs um die klassische Konstellation von konkurrierenden Grundrechten handelt. Denn die typischen Fälle der Grundrechtskonkurrenz treten dann auf, wenn der grundrechtlich geschützte Freiheitsbereich eines Bürgers durch einen staatlichen Eingriff unmittelbar verkürzt wird.[495] In diesen Fällen kann klärungsbedürftig sein, an welchen von mehreren in Betracht kommenden Grundrechten die Verfassungsmäßigkeit einer Maßnahme zu messen ist.

Nichtsdestotrotz darf bei der dogmatischen Begründung des Beschäftigungsanspruchs die gebotene Prägnanz nicht außer Acht gelassen werden. Zwar ist es zutreffend, dass Grundrechte von der Verfassung nicht gewährleistet werden, um andere Grundrechte zu verdrängen, sondern „um menschliche Freiheit als Grundlage und Ziel der staatlichen Gemeinschaft möglichst umfassend zu schützen".[496] Gleichwohl verbietet sich bei der Begründbarkeit eines richterrechtlich entwickelten Rechtsinstituts eine pauschale Argumentation im Sinne eines „je mehr, desto besser". Daher soll nachfolgend erörtert werden, in welchem Verhältnis die grundrechtlichen Wertungen bei der dogmatischen Begründung des Beschäftigungsanspruchs zueinander stehen.

### *a) Art. 12 I GG als alleiniger Anknüpfungspunkt?*

Schon aufgrund der oben getroffenen Feststellung, dass sich die durch Art. 2 I, 1 I GG geschützten persönlichkeitsrechtlichen Interessen mit beruflichem Anknüpfungspunkt auch im Schutzgehalt des Art. 12 I GG wiederfinden, könnte

493 HStR VIII/*Breuer*, § 170 Rn. 126.

494 Siehe oben unter E. IV. 1.

495 Zur Wirkung der Grundrechte innerhalb der privatrechtlichen Beziehung der Arbeitsvertragsparteien siehe oben unter E. II.

496 So HGR III/*Berg*, § 71 Rn. 31; siehe auch *Berg*, Konkurrenzen schrankendivergenter Freiheitsrechte im Grundrechtsabschnitt des Grundgesetzes, S. 162.

man dazu geneigt sein, die Berufsfreiheit nicht nur als einen zentralen, sondern als einzigen Anknüpfungspunkt des Beschäftigungsanspruchs zu sehen, der das allgemeine Persönlichkeitsrecht im Wege der Gesetzeskonkurrenz verdrängt.[497]

Denn nach der Kollisionsregel „lex specialis derogat legi generali“ tritt in Fällen eines Spezialitätsverhältnisses das allgemeinere hinter das speziellere Grundrecht zurück.[498] Spezialität in diesem Sinne liegt vor, wenn eine Norm sämtliche Tatbestandsmerkmale der Vergleichsnorm aufweist und diesen mindestens noch ein weiteres Merkmal hinzufügt.[499] Daneben muss die speziellere Vorschrift einen näheren inhaltlichen Bezug zu der zu beurteilenden Sachverhaltskonstellation aufweisen.[500] Insofern könnte man von dem auf Grundlage eines Arbeitsvertrags entstehenden und damit im beruflichen Kontext begründeten Beschäftigungsanspruch auf eine größere inhaltliche Nähe zum Grundrecht der Berufsfreiheit schließen.[501]

### b) *Verbleibender Anwendungsraum für Art. 2 I, 1 I GG?*

Richtig ist, dass alle Freiheitsgrundrechte, je auf ihren Geltungsbereich bezogen, „konstituierende Elemente der Persönlichkeit“ schützen.[502] Dies gilt wie dargelegt auch für die Berufsfreiheit.[503]

497 Eingehend zu grundrechtlichen Konkurrenzverhältnissen siehe *Heß*, Grundrechtskonkurrenzen; *Spielmann*, Konkurrenz von Grundrechtsnormen; *Berg*, Konkurrenzen schrankendivergenter Freiheitsrechte im Grundrechtsabschnitt des Grundgesetzes.

498 *Sodan/Ziekow*, Grundkurs Öffentliches Recht, § 25 Rn. 2.

499 *Berg*, Konkurrenzen schrankendivergenter Freiheitsrechte im Grundrechtsabschnitt des Grundgesetzes, S. 162; *Riesenhuber*, in: Europäische Methodenlehre (2015), S. 199, 211; *Sodan/Ziekow*, Grundkurs Öffentliches Recht, § 25 Rn. 2; *Barczak*, JuS 2015, 969, 973.

500 *Sodan/Ziekow*, Grundkurs Öffentliches Recht, § 25 Rn. 2; vgl. auch *Riesenhuber*, der zutreffend darauf hinweist, dass dies regelmäßig eine durch Auslegung zu klärende Frage ist, *Riesenhuber*, in: Europäische Methodenlehre (2015), S. 199, 211.

501 Zur schuldrechtlichen Einordnung der Beschäftigungspflicht im Sinne einer arbeitsvertraglichen Nebenleistungspflicht siehe oben unter E. III. 2. b) bb).

502 BVerfG 03.06.1980 - 1 BvR 185/77, BVerfGE 54, 148 = NJW 1980, 2070; HStR VII/*Kube*, § 148 Rn. 34.

503 BVerfG 11.06.1958 - 1 BvR 596/56, BVerfGE 7, 377 = NJW 1958, 1035, 1036; siehe auch oben unter E. IV. 2. d) bb) (3).

Da das allgemeine Persönlichkeitsrecht als „eigenständiges Grundrecht" aus Art. 2 I, 1 I GG abgeleitet wird[504] und es insofern spezieller als die allgemeine Handlungsfreiheit des Art 2 I GG ist,[505] kann es als „unbenanntes" Freiheitsgrundrecht seinem Gehalt nach mit den „benannten" Freiheitsgrundrechten verglichen werden.[506] Deshalb kann das allgemeine Persönlichkeitsrecht grundsätzlich selbstständig und gleichberechtigt neben anderen speziellen Freiheitsrechten stehen.[507]

Gleichwohl kann sich das allgemeine Persönlichkeitsrecht auch zu den speziellen Freiheitsrechten in einem Ergänzungsverhältnis befinden.[508] Insofern formuliert das BVerfG in seiner Eppler-Entscheidung, dass das allgemeine Persönlichkeitsrecht als „unbenanntes" Freiheitsrecht die speziellen Freiheitsrechte, die ebenfalls konstituierende Elemente der Persönlichkeit schützen, ergänzt.[509] Seine Aufgabe sei es, im Sinne des obersten Konstitutionsprinzips der „Würde des Menschen" die engere persönliche Lebenssphäre und die Erhaltung ihrer Grundbedingungen zu gewährleisten, die sich durch die traditionellen konkreten Freiheitsgarantien nicht abschließend erfassen lassen.[510] Soweit also andere spezielle Freiheitsrechte in einem Teilbereich persönlichkeitsrechtliche Gehalte sichern, gehen diese dem allgemeinen Persönlichkeitsrecht vor.[511] Im Übrigen kann das allgemeine Persönlichkeitsrecht die speziellen Freiheitsrechte im Sinne einer Idealkonkurrenz ergänzen.[512]

---

504 *Jarass*/Pieroth, Art. 2 GG Rn. 36; siehe auch *Di Fabio*, nach dem das allgemeine Persönlichkeitsrecht inzwischen die Statur eines „Grundrechts im Grundrecht" gewonnen hat, Maunz/Dürig/*Di Fabio*, Art. 2 I GG Rn. 127.

505 Sachs/*Murswiek/Rixen*, Art. 2 GG Rn. 137; v. Münch/*Kunig*, Art. 2 Rn. 91; *Dreier*, Art. 2 I GG Rn. 99.

506 *Jarass*/Pieroth, Art. 2 GG Rn. 1, 38; siehe auch *Dreier*, der das allgemeine Persönlichkeitsrecht als „eine den speziellen Freiheitsrechten angenäherte Grundrechtsgarantie" bezeichnet, *Dreier*, Art. 2 I GG Rn. 69.

507 Sachs/*Murswiek/Rixen*, Art. 2 GG Rn. 138; *Stern*, Das Staatsrecht der Bundesrepublik Deutschland, Bd. IV/1, § 104 VII 2 c), S. 981 f.; BeckOK GG/*Lang*, Art. 2 GG Rn. 54.

508 HStR VII/*Kube*, § 148 Rn. 35.

509 BVerfG 03.06.1980 - 1 BvR 185/77, BVerfGE 54, 148 = NJW 1980, 2070.

510 BVerfG 03.06.1980 - 1 BvR 185/77, BVerfGE 54, 148 = NJW 1980, 2070.

511 *Jarass*/Pieroth, Art. 2 GG Rn. 38.

512 BVerfG 02.03.2006 - 2 BvR 2099/04, BVerfGE 115, 166 = NJW 2006, 976, 979: „Das allgemeine Persönlichkeitsrecht [...] wird dort nicht verdrängt, wo sich der Schutzbereich dieses Grundrechts mit demjenigen eines speziellen Freiheitsrechts nur partiell überschneidet oder in den Fällen, in denen ein eigenständiger Freiheitsbereich mit festen Konturen erwachsen ist."; siehe auch HStR VII/*Kube*, § 148 Rn. 35; ausführlich

Die Frage, ob im Rahmen der Begründung des Beschäftigungsanspruchs die Wertungen des allgemeinen Persönlichkeitsrechts von denjenigen der Berufsfreiheit verdrängt werden, muss daher anhand des Umstands entschieden werden, ob neben dem Wirkbereich des „benannten“ Freiheitsrechts noch ein Anwendungsraum für das allgemeine Persönlichkeitsrecht verbleibt. Dies kann entweder der Fall sein, wenn Elemente der Persönlichkeit betroffen sind, die „nicht schon Gegenstand besonderer Freiheitsgarantien sind, aber diesen in ihrer konstituierenden Bedeutung für die Persönlichkeit nicht nachstehen“[513] und daher exklusiv in den Schutzbereich des allgemeinen Persönlichkeitsrechts fallen.[514] Oder aber, soweit die Persönlichkeitsbeeinträchtigung durch das benannte Freiheitsrecht nicht abschließend umfasst wird, wenn also „in der Breite“ noch ein Schutzbedürfnis verbleibt und damit der Anwendungsbereich des allgemeinen Persönlichkeitsrechts eröffnet ist.

Da hier, wie gezeigt, Art. 12 I GG (zumindest auch) in Bezug auf die persönlichkeitsrechtlichen Wertungen einschlägig ist und damit gerade kein Fall vorliegt, der ausschließlich dem Schutzbereich des allgemeinen Persönlichkeitsrechts zuzuordnen ist, reduziert sich die Betrachtung auf die Frage, ob die hinter dem Beschäftigungsanspruch stehenden persönlichkeitsrechtlichen Wertungen abschließend vom Grundrecht der Berufsfreiheit umfasst werden, oder daneben noch eine Schutzlücke verbleibt, die eine Hinzuziehung des allgemeinen Persönlichkeitsrechts nicht nur rechtfertigt, sondern auch notwendig macht.

### *c) Persönlichkeitsbeeinträchtigung als Arbeitnehmer und als Privatperson*

Neben dem Wirkbereich des Art. 12 I GG hat das allgemeine Persönlichkeitsrecht insoweit eigenständige Bedeutung, wie es um solche Arten von Persönlichkeitsbeeinträchtigungen geht, die nicht nur berufsrechtlich relevant sind.[515] Demzufolge müsste auch im Falle der Nichtbeschäftigung des Arbeitnehmers eine Beeinträchtigung desjenigen Teils seines Persönlichkeitsrechts drohen, der nicht vom Schutz der Berufsfreiheit umfasst wird.

---

zur Ergänzungswirkung des allgemeinen Persönlichkeitsrechts *Kahl*, Die Schutzergänzungsfunktion von Art. 2 Abs. 1 Grundgesetz.

513 BVerfG 10.11.1998 - 1 BvR 1531/96, BVerfGE 99, 185 = NJW 1999, 1322, 1323.

514 So etwa zum Schutz von Verhaltensfreiheit und Privatheit als Elemente der Persönlichkeitsentfaltung BVerfG 26.02.2008 - 1 BvR 1602, 1606, 1626/07, BVerfGE 120, 180 = NJW 2008, 1793, 1794.

515 In diese Richtung auch Maunz/Dürig/*Scholz*, Art. 12 GG Rn. 124.

Eine solche „nicht-berufliche“ Persönlichkeitsbeeinträchtigung mag dem ersten Anschein nach paradox wirken, wo doch im Falle der Nichtbeschäftigung des Arbeitnehmers der Grund der drohenden Schädigung zwangsläufig beruflich verursacht ist und somit ein Anknüpfungspunkt im Sinne des Art. 12 I GG stets gegeben scheint. Gleichwohl können die Persönlichkeitsbeeinträchtigungen, die im Kontext des Beschäftigungsanspruchs zweifelsohne einen beruflichen Aufhänger haben, ihren Wirkungen nach über diese Ebene in den privaten Bereich hinausgehen. Denn der Arbeitnehmer, dem mitgeteilt wird, dass er (bestenfalls nur vorübergehend) an der Arbeit entbehrlich ist, verliert nicht nur an Reputation bei seinen Vorgesetzten, Kollegen oder Geschäftspartnern, er wird auch gegenüber Nachbarn, Freunden und Familie erklären müssen, wieso er nicht seinem Beruf nachgeht. Nebenbei verändert sich durch den ausbleibenden Gang zur Arbeit der gesamte Tagesablauf. Ohne die Notwendigkeit für den Arbeitnehmer, seine Arbeitskraft einzubringen, kommt der private Bereich zu anderer und mitunter ungewohnter Geltung. Auch die Zweifel das Selbstwertgefühl betreffend sind nicht begrenzt auf die beruflichen Fähigkeiten, sondern wirken sich auf die Person des freigestellten Arbeitnehmers als Ganzes aus. Insofern ist Beschäftigung zwar gewiss im beruflichen Umfeld persönlichkeitsbeeinflussend, hat aber auch im privaten Bereich eine deutliche Persönlichkeitsrelevanz. Durch den Beschäftigungsanspruch wird neben der „Arbeitnehmerpersönlichkeit“ ebenso die Persönlichkeit des Beschäftigten als Privatperson geschützt.

Demnach kann festgehalten werden, dass bezüglich der Beschäftigung des Arbeitnehmers die Wertungen der Berufsfreiheit durch diejenigen des allgemeinen Persönlichkeitsrechts „angereichert“ werden.[516] Im Rahmen des Beschäftigungsanspruchs sind zum Schutz der Persönlichkeit des Arbeitnehmers neben den Wertungen des Art. 12 I GG zusätzlich diejenigen des Art. 2 I, 1 I GG heranzuziehen.[517]

## V. Schutzpflicht des Staates

Der Beschäftigungsanspruch des Arbeitnehmers lässt sich also mit den grundrechtlichen Wertungen der Art. 12 I GG und Art. 2 I, 1 I GG untermauern, welche nebeneinander im Wege der „mittelbaren Drittwirkung“ über die Einbruchstelle des § 242 BGB in das Arbeitsverhältnis einstrahlen.

---

516 Diese Möglichkeit erwähnend *Jarass*/Pieroth, Art. 2 GG Rn. 38.

517 In diese Richtung auch ErfK/*Schmidt*, Art. 12 GG Rn. 15; *Krause*, Arbeitsrecht, § 12 Rn. 4.

Wie bereits angedeutet, hat sich auf Grundlage der Lehre von der „mittelbaren Drittwirkung“ inzwischen die Auffassung etabliert, dass Grundrechte auch eine Schutzgebotsfunktion einnehmen können.[518] Insofern hält das BVerfG zwar grundsätzlich an der Auffassung fest, dass die Grundrechte mittelbar über die zivilrechtlichen Generalklauseln in Privatrechtverhältnisse einwirken. Gleichzeitig wird allerdings die Befugnis bzw. die Verpflichtung des Staates, die Grundrechte im Zivilrecht zur Geltung zu bringen, mit einem Schutzauftrag der Verfassung begründet.[519]

Wie sich dieser Schutzauftrag herleitet und ob ein solcher auch im Falle der Nichtbeschäftigung des Arbeitnehmers während eines bestehenden Arbeitsverhältnisses greift, soll nun untersucht werden.

## 1. Schutzgebotsfunktion der Grundrechte

Die grundlegende Erkenntnis, dass die Freiheit des Einzelnen nicht nur durch den Staat, sondern auch von Privatrechtssubjekten bedroht sein kann,[520] ist nicht neu und entwickelte sich nicht erst im Zuge der Schutzgebotsdiskussion. Aus einem anderen Blickwinkel als bisher stellt sich allerdings die Reaktion auf diese Überlegung dar: Wurde ursprünglich, ausgehend von der Aufgabe der Grundrechte in ihrer Abwehrfunktion, über die Frage der unmittelbaren oder mittelbaren Drittwirkung diskutiert, so wird dem Staat nun die Pflicht beigemessen, den Bürger vor Übergriffen Privater zu bewahren und drohende Rechtsgutsverletzungen durch das Ergreifen geeigneter Maßnahmen zu vermeiden. Insofern kehrt die Lehre von der Schutzgebotsfunktion der Grundrechte deren Stoßrichtung gewissermaßen um.[521] Es geht nicht mehr nur um den Schutz vor Risiken, die sich aus staatlichem Handeln ergeben können. Vielmehr kann der Staat bei Gefahren, die im Falle seiner Untätigkeit drohen, zu einem Einschreiten

---

518 Siehe oben Fn. 233 unter E. II.; zum Zusammenhang zwischen der Lehre von der „mittelbaren Drittwirkung“ und der Schutzgebotsfunktion der Grundrechte vgl. auch *Unruh*, Zur Dogmatik der grundrechtlichen Schutzpflichten, S. 71 ff.

519 *Preis/Temming*, Individualarbeitsrecht, Rn. 544 ff.; vgl. auch *Breuer*, der betont, dass die grundrechtlichen Ansätze der mittelbaren Drittwirkung und des Schutzpflichtenkonzepts nicht in einem Gegensatz, sondern in einem Ergänzungsverhältnis zueinander stehen, HStR VIII/*Breuer*, § 170 Rn. 98.

520 HGR II/*Calliess*, § 44 Rn. 4; *Preis/Temming*, Individualarbeitsrecht, Rn. 545 f.; Sachs/*Murswiek/Rixen*, Art. 2 GG Rn. 24.

521 *Dreier*, Vorb. GG Rn. 101; siehe auch *Isensee*, der Abwehrrecht und staatliche Schutzpflicht als „gegenläufige Funktionen des Freiheitsgrundrechts“ bezeichnet, HStR IX/*Isensee*, § 191 Rn. 1.

aufgefordert sein. Demgemäß hat der Staat die Pflicht, die Unversehrtheit der grundrechtlichen Güter zwischen Privaten bestmöglich zu garantieren.[522]

Der Gedanke, dass den Grundrechten eine Schutzgebotsfunktion zukommt, findet seinen Anknüpfungspunkt zunächst ausdrücklich im Grundgesetz selbst. So verpflichtet Art. 1 I 2 GG die staatliche Gewalt, die Würde des Menschen zu achten und zu schützen. Gepaart mit der Überlegung, dass den Grundrechten eine objektive Wertordnung zu entnehmen ist,[523] wird daraus die Verpflichtung des Staates hergeleitet, für die Umsetzung der aus den objektiv-rechtlichen Gehalten der Grundrechte folgenden Wertentscheidungen zu sorgen.[524] Insofern ist mittlerweile in der Rechtsprechung des BVerfG[525] sowie in weiten Teilen der Literatur[526] anerkannt, dass der Staat verpflichtet sein kann, Grundrechtsberechtigte auch vor Übergriffen Dritter in ihre grundrechtlichen Positionen in Schutz zu nehmen.

Entwickelt wurde die Lehre von der Schutzgebotsfunktion der Grundrechte durch das BVerfG zwar anhand der Verpflichtung zum Schutz des ungeborenen Lebens im Rahmen des Art. 2 II 1 GG.[527] Die staatlichen Schutzpflichten stellen allerdings eine allgemeine Grundrechtsfunktion dar, die tendenziell für alle Grundrechte Geltung beansprucht.[528] Darum kommt, wie anschließend

---

522 Vgl. HStR IX/*Isensee*, § 191 Rn. 3: staatliche Schutzpflicht vermittelt einen „status positivus".

523 BVerfG 15.01.1958 - 1 BvR 400/57, BVerfGE 7, 198 = NJW 1958, 257; BVerfG 29.05.1973 - 1 BvR 424/71, 325/72, BVerfGE 35, 79 = NJW 1973, 1176, 1177; HStR IX/*Isensee*, § 191 Rn. 159; auch insofern zeigt sich die von der Lehre der „mittelbaren Drittwirkung" ausgehende Fortentwicklung.

524 HGR II/*Calliess*, § 44 Rn. 5.

525 BVerfG 25.02.1975 - 1 BvF 1 - 6/74, BVerfGE 39, 1 = NJW 1975, 573, 575; BVerfG 16.10.1977 - 1 BvQ 5/77, BVerfGE 46, 160 = NJW 1977, 2255; BVerfG 08.08.1978 - 2 BvL 8/77, BVerfGE 49, 89 = NJW 1979, 359, 363; BVerfG 14.01.1981 - 1 BvR 612/72, BVerfGE 56, 54 = NJW 1981, 1655, 1656; BVerfG 26.07.2016 - 1 BvL 8/15, BVerfGE 142, 313 = NJW 2017, 53, 55.

526 ErfK/*Schmidt*, Einl. GG Rn. 37 ff.; Maunz/Dürig/*Herdegen*, Art. 1 III GG Rn. 20 ff.; HGR II/*Calliess*, § 44 Rn. 1 ff.; *Dreier*, Vorb. GG Rn. 101 ff.; HStR IX/*Isensee*, § 191 Rn. 1 ff.; *Preis/Temming*, Individualarbeitsrecht, Rn. 544 ff.; ausführlich zur Schutzgebotsfunktion der Grundrechte siehe *Dietlein*, Die Lehre von den grundrechtlichen Schutzpflichten; *Unruh*, Zur Dogmatik der grundrechtlichen Schutzpflichten; *Szczekalla*, Die sogenannten grundrechtlichen Schutzpflichten im deutschen und europäischen Recht; *Mayer*, Untermaß, Übermaß und Wesensgehaltgarantie.

527 BVerfG 25.02.1975 - 1 BvF 1 - 6/74, BVerfGE 39, 1 = NJW 1975, 573, 575.

528 *Dreier*, Vorb. GG Rn. 104; *Preis/Temming*, Individualarbeitsrecht, Rn. 545 f.; Sachs/*Murswiek/Rixen*, Art. 2 GG Rn. 25.

beispielhaft aufgezeigt wird, der staatliche Schutzauftrag grundsätzlich auch bei den für die Begründung des Beschäftigungsanspruchs herangezogenen Grundrechten des allgemeinen Persönlichkeitsrechts und der Berufsfreiheit zum Tragen:

### *a) Schutz des allgemeinen Persönlichkeitsrechts*

Bezüglich Art. 2 I, 1 I GG hat das BVerfG anhand unterschiedlicher Konstellationen deutlich gemacht, dass der Staat „grundrechtlich gehalten" sei, „den Einzelnen vor Persönlichkeitsgefährdungen durch Dritte zu schützen".[529] So muss etwa der von einer medialen Darstellung Betroffene vor unzulässigen Einwirkungen auf seine Individualsphäre geschützt werden, indem er die Möglichkeit einer Gegendarstellung bzw. Richtigstellung erhält.[530] Auch kann das allgemeine Persönlichkeitsrecht beispielsweise die Pflicht des Staates begründen, den Einzelnen gegenüber der fälschlichen Zuschreibung einer Mitgliedschaft in einer Sekte zu schützen.[531]

### *b) Schutz der Berufsfreiheit*

Mit Blick auf Art. 12 I GG kann der Staat verpflichtet sein, Vorkehrungen zum Schutz der Berufsfreiheit gegen vertragliche Beschränkungen zu schaffen.[532] Obwohl Verträge regelmäßig privatautonom im Wege der rechtsgeschäftlichen Selbstbindung geschlossen werden, kann ein Vertragsschluss negativ in grundrechtlich gewährleistete Freiheitsbereiche eingreifen.[533] Denn die auf dem Prinzip der Selbstbestimmung beruhende Freiheit setzt voraus, dass diese nicht nur von theoretischer Natur ist. Hat bei der Vertragsgestaltung ein Vertragspartner

---

529 So dem Wortlaut nach BVerfG 10.11.1998 - 1 BvR 1531/96, BVerfGE 99, 185 = NJW 1999, 1322, 1323; zur Schutzpflicht des Staates hinsichtlich des Auskunftsrechts eines nichtehelichen Kindes siehe auch BVerfG 06.05.1997 - 1 BvR 409/90, BVerfGE 96, 56 = NJW 1997, 1769, 1770: „Schutzpflicht der staatlichen Organe, die sich auch auf die Gewährleistung der für die Persönlichkeitsentfaltung konstitutiven Bedingungen bezieht".

530 BVerfG 14.01.1998 - 1 BvR 1861/93 u.a., BVerfGE 97, 125 = NJW 1998, 1381, 1382; bezogen auf die Pflicht des niedersächsischen Gesetzgebers zur Schaffung entsprechender Regelungen BVerfG 04.11.1986 - 1 BvF 1/84, BVerfGE 73, 118 = NJW 1987, 239, 250.

531 BVerfG 10.11.1998 - 1 BvR 1531/96, BVerfGE 99, 185 = NJW 1999, 1322, 1323 f.

532 BVerfG 07.02.1990 - 1 BvR 26/84, BVerfGE 81, 242 = NZA 1990, 389, 390.

533 *Mayer*, Untermaß, Übermaß und Wesensgehaltgarantie, S. 28 f.

eine so starke Position inne, dass er faktisch den Vertragsinhalt einseitig festlegen kann, bedeutet dies für den formal gleichgestellten (aber tatsächlich schwächeren) Vertragspartner Fremdbestimmung.[534] Diesem Kräfteungleichgewicht muss der Gesetzgeber oder der Richter im Rahmen seiner Schutzpflicht versuchen entgegenzuwirken.[535]

Auch hinsichtlich des Bestands des Arbeitsverhältnisses verpflichtet Art. 12 I GG den Staat zum Schutz vor drohenden Beeinträchtigungen. Zwar verleiht das Grundrecht keinen unmittelbaren Schutz gegen den Verlust des Arbeitsplatzes aufgrund privater Disposition und gewährt damit keine Bestandsgarantie für die einmal gewählte Beschäftigung.[536] Nichtsdestotrotz muss der Arbeitnehmer durch den Staat im Sinne eines „Mindestschutzes" vor unabsehbarem und willkürlichem Verlust des Arbeitsplatzes geschützt werden, was durch die geltenden Kündigungsvorschriften jedenfalls im Grundsatz gewährleistet wird.[537]

## 2. Schutz der Beschäftigung des Arbeitnehmers

Dies vorausgesetzt soll nun untersucht werden, ob aus der Schutzgebotsfunktion der im Rahmen des Beschäftigungsanspruchs heranzuziehenden Grundrechte, neben den hier exemplarisch aufgezeigten Konstellationen, auch die Pflicht zur Beschäftigung des Arbeitnehmers abgeleitet werden kann. Denn wie gezeigt gebieten es die grundrechtlichen Wertungen der Berufsfreiheit und des allgemeinen Persönlichkeitsrechts, den Arbeitnehmer im bestehenden Arbeitsverhältnis tatsächlich zu beschäftigen. Insofern lässt sich der Beschäftigungsanspruch des

---

534 BeckOK GG/*Ruffert*, Art. 12 GG Rn. 19; *Preis/Temming*, Individualarbeitsrecht, Rn. 548; *Mayer*, Untermaß, Übermaß und Wesensgehaltgarantie, S. 28 f.

535 Zum entschädigungslosen Wettbewerbsverbot für Handelsvertreter BVerfG 07.02.1990 - 1 BvR 26/84, BVerfGE 81, 242 = NZA 1990, 389, 390; zur grundlegenden Rechtsprechung des BVerfG in Bezug auf die durch Art. 2 I GG gewährleistete Privatautonomie vgl. auch BVerfG 19.10.1993 - 1 BvR 567/89 u. a., BVerfGE 89, 214 = NJW 1994, 36, 38; BVerfG 05.08.1994 - 1 BvR 1402/89, NJW 1994, 2749, 2750; BVerfG 02.05.1996 - 1 BvR 696/96, NJW 1996, 2021.

536 BVerfG 24.04.1991 - 1 BvR 1341/90, BVerfGE 84, 133 = NJW 1991, 1667; BVerfG 21.02.1995 - 1 BvR 1397/93, BVerfGE 92, 140 = NZA 1995, 619; BVerfG 27.01.1998 - 1 BvL 15/87, BVerfGE 97, 169; NZA 1998, 470, 471.

537 BVerfG 24.04.1991 - 1 BvR 1341/90, BVerfGE 84, 133 = NJW 1991, 1667; siehe zum Schutz der Berufsfreiheit durch Kündigungsvorschriften auch *Szczekalla*, Die sogenannten grundrechtlichen Schutzpflichten im deutschen und europäischen Recht, S. 117 f.

Arbeitnehmers auf grundrechtliche Wertungen stützen, die sich aus der objektivrechtlichen Dimension von Art. 12 I GG und Art. 2 I, 1 I GG ergeben. Fraglich ist allerdings, ob sich diese Wertungen zu einer staatlichen Pflicht verdichten, die Beschäftigung des Arbeitnehmers zu schützen.

Eine solche Pflicht besteht dann, wenn dem Grundrechtsberechtigten ohne den Rückhalt des Staates der Verlust seines grundrechtlichen Schutzes drohen würde. Voraussetzung ist also nicht nur, dass im Falle der Nichtbeschäftigung die Grundrechte des Arbeitnehmers aus Art. 12 I GG und Art. 2 I, 1 I GG beeinträchtigt werden. Der Betroffene müsste zudem zur Wahrung seiner Rechte auf staatliche Hilfe angewiesen sein.[538]

Wie eingangs bereits dargestellt, ist das Arbeitsverhältnis generell durch ein „Machtgefälle" zwischen den Arbeitsvertragsparteien gekennzeichnet.[539] Diese Ungleichgewichtslage spiegelt sich auch in Zusammenhang mit der Beschäftigung des Arbeitnehmers wieder und zeigt sich hier sowohl bei der Vertragsdurchführung als auch mit Blick auf die Vertragsabschlusssituation:

Ohne die Verpflichtung zur Beschäftigung des Arbeitnehmers könnte der Arbeitgeber die Abwicklung des Arbeitsverhältnisses nach Belieben diktieren. Dies hätte zur Folge, dass besonders bei entsprechend großen und wirtschaftlich starken Unternehmen, bei denen der Ertragsausfall der einzelnen Arbeitskraft vom Kollektiv kompensiert werden kann, der arbeitsvertraglichen Abrede keine ganzheitliche Entscheidung dergestalt mehr vorausgehen müsste, ob neben dem Vorhandensein des notwendigen Personaletats auch eine geeignete und vor allem kontinuierliche Einsatzmöglichkeit die Anstellung des infrage kommenden Mitarbeiters zulässt. Eine Situation, in welcher der wirtschaftlich potente Arbeitgeber seine Mitarbeiter vertraglich binden kann, ohne sie dauerhaft auf angemessene Art und Weise einsetzen zu müssen, kann nicht toleriert werden.

Daneben wäre dem Arbeitgeber durch die Hintertür der Nichtbeschäftigung die Möglichkeit eröffnet, den unliebsam gewordenen Mitarbeiter „auf Eis zu legen" oder gar dessen Ausscheiden herauszufordern. Denn zumindest im Falle der wiederholten oder dauerhaften Nichtbeschäftigung dürfte die Unzufriedenheit des Arbeitnehmers wachsen, sodass der Arbeitgeber eine berufliche Veränderung seiner Mitarbeiter provozieren könnte.[540] Hierdurch könnte sich der

---

538 Siehe zur Frage, wann die eine staatliche Handlungspflicht auslösende Gefahrenschwelle überschritten ist *Unruh*, Zur Dogmatik der grundrechtlichen Schutzpflichten, S. 76 ff.

539 Siehe oben unter E. I. 2.

540 Ähnlich *Immenkötter*, Das allgemeine Recht auf Beschäftigung, S. 45 f.; *Hessel*, BlStSAR 1951, S. 27.

Arbeitgeber nicht nur kaum kündbarer Arbeitnehmer entledigen, sondern auch kostspielige Abfindungsvereinbarungen vermeiden.

Auch mit Blick auf ein absehbares altersbedingtes Ausscheiden zeigen sich die ohne eine Beschäftigungspflicht drohenden Schutzlücken. Der wenige Jahre vor dem Ruhestand befindliche, freigestellte Arbeitnehmer, dessen Arbeitsplatz durch einen Nachfolger besetzt werden soll, könnte aufgrund seines Alters oder auch aus persönlichen Gründen nicht mehr in der Lage oder gewillt sein, sich noch einmal beruflich umzuorientieren. Ohne einen Anspruch auf angemessene tatsächliche Beschäftigung könnte dem Arbeitnehmer der Übergang in den Ruhestand faktisch frühzeitig abgenommen werden.

Nicht zuletzt würde durch die dauerhafte Nichtbeschäftigung des Arbeitnehmers ein Unterlaufen des bestehenden Kündigungsschutzes drohen. Insbesondere in Berufen, die ständige Ausführung, Übung, Fort- und Weiterbildung voraussetzen, könnte durch gezielte Freistellungen der Versuch unternommen werden, die Voraussetzungen einer personenbedingten Kündigung zu schaffen und damit den Bestandsschutz auszuhöhlen.[541] Dementsprechend wäre der Arbeitnehmer ohne einen Anspruch auf Beschäftigung nicht in der Lage, seine Grundrechte gegenüber dem Arbeitgeber angemessen durchzusetzen.

Zwar ließe sich unter Verweis auf die Privatautonomie unterstellen,[542] dass der Arbeitnehmer im Rahmen der Vertragsverhandlungen mit dem Arbeitgeber bei einem entsprechenden Interesse in der Lage sei, eine Beschäftigungspflicht individualvertraglich zu vereinbaren. Tatsächlich kann diese Überlegung aber schon deshalb nicht überzeugen, weil der Arbeitnehmer im Zuge eines neuen Vertragsabschlusses wohl kaum die Möglichkeit zukünftiger Störungen im Arbeitsverhältnis vor Augen haben dürfte. Zudem hat er keinerlei Einsichtsmöglichkeiten in den Betriebsablauf und so keinerlei Anhaltspunkte, drohende Gefahrenquellen zu erkennen, die eine Nichtbeschäftigung nach sich ziehen könnten. Davon abgesehen wird sich der Arbeitnehmer in einem Großteil der Fälle in der Vertragsabschlusssituation nicht auf Augenhöhe mit dem Arbeitgeber befinden,[543]

---

541 So auch *Pallasch*, der den Beschäftigungsanspruchs nicht grundrechtlich herleitet, sondern seine materielle Legitimation im Kündigungsschutzrecht sieht, *Pallasch*, Der Beschäftigungsanspruch des Arbeitnehmers, S. 76 f.

542 Zur Privatautonomie im Arbeitsvertragsrecht ausführlich *Zöllner*, AcP 176 (1976), 221 ff.; *Boemke*, NZA 1993, 532 ff.

543 *Gamillscheg*, in: Im Dienst an Recht und Staat: Festschrift für Werner Weber zum 70. Geburtstag (1974), S. 793, 796 f.; *Thees*, Das Arbeitnehmer-Persönlichkeitsrecht als Leitidee des Arbeitsrechts, S. 62 ff.; differenzierend *Zöllner*, AcP 176 (1976), 221, 229 ff.

weshalb auch aus diesem Gesichtspunkt die einzelvertragliche Vereinbarung einer Beschäftigungspflicht ausscheiden dürfte.

Dies zeigt, dass der Arbeitnehmer ohne staatlichen Rückhalt schutzlos gestellt wäre. Die Grundrechte der Art. 12 I GG und Art. 2 I, 1 I GG strahlen daher nicht „nur" im Wege der mittelbaren Drittwirkung über die Einbruchstelle des § 242 BGB in das Arbeitsverhältnis ein, sondern erlegen dem Staat zudem positiv die Pflicht auf, die Beschäftigung des Arbeitnehmers im unstreitig bestehenden Arbeitsverhältnis durch Anerkennung des Beschäftigungsanspruchs zu gewährleisten. Dementsprechend erwächst der Beschäftigungsanspruch des Arbeitnehmers auch aus einer Schutzpflicht des Staates.

### 3. Umsetzung der staatlichen Schutzpflicht

Obwohl sich der Beschäftigungsanspruch des Arbeitnehmers im unstreitig bestehenden Arbeitsverhältnis mittlerweile durch langjährige obergerichtliche Rechtsprechung etablieren konnte,[544] ist eine gesetzliche Normierung bis heute ausgeblieben. Fraglich ist daher, ob der richterrechtlich entwickelte Beschäftigungsanspruch der staatlichen Pflicht zum Schutz des Arbeitnehmers genügt oder eine gesetzliche Normierung des Rechtsinstituts erforderlich wäre.

#### *a) Sicherung des erforderlichen Schutzniveaus (auch) durch die Judikative*

Prinzipiell sind Adressaten der Schutzpflicht in Übereinstimmung mit Art. 1 III GG alle drei Gewalten. Neben der Legislative sind also grundsätzlich auch Exekutive und Judikative dem grundrechtlichen Schutzauftrag verpflichtet.[545] Vorrangig ist allerdings der Gesetzgeber aufgefordert, durch die Ausgestaltung des einfachen Rechts dafür Sorge zu tragen, dass die Grundrechte auch im Verhältnis zwischen Privaten möglichst umfassend und ausgeglichen Anwendung finden.[546] Dementsprechend kann aus einer Schutzpflicht der

544 BAG 10.11.1955 - 2 AZR 591/54, AP Nr. 2 zu § 611 BGB Beschäftigungspflicht, Gründe II; BAG 27.02.1985 - GS 1/84, AP Nr. 14 zu § 611 BGB Beschäftigungspflicht, Gründe I; BAG 09.04.2014 - 10 AZR 637/13, NZA 2014, 719, 720; BAG 24.06.2015 - 5 AZR 462/14, NZA 2016, 108, 110.

545 Dreier/*Wieland*, Art. 12 GG Rn. 148.

546 *Dreier*, Vorb. GG Rn. 102; zur „Primär-Verantwortung" des Gesetzgebers siehe auch *Mayer*, Untermaß, Übermaß und Wesensgehaltgarantie, S. 32 f.

gesetzgeberische Auftrag abgeleitet werden, solche Normen bereitzustellen, die zur Sicherung der Grundrechte gegen private Übergriffe geeignet sind.[547]

Der primäre Handlungsauftrag des Gesetzgebers begründet sich vor allem damit, dass die oft erforderliche Abwägung, wie der Staat seine ihm aufgegebene Schutzverpflichtung effektiv umzusetzen hat, vom Parlament vorgenommen werden soll.[548] Denn bei der Frage, durch welche Maßnahmen die staatliche Handlungspflicht konkret zu verwirklichen ist, sind „je nach Beurteilung der tatsächlichen Verhältnisse, der konkreten Zielsetzungen und ihrer Priorität sowie der Eignung der denkbaren Mittel und Wege" oft verschiedene Lösungen möglich.[549] Eine solche Entscheidung, die „häufig Kompromisse voraussetzt", soll daher in die Verantwortung des demokratisch unmittelbar legitimierten Gesetzgebers fallen.[550]

Da aber im Rahmen der hier in Rede stehenden Beschäftigung des Arbeitnehmers der Schutzauftrag des Staates nur durch die Zuerkennung eines entsprechenden Anspruchs realisiert werden kann, wiegt aus schutzrechtlicher Perspektive der Handlungsvorrang des Gesetzgebers nicht ganz so stark wie in Fällen, in denen eine Reihe unterschiedlicher Maßnahmen zur Umsetzung der Schutzpflicht in Betracht kommen. Sieht man von einzelnen Ausgestaltungsvarianten ab, die eine gesetzliche Regelung ermöglichen würde, tritt im Falle des Beschäftigungsanspruchs die Abwägung unterschiedlicher Handlungsoptionen mangels realistischer Alternativen in den Hintergrund.

Daneben genießt der Gesetzgeber bei der Frage, ob und gegebenenfalls wie er seiner aus den Grundrechten fließenden Schutzpflicht nachkommen möchte, in aller Regel einen weiten rechtspolitischen und prognostischen Gestaltungsspielraum.[551] Unter der Prämisse, dass ein erforderliches Mindestmaß an Schutz

547 HStR IX/*Isensee*, § 191 Rn. 285.

548 *Mayer*, Untermaß, Übermaß und Wesensgehaltgarantie, S. 32.

549 BVerfG 25.02.1975 - 1 BvF 1 - 6/74, BVerfGE 39, 1 = NJW 1975, 573, 583; BVerfG 14.01.1981 - 1 BvR 612/72, BVerfGE 56, 54 = NJW 1981, 1655, 1658; BVerfG 28.07.1987 - 1 BvR 842/87, NJW 1987, 2287; BVerfG 29.11.1995 - 1 BvR 2203/95, NJW 1996, 651.

550 BVerfG 25.02.1975 - 1 BvF 1 - 6/74, BVerfGE 39, 1 = NJW 1975, 573, 583; BVerfG 14.01.1981 - 1 BvR 612/72, BVerfGE 56, 54 = NJW 1981, 1655, 1658; BVerfG 28.07.1987 - 1 BvR 842/87, NJW 1987, 2287; BVerfG 29.11.1995 - 1 BvR 2203/95, NJW 1996, 651; BVerfG 26.10.1995 - 1 BvR 1348/95, NJW 1996, 651, 652.

551 BVerfG 14.01.1981 - 1 BvR 612/72, BVerfGE 56, 54 = NJW 1981, 1655, 1658; BVerfG 29.10.1987 - 2 BvR 624/83 u. a., BVerfGE 77, 170 = NJW 1988, 1651, 1657; *Dreier*, Vorb. GG Rn. 103; HGR II/*Calliess*, § 44 Rn. 6; HStR IX/*Isensee*, § 191 Rn. 293. Die Gestaltungsfreiheit des Gesetzgebers verengt sich nur unter ganz bestimmten Umständen in der Weise, dass der Schutzpflicht allein durch eine bestimmte Maßnahme

gewährleistet werden kann, bleibt die konkrete Umsetzung einer Schutzpflicht daher Teil der staatlichen Selbstbestimmung.

Zwar hat bislang der Gesetzgeber als primärer Adressat des grundrechtlichen Schutzauftrags nicht für den Rechtsgüterschutz des Arbeitnehmers gesorgt. Da sich der Beschäftigungsanspruch aber durch die Judikative etabliert hat, kann das erforderliche Mindestmaß an Grundrechtsschutz als erfüllt angesehen werden.[552] Zieht man ergänzend den Umstand hinzu, dass es aus materiell-rechtlichen Gesichtspunkten für den Arbeitnehmer im Ergebnis keinen Unterschied macht, ob ihm der Beschäftigungsanspruch aufgrund richterlicher Rechtsfortbildung oder einer gesetzlichen Normierung zukommt, muss man aus schutzpflichtenrechtlicher Perspektive wohl anerkennen, dass das erforderliche Schutzniveau durch die gerichtlich gefestigte Rechtsprechung gewahrt wird. Eine konkrete Handlungspflicht des Gesetzgebers kann daher nicht begründet werden.

### *b) Normative Festigung des Beschäftigungsanspruchs*

Gleichwohl muss die Frage erlaubt sein, ob die Etablierung des Beschäftigungsanspruchs im Wege richterlicher Rechtsfortbildung dessen grundlegender Bedeutung gerecht wird, oder eine Kodifizierung des Rechtsinstituts angemessen und erstrebenswert wäre.

#### *aa) Rechtsfortbildung als Aufgabe der Judikative*

Nicht bestritten werden soll, dass den Bundesgerichten und damit auch dem BAG neben der Gewährung von Individualrechtsschutz die Aufgabe der Fortentwicklung des Rechts zukommt.[553] Der Richter ist nicht darauf verwiesen,

---

genügt werden kann, vgl. BVerfG 29.10.1987 - 2 BvR 624/83 u. a., BVerfGE 77, 170 = NJW 1988, 1651, 1653. Ausführlich zum Beurteilungs-, Wertungs- und Prognosespielraum des Gesetzgebers *Mayer*, Untermaß, Übermaß und Wesensgehaltgarantie, S. 35 ff.

552 Siehe auch *Preis*, der konstatiert, dass die Judikative für den Schutz vor Übergriffen Dritter sorgen muss, soweit der Gesetzgeber diese Schutzpflicht nicht wahrnimmt, *Preis/Temming*, Individualarbeitsrecht, Rn. 550.

553 BVerfG 14.02.1973 - 1 BvR 112/65, BVerfGE 34, 269 = NJW 1973, 1221, 1225; BVerfG 12.03.1985 - 1 BvR 571/81 u. a., BVerfGE 69, 188 = NJW 1985, 2939; BAG 24.11.1987 - 8 AZR 524/82, NJW 1988, 2816, 2818; HStR IV/*Isensee*, § 71 Rn. 147; Maunz/Dürig/*Jachmann-Michel*, Art. 95 GG Rn. 13; Dreier/*Schulze-Fielitz*, Art. 95 GG Rn. 18; *Zippelius*, Juristische Methodenlehre, S. 64. Auch nach der gesetzlichen Aufgabenverteilung, die den Großen Senaten die Beantwortung von Fragestellungen mit grundsätzlicher Bedeutung im Sinne der Fortbildung des Rechts zuweist, wird

gesetzgeberische Weisungen lediglich auf den Einzelfall anzuwenden.[554] Vielmehr kann es auch Aufgabe der Rechtsprechung sein, Wertvorstellungen, die der verfassungsmäßigen Rechtsordnung immanent, aber im Gesetzestext nicht oder nur unvollkommen zum Ausdruck gekommen sind, in „einem Akt des bewertenden Erkennens“ ans Licht zu bringen.[555] Denn Rechtsfortbildung dient einerseits der Korrektur legislativer „Fehler“ sowie andererseits der Anpassung der Gesetze an gesellschaftliche Entwicklungen.[556] Insofern kann der Richter dort, wo es an eindeutigen normativen Vorgaben fehlt, zur Rechtsschutzgewährung durch Rechtsprechung befugt beziehungsweise sogar aufgefordert sein.[557] Er hat je nach Inhalt und Art der gesetzlichen Vorgaben eigene Wertentscheidungen an denjenigen Stellen zu treffen, an denen die Rechtsanwendung eine Wertung erfordert.[558] Damit befindet sich der Richter nicht selten im Spannungsfeld von Fremdbindung und eigenverantwortlicher Entscheidung, von Gesetzesanwendung und schöpferischer Rechtsfindung.[559]

### *bb) Beschäftigungsanspruch des Arbeitnehmers als gesetzliche Regelungslücke*

Allerdings ist eine richterliche Rechtsfortbildung zunächst an die Voraussetzung des Vorliegens einer Regelungslücke geknüpft.[560] Eine normative Lücke ist

---

die Befugnis des Richters zur eigenständigen Rechtsgestaltung vorausgesetzt; siehe für die Arbeitsgerichtsbarkeit § 45 IV ArbGG, für die ordentliche Gerichtsbarkeit § 132 IV GVG, für die Sozialgerichtsbarkeit § 41 IV SGG, für die Verwaltungsgerichtsbarkeit § 11 IV VwGO.

554 BVerfG 14.02.1973 - 1 BvR 112/65, BVerfGE 34, 269 = NJW 1973, 1221, 1225; *Kirchhof*, NJW 1986, 2275; *Geserich*, DStR-Beihefter 2011, 59.

555 BVerfG 14.02.1973 - 1 BvR 112/65, BVerfGE 34, 269 = NJW 1973, 1221, 1225; BAG 24.11.1987 - 8 AZR 524/82, NJW 1988, 2816, 2818.

556 *Engisch*, Einführung in das juristische Denken, S. 235; *Meier/Jocham*, JuS 2016, 392, 393; *Geserich*, DStR-Beihefter 2011, 59, 60.

557 Maunz/Dürig/*Jachmann-Michel*, Art. 95 GG Rn. 13; siehe zum Verbot der Rechtsschutzverweigerung *Looschelders/Roth*, Juristische Methodik im Prozeß der Rechtsanwendung, S. 287; BVerfG 10.07.1990 - 1 BvR 984/87, 1 BvR 985/87, BVerfGE 82, 286 = NJW 1991, 217, 220.

558 Maunz/Dürig/*Jachmann-Michel*, Art. 95 GG Rn. 14; *Jachmann*, in: Steuerrecht im Rechtsstaat: Festschrift für Wolfgang Spindler zum 65. Geburtstag (2011), S. 115, 117 f.

559 *Geserich*, DStR-Beihefter 2011, 59.

560 *Larenz*, Methodenlehre der Rechtswissenschaft, S. 370 ff.; *Wank*, Auslegung und Rechtsfortbildung im Arbeitsrecht, S. 133 f.; zu den einzelnen Lückenarten siehe *Kramer*, Juristische Methodenlehre, S. 201 ff. Den weiteren Ausführungen zur

gegeben, wenn das Gesetz – ausgelegt innerhalb der Grenzen seines möglichen Wortsinns – planwidrig eine Regelung vermissen lässt, „obwohl die Rechtsordnung in ihrer Gesamtheit eine solche fordert".[561]

Solche Lücken können bereits seit Inkrafttreten einer Regelung oder eines Regelungskomplexes bestehen, etwa wenn bei der Normsetzung Folgen falsch eingeschätzt oder Fälle übersehen wurden. Oder sie entstehen nachträglich, insbesondere wenn bestehende Gesetze von tatsächlichen Veränderungen überholt wurden und dadurch eine angemessene Problemlösung nicht mehr gewährleistet werden kann.[562] In diesem Sinne hat bereits der der Große Senat ausgeführt, dass Gesetzesnormen im „Kontext der sozialen Verhältnisse" stünden und sich dementsprechend auch ihr Inhalt mit selbigen wandeln müsste.[563] Dies gelte in besonderem Maße, „wenn sich zwischen Entstehung und Anwendung eines Gesetzes die Lebensverhältnisse und Rechtsanschauungen so tiefgreifend geändert haben wie in diesem [letzten] Jahrhundert".[564] So gebiete die besondere Interessenlage im Arbeitsverhältnis, dass „die Arbeitsleistung nicht nur als ein Wirtschaftsgut, sondern auch als Ausdruck der Persönlichkeit des Arbeitnehmers" zu verstehen sei.[565] Die gesetzliche Nichtberücksichtigung dieser Arbeitnehmerinteressen stelle sich mittlerweile als eine Regelungslücke dar, welche durch den Beschäftigungsanspruch zu schließen sei.[566]

Wie dargelegt werden konnte, vernachlässigen die bestehenden Regelungen des BGB nicht nur die grundrechtlich geschützten Interessen des Arbeitnehmers

---

Rechtsfortbildung wird eine Kombination aus hermeneutischer und verfassungsrechtlicher Theorie zugrunde gelegt. Zu den einzelnen Theorien und ihrer kombinierten Anwendung vgl. *Wank*, Auslegung und Rechtsfortbildung im Arbeitsrecht, S. 133 ff.

561 *Canaris*, Die Feststellung von Lücken im Gesetz, S. 39; *Kramer*, Juristische Methodenlehre, S. 199.

562 *Meier/Jocham*, JuS 2016, 392, 393.

563 BAG 27.02.1985 - GS 1/84, AP Nr. 14 zu § 611 BGB Beschäftigungspflicht, Gründe C I 2 b); siehe auch schon BVerfG 14.02.1973 - 1 BvR 112/65, BVerfGE 34, 269 = NJW 1973, 1221, 1225.

564 BAG 27.02.1985 - GS 1/84, AP Nr. 14 zu § 611 BGB Beschäftigungspflicht, Gründe C I 2 b); siehe auch schon BVerfG 14.02.1973 - 1 BvR 112/65, BVerfGE 34, 269 = NJW 1973, 1221, 1225.

565 BAG 27.02.1985 - GS 1/84, AP Nr. 14 zu § 611 BGB Beschäftigungspflicht, Gründe C I 2 b).

566 BAG 27.02.1985 - GS 1/84, AP Nr. 14 zu § 611 BGB Beschäftigungspflicht, Gründe C I 2 b).

aus Art. 2 I, 1 I GG, sondern darüber hinaus auch diejenigen aus Art. 12 I GG.[567] Insofern kann das Bestehen einer Regelungslücke vorbehaltlos festgestellt werden.

### *cc) Lückenschließung durch die Legislative*

Dennoch kann von der Anerkennung einer prinzipiellen richterlichen Rechtsfortbildungsbefugnis und dem Vorliegen einer normativen Regelungslücke nicht automatisch auf die Zulässigkeit der konkreten Lückenfüllung im Wege der Rechtsfortbildung geschlossen werden. Insofern stellt sich vor dem Hintergrund, dass der schöpferischen Rechtsfindung der Judikative mit Rücksicht auf das Gewaltenteilungsprinzip Grenzen gesetzt sind,[568] die Frage, ob das BAG zur Lückenschließung funktionell (am besten) geeignet ist.

Nach der grundgesetzlichen Gewaltentscheidung fällt die Aufgabe der Bildung abstrakt-genereller Regelungen mit allgemeinem Geltungsanspruch dem parlamentarischen Gesetzgeber und nicht dem Richter zu.[569] Gesetzgebung und Rechtsprechung verhalten sich insofern zwar (wie dargelegt) nicht wie Befehl und Ausführung, wohl aber – zumindest ihrem Grundgedanken nach – wie Grundsatz und Konkretisierung.[570]

Wenngleich die Übergänge fließend sind, so handelt es sich bei der Zuerkennung des Beschäftigungsanspruchs im Rahmen der staatlichen Schutzpflicht weniger um die (konkretisierende) Beantwortung einer Rechtsfrage, als mehr um die Statuierung einer abstrakt-generellen Regel. Denn der Beschäftigungsanspruch kommt im Rahmen eines unstreitigen Arbeitsverhältnisses prinzipiell jedem Arbeitnehmer zu. Er ist nicht etwa auf bestimmte Wirkbereiche oder Ausnahmesituationen beschränkt, sondern erhebt im bestehenden Arbeitsverhältnis einen allgemeinen Geltungsanspruch. Ebenso weist die spiegelbildliche Verpflichtung zur tatsächlichen Beschäftigung eine grundsätzliche Verbindlichkeit für alle Arbeitgeber auf und geht damit über die (konkretisierende) Beantwortung einer Rechtsfrage weit hinaus. Mithin wirkt die Beschäftigungspflicht

---

567 Freilich können auch höherrangige, insbesondere verfassungsrechtliche Wertungen Lücken im einfachen Recht begründen, vgl. *Meier/Jocham*, JuS 2016, 392, 393; insbesondere für den Fall der abändernden Rechtsfortbildung siehe *Looschelders/Roth*, Juristische Methodik im Prozeß der Rechtsanwendung, S. 242 f.

568 *Wank*, Grenzen richterlicher Rechtsfortbildung, S. 113 ff.; *Ipsen*, Richterrecht und Verfassung, S. 128 ff.; *Wank*, Auslegung und Rechtsfortbildung im Arbeitsrecht, S. 134 f.

569 Maunz/Dürig/*Jachmann-Michel*, Art. 95 GG Rn. 15.

570 *Geserich*, DStR-Beihefter 2011, 59.

für eine nicht absehbare Vielzahl von Sachverhalten und Personen, was den abstrakt-generellen Charakter des Rechtsinstituts unterstreicht.

Zwar wird ein Ausufern der praktischen Anwendungsfälle, in denen der Beschäftigungsanspruch vom Arbeitnehmer im unstreitigen Arbeitsverhältnis geltend gemacht werden muss, bereits aufgrund des Umstands verhindert, dass der Arbeitgeber im Normalfall ein natürliches Interesse an der Beschäftigung seiner Arbeitnehmer hat. Nichtsdestotrotz ist das Problem drohender Nichtbeschäftigung zumindest in jedem Arbeitsverhältnis angelegt und kann immer virulent werden, weshalb dem Beschäftigungsanspruch eine außerordentlich weitreichende Bedeutung zukommt.

Auch wenn man die richterrechtliche Anerkennung des Beschäftigungsanspruchs mit anderen ausgewählten Konstellationen vergleicht, in denen das BAG rechtsfortbildend tätig wurde, zeichnet sich ein qualitativer Unterschied ab:

So entschied der Große Senat etwa im Jahr 1978 über die konkursrechtliche Einordnung von Abfindungsansprüchen aus einem Sozialplan für den Verlust des Arbeitsplatzes.[571] Diese wurden als bevorrechtigte Konkursforderungen im Rang vor § 61 I Nr. 1 KO eingestuft.[572] Mit Einfügung der neuen Rangstelle für Ansprüche aus einem Sozialplan, die verbreitet als „§ 61 I Nr. 0 KO" bezeichnet wurde,[573] hat das BAG im Wege der Rechtsfortbildung die Rangordnung der arbeitnehmerseitigen Ansprüche im Konkurs ihres Arbeitgebers weiterentwickelt.

In einer Entscheidung zum Themenkomplex der Arbeitnehmerhaftung erkannte der Große Senat im Jahr 1994, dass die Grundsätze über die Beschränkung der Arbeitnehmerhaftung für alle Arbeiten gelten, die „durch den Betrieb veranlasst sind und aufgrund eines Arbeitsverhältnisses geleistet werden".[574] Damit verzichtete das BAG im Wege der Rechtsfortbildung zugunsten der „betrieblich veranlassten Tätigkeit" auf das Kriterium der „Gefahrneigung".

Betrachtet man die Qualität der Rechtsfortbildung unter dem Gesichtspunkt der Gewaltenteilung, so lässt sich feststellen, dass das Richterrecht des Großen Senats in den hier angerissenen Fällen „nur" die konkursrechtliche Einordnung von Abfindungsansprüchen bzw. „nur" die Aufgabe der Beschränkung einer Haftungserleichterung zum Gegenstand hatte. Auch wenn die praktischen Auswirkungen dieser Entscheidungen zweifellos von enormer Relevanz waren, so haben

---

571 BAG 13.12.1978 - GS 1/77, NJW 1979, 774.

572 BAG 13.12.1978 - GS 1/77, NJW 1979, 774, 777 ff.

573 Siehe etwa *Sieg*, SAE 1979, 118, 119 f.; *Lux*, BB 1979, 282, 285.

574 BAG 27.09.1994 - GS 1/89 (A), NZA 1994, 1083, 1084 ff.

sie doch einen stärker konkretisierenden Charakter, als dies bei der Anerkennung des Beschäftigungsanspruchs der Fall ist. Die Anerkennung des Beschäftigungsanspruchs betrifft nicht lediglich die Einordnung eines Anspruchs in ein bestehendes Regelungsgefüge oder Ausgestaltungsfragen bezüglich in Betracht kommender Haftungserleichterungen. Es handelt sich nicht etwa nur um die Ausdehnung oder Einschränkung des tatbestandlichen Anwendungsbereichs einer Norm. Vielmehr geht es um die konstitutive Feststellung eines Anspruchs und damit um die Etablierung eines eigenständigen Rechtsinstituts. Da hinsichtlich solch wesentlicher Fragen den Gerichten im Unterschied zum Gesetzgeber die unmittelbare demokratische Legitimation fehlt,[575] wäre eine Anerkennung des Beschäftigungsanspruchs im Rahmen der parlamentarischen Rückbindung zu begrüßen.

All dies spricht dafür, den Beschäftigungsanspruch mithilfe einer gesetzlichen Normierung auf vorher nicht definierte Einzelfälle umzusetzen. Hierdurch könnte zukünftig eine feste und abschätzbare Verbindlichkeit für kommende Normadressaten sichergestellt und dem Beschäftigungsanspruch die ihm gebührende Außenwirkung zuerkannt werden.

Die legislativ vorzugebenden Leitplanken könnten dann von der Rechtsprechung einzelfallgerecht ausgefüllt werden. Insoweit käme dem Richter nach wie vor der Auftrag zu, die Grundrechte im Rahmen des einfachen Rechts zur Geltung zu bringen, um im konkreten Fall einen interessengerechten Ausgleich herbeizuführen.[576] Gleichwohl wäre es die Aufgabe des Gesetzgebers, einen solchen, von der Rechtsprechung auszugestaltenden Rahmen durch die grundlegende Normierung einer Beschäftigungspflicht des Arbeitgebers zu schaffen.

## 4. Ergebnis

Mit dem Arbeitsvertragsschluss haben Arbeitgeber und Arbeitnehmer einen der Berufsfreiheit und dem Allgemeinen Persönlichkeitsrecht unterfallenden Zustand geschaffen, der es im Grundsatz verdient allseitig und damit auch gegen eine Torpedierung im Sinne einer Nichtdurchführung geschützt zu werden.[577] Dieser Schutz muss von staatlicher Seite durch Anerkennung des Beschäftigungsanspruchs sichergestellt werden. Zwar ist nicht von der Hand zu weisen,

575 *Wank*, Grenzen richterlicher Rechtsfortbildung, S. 207 ff.; *Wank*, Auslegung und Rechtsfortbildung im Arbeitsrecht, S. 135.

576 *Preis/Temming*, Individualarbeitsrecht, Rn. 552.

577 Vgl. *Krause*, in: Wendepunkte der Rechtswissenschaft: Aspekte des Rechts in der Moderne (2014), S. 175, 204: Arbeitsverhältnis als „soziales Faktum“.

dass der in richterlicher Rechtsfortbildung entwickelte Beschäftigungsanspruch auch in seiner derzeitigen Form den Rechtsgüterschutz des Arbeitnehmers realisiert. Dennoch wäre eine gesetzliche Normierung sowohl aus Legitimationsgründen als auch angesichts der enormen Bedeutsamkeit des Rechtsinstituts wünschenswert.

# F. Die Grenzen des allgemeinen Beschäftigungsanspruchs

Auch wenn der Beschäftigungsanspruch im unstreitigen Arbeitsverhältnis grundsätzlich jedem Arbeitnehmer zukommt und damit eine generelle Wirkung entfaltet, gilt er freilich nicht grenzenlos.

Nachfolgend ist zu beleuchten, in welchen Konstellationen der Beschäftigungsanspruch entfällt beziehungsweise wann spiegelbildlich der Arbeitgeber von seiner Beschäftigungspflicht frei wird.

Dabei sollen zwischen den Arbeitsvertragsparteien getroffene Abreden außer Acht bleiben. Zwar ist der Beschäftigungsanspruch dispositiv[578] und kann einvernehmlich sowohl individualvertraglich als auch unter Umständen durch allgemeine Geschäftsbedingungen abbedungen werden.[579] Im Rahmen dieser Arbeit soll allerdings nur den „natürlichen", dem Beschäftigungsanspruch immanenten Grenzen nachgegangen werden. Insofern ist herauszuarbeiten, in welchen Fällen der Arbeitgeber das Recht hat, den Arbeitnehmer einseitig und damit gegebenenfalls auch gegen seinen Willen nicht zu beschäftigen.

## I. Nichtbeschäftigung durch „Freistellung" von der Arbeit

Da sich bezüglich der Nichtbeschäftigung des Arbeitnehmers bis heute kein einheitliches Begriffsverständnis etablieren konnte, soll zunächst, auch im Hinblick auf den weiteren Verlauf der Arbeit, eine terminologische Einordnung erfolgen.

Hauptsächlich wird im Zusammenhang mit der Nichtbeschäftigung des Arbeitnehmers auf die Begriffe der Freistellung, Suspendierung und Beurlaubung zurückgegriffen,[580] wobei diese nicht bloß synonym,[581] sondern des

---

578 BAG 27.02.1985 - GS 1/84, AP Nr. 14 zu § 611 BGB Beschäftigungspflicht, Gründe C I 3; LAG Hamm 03.02.2004 - 19 Sa 120/04, NZA-RR 2005, 358, 359; ErfK/*Preis*, § 611a BGB Rn. 568; Küttner/*Kania*, Personalbuch 2020, Beschäftigungsanspruch Rn. 5; *Hoß/Lohr*, BB 1998, 2575; *Bauer/Günther*, DStR 2008, 2422, 2425.

579 Ausführlich zu den verschiedenen vertraglichen Gestaltungsmöglichkeiten *Strehlein*, Freistellungsklauseln, S. 141 ff.

580 *Bauer*, NZA 2007, 409; *Becker-Schaffner*, BlStSAR 1985, 357.

581 Im Sinne eines synonymen Begriffsgebrauchs von „Freistellung" und „Suspendierung" Schaub/*Ahrendt*, ArbR-Hdb, § 109 Rn. 14; MüKoBGB/*Henssler*, § 626 BGB Rn. 32; *Krause*, NZA 2005, Beilage 1, 51; *Gumpert*, BB 1961, 833, 834; *Dikomey*, Das ruhende

Öfteren auch mit unterschiedlichem Sinngehalt gebraucht werden. Zwar wird gemeinhin unter allen aufgeführten Begriffen die Erklärung des Arbeitgebers verstanden, er werde (vorübergehend) den Arbeitnehmer nicht zur Arbeitsleistung heranziehen. Unterschiede ergeben sich allerdings im Hinblick auf die Frage, ob dem Arbeitnehmer die Möglichkeit der Arbeitsaufnahme offengehalten wird und er dadurch im Ergebnis selbst über die Verwertung seiner Arbeitskraft entscheiden kann.

So wird der Begriff der Freistellung von Teilen der Literatur nur dann verwendet, wenn die jederzeitige Fortsetzung der Tätigkeit dem Arbeitnehmer anheim steht, ihm die Entscheidung über die Wiederaufnahme der Arbeit also im wahrsten Sinne des Wortes „freigestellt" wird.[582] Umgekehrt stünde im Falle der Suspendierung oder Beurlaubung die Nichtbeschäftigung nicht zur Disposition des Arbeitnehmers, sondern sei vom Arbeitgeber im Sinne eines „Tätigkeitsverbots" angeordnet.[583] Stützen könnte sich dieses Verständnis auf die negative Konnotation und die passive Formulierung der Begriffe Suspendierung und Beurlaubung.

Darüber hinausgehend wird von Teilen der Literatur unter dem Begriff der Suspendierung verstanden, dass der Arbeitgeber dem Arbeitnehmer nicht nur die Ausübung der Tätigkeit, sondern auch das Betreten des Betriebs untersagt.[584]

Im Hinblick auf die weitere Arbeit soll zunächst der Begriff der Beurlaubung ausgeklammert werden. Der Ausdruck erscheint im hier vorliegenden Zusammenhang deshalb unglücklich, weil er stets mit dem Erholungsurlaub des Arbeitnehmers im Sinne des BUrlG und somit einem gesetzlich geregelten Fall der Nichtbeschäftigung in Verbindung gebracht wird.[585] Außerdem schwingt

---

Arbeitsverhältnis, S. 12; *Lepsien*, Die Suspendierung eines Arbeitnehmers im unstreitigen Arbeitsverhältnis, S. 3 f.

582 *Bühn*, Die einseitige Suspendierung von Arbeitnehmern im Individualarbeitsrecht, S. 13; im Sinne einer „relativen" Freistellung *Marotzke*, in: Recht der Wirtschaft und der Arbeit in Europa (2004), S. 165, 167.

583 *Becker-Schaffner*, BlStSAR 1985, 357; *Bühn*, Die einseitige Suspendierung von Arbeitnehmern im Individualarbeitsrecht, S. 8; *Luckey*, NZA 1992, 873, 874; den Begriff der „Suspendierung" mit demjenigen der „absoluten" Freistellung gleichsetzend *Marotzke*, in: Recht der Wirtschaft und der Arbeit in Europa (2004), S. 165, 167.

584 *Luckey*, NZA 1992, 873, 874; *Becker-Schaffner*, BlStSAR 1985, 357; *Bühn*, Die einseitige Suspendierung von Arbeitnehmern im Individualarbeitsrecht, S. 8.

585 So auch *Strehlein*, Freistellungsklauseln, S. 35; zum „unbezahlten Urlaub" des Arbeitnehmers im Sinne einer unbezahlten Freistellung von der Arbeit siehe *v. Hoyningen-Huene*, NJW 1981, 713 ff.

umgangssprachlich im Beurlaubungsbegriff der unterschwellige Vorwurf eines arbeitnehmerseitigen Fehlverhaltens mit. Auch wenn ein solches als Anlass für die Nichtbeschäftigung des Arbeitnehmers in Betracht kommen kann,[586] fügt es sich freilich nur in eine Reihe anderer potentieller Gründe ein und hat keineswegs zwingenden Charakter. Dementsprechend wird der Ausdruck der Beurlaubung vermieden.

Der Begriff der Suspendierung unterscheidet sich von demjenigen der Freistellung in der Tat dadurch, dass sein Wortlaut einen gewissen Zwang des Arbeitgebers impliziert. Es wird deutlich, dass die Nichtbeschäftigung auf Betreiben des Arbeitgebers hin erfolgt. Dieser Impuls kann allerdings auch dem neutraleren Begriff der Freistellung durch Voranstellung des Wortes „einseitig“ verliehen werden.[587] Da in dieser Arbeit einvernehmliche Freistellungen ohnehin weitgehend außer Acht bleiben, könnten also die Begriffe der Freistellung und der Suspendierung aufgrund ihres gleichen Sinngehalts prinzipiell synonym verwendet werden.

Gleichwohl gilt hinsichtlich des Wortlauts der Suspendierung Ähnliches wie im Falle der Beurlaubung: Auch hier deutet sich der unterschwellige Vorwurf eines arbeitnehmerseitigen Fehlverhaltens an und hinterlässt so einen sanktionierenden Eindruck. Demgegenüber ist der Freistellungsbegriff wertneutraler und verringert das Risiko einer Vorverurteilung des Arbeitnehmers. Deshalb soll zumindest in Konstellationen, in denen ein arbeitnehmerseitiges Fehlverhalten als Anlass der Nichtbeschäftigung ausscheidet, der Begriff der (einseitigen) Freistellung verwendet werden. Stellt hingegen die Nichtbeschäftigung eine Reaktion auf ein potentielles Fehlverhalten des Arbeitnehmers dar, kann auch mit dem Begriff der Suspendierung gearbeitet werden.

Allerdings sollte aus Gründen der Rechtsklarheit die Suspendierung nicht mit der Ausübung des Hausrechts vermengt werden.[588] Solange der Arbeitnehmer einen Anspruch auf Beschäftigung hat, darf er sich prinzipiell auch im Betrieb

---

586 Dazu später unter F. V. 2.

587 Zur Neutralität des Freistellungsbegriffs siehe auch BAG 27.02.2002 - 9 AZR 562/00, NZA 2002, 1099, 1102: „Der Begriff Freistellung hat […] keinen allgemein gültigen Inhalt. Üblicherweise wird er zwar für die vom Arbeitgeber einseitig verfügte Arbeitsbefreiung verwendet. Er wird aber auch im Zusammenhang mit Aufhebungsverträgen gebraucht und kennzeichnet dann den einvernehmlichen Wegfall der Arbeitspflicht im Sinne eines Erlassvertrags nach § 397 BGB.“.

588 *Dikomey*, Das ruhende Arbeitsverhältnis, S. 12; *Krause*, NZA 2005, Beilage 1, 51; *Lepsien*, Die Suspendierung eines Arbeitnehmers im unstreitigen Arbeitsverhältnis, S. 3 f.

aufhalten.[589] Ist hingegen der Beschäftigungsanspruch entfallen, muss gleiches für das betriebliche Aufenthaltsrecht gelten.[590]

## II. Das Verhältnis von Beschäftigungsanspruch und Freistellung

Bevor im weiteren Verlauf näher auf die Grenzen des Beschäftigungsanspruchs eingegangen wird, soll das Rechtsinstitut zunächst zur einseitigen Freistellung in Beziehung gesetzt werden. Insofern stellt sich die dogmatische Frage der rechtlichen Verzahnung von Freistellung und Beschäftigungsanspruch: Führt (erst) die vom Arbeitgeber erklärte Freistellung zur Beseitigung des Beschäftigungsanspruchs oder entfällt der Beschäftigungsanspruch beim Vorliegen entsprechender Voraussetzungen per se? Stellt also die Freistellung durch den Arbeitgeber eine notwendige Bedingung für das Entfallen des Beschäftigungsanspruchs oder lediglich eine deklaratorische Folge der nicht (mehr) vorhandenen Beschäftigungspflicht dar?

### 1. Konstitutive Bedeutung der Freistellung

Nicht nur vereinzelt wird in der Literatur vertreten, dass der Beschäftigungsanspruch des Arbeitnehmers (erst) infolge einer rechtmäßigen arbeitgeberseitigen Freistellung entfällt.[591]

Diese Einordnung würde bedeuten, dass die vom Arbeitgeber erklärte Freistellung einem Gestaltungsrecht entspräche, was als praktische Konsequenz die

---

589 *Birk*, Die arbeitsrechtliche Leitungsmacht, S. 30; *Diekhoff*, AuR 1958, 178, 179; *Krause*, NZA 2005, Beilage 1, 51 f.; *Hümmerich*, DB 2001, 1778, 1779: „Die Beschäftigungspflicht des Arbeitgebers zieht eine Duldungspflicht gemäß § 1004 II BGB nach sich.“.

590 Siehe insofern *Krause*, der das Aufenthaltsrecht des Arbeitnehmers im Betrieb als „unselbstständigen Annex der Beschäftigungspflicht“ einordnet, *Krause*, NZA 2005, Beilage 1, 51.

591 *Gahlen*, Die Suspendierung eines Arbeitnehmers, S. 27 ff.; allesamt ohne nähere Begründung: *Luckey*, NZA 1992, 873, 875: „Suspendiert der Arbeitgeber den Arbeitnehmer in zulässiger Weise, entfällt die Beschäftigungspflicht des Arbeitgebers.“; *Bertram*, NZI 2001, 625, 626: „Von der Beschäftigungspflicht kann sich der Arbeitgeber nur lösen, wenn er den Arbeitnehmer […] von der Verpflichtung zur Arbeitsleistung suspendiert.“; Grobys/Panzer-Heemeier/*Oberthür/Esskandari*, Freistellung Rn. 2: „Diese Pflicht [Beschäftigungspflicht] wird durch eine rechtmäßige Freistellung aufgehoben.“; in diese Richtung auch ErfK/*Preis*, § 611a BGB Rn. 566: „Durchbrechung der Beschäftigungspflicht durch einseitige Erklärung des Arbeitgebers“.

prinzipielle Unwiderruflichkeit der Freistellung zur Folge hätte.[592] Da die rechtmäßige Freistellung konstitutiv für den Wegfall des Beschäftigungsanspruchs wäre und die Rechtslage unmittelbar umgestalten würde,[593] müsste sie der Arbeitgeber stets mit einem Widerrufsvorbehalt versehen, wenn er sich die Option offen halten wollte, den Arbeitnehmer wieder zur Arbeit heranzuziehen.[594] Ohne einen Widerrufsvorbehalt würde der Arbeitgeber die Entscheidungsmacht über die zukünftige Verwertung der Arbeitskraft seines Mitarbeiters aus der Hand geben. Dementsprechend liefe die arbeitsvertragliche Verpflichtung des Arbeitnehmers zur Erbringung der Arbeitsleistung leer.

Damit stellt sich die Frage, ob vom Arbeitgeber erklärte Freistellungen als widerruflich einzuordnen sind, auch wenn keine dahingehende Vereinbarung zwischen den Arbeitsvertragsparteien getroffen wurde oder sich der Arbeitgeber zumindest die Widerruflichkeit vorbehalten hat.

Um der Freistellung rechtgestaltende Wirkung beimessen zu können, müsste dem Arbeitgeber vor allen Dingen eine dahingehende Befugnis zustehen. Denn ein Gestaltungsrecht setzt eine von der Rechtsordnung anerkannte „Gestaltungsmacht" voraus.[595]

Eine solche ergibt sich für den hier in Rede stehenden Fall der einseitigen Freistellung nicht aus dem Gesetz.[596] Klar ist, dass der Arbeitgeber nicht uneingeschränkt zur Freistellung seiner Mitarbeiter berechtigt sein kann. Notwendige Voraussetzung einer den Arbeitgeber legitimierenden „Gestaltungsmacht" müsste daher in jedem Falle die Rechtmäßigkeit der Freistellung sein. Könnte der Arbeitgeber nach Belieben über die Freistellung seiner Mitarbeiter entscheiden, würde dies der grundrechtlichen Fundierung des Beschäftigungsanspruchs

---

592 Grundlegend zu Gestaltungsrechten *Seckel*, Die Gestaltungsrechte des Bürgerlichen Rechts; zur Unwiderruflichkeit von Gestaltungsrechten siehe *Köhler*, BGB Allgemeiner Teil, § 17 Rn. 12.

593 Zur Einwirkung eines Gestaltungsrechts auf die bestehende Rechtslage vgl. *Brox/Walker*, Allgemeiner Teil des BGB, § 28 Rn. 22; *Köhler*, BGB Allgemeiner Teil, § 17 Rn. 12; *Musielak/Hau*, Grundkurs BGB, § 4 Rn. 273.

594 So auch *Fesenmeyer*, Die Freistellung des Arbeitnehmers von der Arbeit, S. 16 f.

595 *Seckel* definiert das Gestaltungsrecht als „das subjektive (konkrete) Privatrecht, dessen Inhalt die Macht zur Gestaltung konkreter Rechtsbeziehungen durch einseitiges Rechtsgeschäft ist", *Seckel*, Die Gestaltungsrechte des Bürgerlichen Rechts, S. 12 f.

596 Hinsichtlich gesetzlich ausdrücklich geregelter Gestaltungsrechte des Arbeitgebers vgl. *Söllner*, Einseitige Leistungsbestimmung im Arbeitsverhältnis, S. 41 ff.; *Gahlen*, Die Suspendierung eines Arbeitnehmers, S. 24 ff.; *Lepsien*, Die Suspendierung eines Arbeitnehmers im unstreitigen Arbeitsverhältnis, S. 36 ff.

zuwiderlaufen und die arbeitgeberseitige Beschäftigungspflicht im Ergebnis gänzlich aushöhlen.[597]

Dementsprechend kann auch das Weisungsrecht des Arbeitgebers eine zur einseitigen Freistellung legitimierende „Gestaltungsmacht" nicht begründen. Zwar ist der Arbeitgeber befugt, die im Arbeitsvertrag nur rahmenmäßig umschriebenen Arbeitnehmerpflichten im Einzelnen zu konkretisieren.[598] Allerdings kann eine Präzisierung nur insoweit erfolgen, wie der Arbeitsvertrag dafür entsprechenden Raum lässt. Hinsichtlich der Beschäftigungspflicht ist aber im Vergleich zu den arbeitsvertraglich oft nur rahmenmäßig abgesteckten Parametern[599] kein durch den Arbeitgeber auszufüllender Gestaltungsspielraum vorhanden. Vielmehr handelt es sich um eine Pflicht mit generellem Geltungsanspruch. Unabhängig von der Frage, in welchen Ausnahmesituationen der Beschäftigungsanspruch im Einzelnen zurücktreten muss,[600] berechtigt das Weisungsrecht den Arbeitgeber jedenfalls nicht dazu, den Arbeitnehmer nach Belieben in geringerem Umfang als arbeitsvertraglich vereinbart oder gar überhaupt nicht zu beschäftigen.[601]

Daher könnte allenfalls erwogen werden, der Freistellung (nur) in denjenigen Fällen rechtgestaltende Wirkung beizumessen, in denen auch die vorzunehmende Interessenabwägung zu dem Ergebnis eines überwiegenden Freistellungsinteresses des Arbeitgebers führt und damit die inhaltlichen Voraussetzungen einer rechtmäßigen Freistellung ohnehin gegeben wären.[602] Der Wegfall der Beschäftigungspflicht träte dann nicht ipso jure ein, sondern

---

597 In diese Richtung auch *Dütz*, der konstatiert, dass „eine derartige Gestaltungsmacht des Arbeitgebers mangels einer besonderen gesetzlichen Regelung nicht mit dem heute anerkannten Anspruch des Arbeitnehmers auf tatsächliche Beschäftigung zu vereinbaren ist", *Dütz*, DB 1978, Beilage Nr. 13, 1, 5.

598 BAG 27.03.1980 - 2 AZR 506/78, AP Nr. 26 zu § 611 BGB Direktionsrecht, Gründe III 1; *Berger-Delhey*, DB 1990, 2266; *Junker*, Grundkurs Arbeitsrecht, Rn. 205.

599 Hierzu zählen typischerweise etwa Inhalt, Ort und Zeit der Arbeitsleistung, vgl. § 106 S. 1 GewO. Mit der „Zeit der Arbeitsleistung" ist allerdings nicht die Dauer, sondern die Lage der Arbeitszeit gemeint, siehe BeckOK ArbR/*Tillmanns*, § 106 GewO Rn. 27; ErfK/*Preis*, § 106 GewO Rn. 31 ff.

600 Siehe hierzu später unter F. V.

601 Im Ergebnis so auch *Lepsien*, Die Suspendierung eines Arbeitnehmers im unstreitigen Arbeitsverhältnis, S. 47 f.; *Bühn*, Die einseitige Suspendierung von Arbeitnehmern im Individualarbeitsrecht, S. 75 ff.; Ähnlich *Fesenmeyer*, Die Freistellung des Arbeitnehmers von der Arbeit, S. 17.

602 Näher zur vorzunehmenden Interessenabwägung unter F. IV.

wäre an die Erklärung der Freistellung im Sinne einer Gestaltungserklärung gebunden.

Allerdings würde auch bei dieser Bewertung die ohne Widerrufvorbehalt erklärte Freistellung eine nicht mehr rückgängig zu machende Umgestaltung der Rechtslage bedeuten. Der Arbeitgeber wäre ab Erklärung der Freistellung nicht mehr dazu berechtigt, den Arbeitnehmer zukünftig zur Arbeitsleistung heranzuziehen. Damit würde der Arbeitnehmer faktisch von seiner vertraglich fixierten Arbeitspflicht frei werden.

Dies kann jedoch schon deshalb nicht überzeugen, weil der Arbeitgeber durch die Freistellungserklärung nicht eine einvernehmlich vereinbarte Pflicht beseitigen kann.[603] Die Arbeitspflicht entsteht ebenso wie die Pflicht zur Vergütungszahlung mit dem wirksamen Abschluss des Arbeitsvertrags. In dieses Vertragsgefüge kann der Arbeitgeber nicht einseitig eingreifen und eine von beiden Arbeitsvertragsparteien getroffene Vereinbarung zu Fall bringen.[604]

Darüber hinaus entspräche die Beseitigung der Arbeitspflicht regelmäßig auch nicht dem Interesse des Arbeitgebers. Stellt der Arbeitgeber seinen Mitarbeiter frei, so möchte er diesen zwar vorübergehend nicht beschäftigen. Allerdings will sich der Arbeitgeber nicht das Recht nehmen, den Arbeitnehmer ohne sein Einverständnis gar nicht mehr beschäftigen zu können.[605] Dient die Freistellung des Mitarbeiters beispielsweise der Aufklärung des Verdachts einer Straftat, möchte der Arbeitgeber nicht seine Gläubigerstellung aufgeben.[606] Aber auch bei betrieblich angezeigten Freistellungen, etwa zur Überbrückung eines Zeitraums mit erheblichen Absatzstockungen, möchte sich der Arbeitgeber natürlich das Recht vorbehalten, den Mitarbeiter erneut zur Arbeitsleistung heranzuziehen, sobald das hergestellte Produkt wieder stärker nachgefragt wird.

---

603 Anders *Winderlich*, nach der die Freistellung zu einem „Ruhen der Arbeitspflicht" führt, während das Arbeitsverhältnis „dem Bande nach fortbesteht", *Winderlich*, BB 1991, 271 f.

604 So auch *Krause*, NZA 2005, Beilage 1, 51, 52; ähnlich *Beckmann*, NZA 2004, 1131, 1132: kein einseitiger Verzicht des Arbeitgebers auf die Arbeitsleistung; in diese Richtung auch *Nägele*, NZA 2008, 1039; unglücklich gewählt ist daher die Formulierung „Freistellung von der Arbeitspflicht" im Beitrag von *Günther*, ArbRAktuell 2009, 127; ähnlich bei Schaub/*Ahrendt*, ArbR-Hdb, § 109 Rn. 14 f.

605 *Fesenmeyer*, Die Freistellung des Arbeitnehmers von der Arbeit, S. 18.

606 *Krause*, NZA 2005, Beilage 1, 51, 52.

Aus diesen Gründen kommt der Freistellung keine gestaltungsrechtliche Wirkung zu. Der Beschäftigungsanspruch des Arbeitnehmers entfällt nicht (erst) infolge einer rechtmäßigen arbeitgeberseitigen Freistellung.

## 2. Deklaratorische Bedeutung der Freistellung

Insofern überzeugt es mehr, dass der Beschäftigungsanspruch beim Vorliegen entsprechender Voraussetzungen per se entfällt und der Arbeitnehmer infolgedessen freigestellt werden darf.[607] Überwiegt im konkreten Fall das Freistellungsinteresse des Arbeitgebers, besteht also schon von Rechts wegen kein arbeitnehmerseitiger Beschäftigungsanspruch mehr. Macht der Arbeitgeber dies geltend, beruft er sich damit lediglich auf eine bereits eingetretene Rechtslage.[608] Die Freistellungserklärung des Arbeitgebers hat hinsichtlich des Fortfalls des Beschäftigungsanspruchs somit nur eine deklaratorische Bedeutung.[609]

Zudem gelingt bei dieser Lösung die trennscharfe Unterscheidung zwischen der Beschäftigungspflicht des Arbeitgebers und der Arbeitspflicht des Arbeitnehmers: Der Beschäftigungsanspruch des Arbeitnehmers bzw. die spiegelbildliche Beschäftigungspflicht des Arbeitgebers entfallen beim Vorliegen der entsprechenden Voraussetzungen ipso jure, wohingegen die Arbeitspflicht des Arbeitnehmers hiervon gänzlich unberührt bleibt.[610] So kann sich der Arbeitgeber auch ohne das Bestehen einer dahingehenden Verpflichtung zur tatsächlichen Beschäftigung des Arbeitnehmers entscheiden. Andererseits bleibt der Arbeitnehmer zur Erbringung der Arbeitsleistung verpflichtet, auch wenn er keinen Anspruch auf Beschäftigung gegenüber dem Arbeitgeber hat.[611] Der Arbeitgeber macht mit der einseitigen Freistellung grundsätzlich nur sein Recht geltend, den Arbeitnehmer nicht mehr beschäftigen zu müssen. Eine Befreiung von der Arbeitspflicht kann und will er regelmäßig nicht bewirken.[612]

---

607 So auch *Lepsien*, Die Suspendierung eines Arbeitnehmers im unstreitigen Arbeitsverhältnis, S. 49; *Fesenmeyer*, Die Freistellung des Arbeitnehmers von der Arbeit, S. 17 ff.; *Krause*, NZA 2005, Beilage 1, 51, 52.

608 *Bauer/Baeck*, NZA 1989, 784, 786; *Krause*, NZA 2005, Beilage 1, 51, 52; *Bühn*, Die einseitige Suspendierung von Arbeitnehmern im Individualarbeitsrecht, S. 66.

609 Siehe auch *Dütz*, DB 1978, Beilage Nr. 13, 1, 5: Freistellungserklärung des Arbeitgebers als „faktische Ankündigungserklärung ohne rechtsgeschäftlichen Gehalt".

610 *Krause*, NZA 2005, Beilage 1, 51, 52; *Bauer/Baeck*, NZA 1989, 784, 786.

611 *Fesenmeyer*, Die Freistellung des Arbeitnehmers von der Arbeit, S. 17 f.; *Bauer/Baeck*, NZA 1989, 784, 786.

612 *Krause*, NZA 2005, Beilage 1, 51, 52.

Dementsprechend kann der Arbeitgeber bei einer einseitigen Freistellung auch ohne vorbehaltenes Widerrufsrecht die Arbeitsleistung des Arbeitnehmers „jederzeit“[613] wieder in Anspruch nehmen.[614] Von diesem Verständnis geht offenbar auch das BAG aus, das eine einseitige Freistellung als widerruflich einordnet, sofern nicht etwas anderes vereinbart wurde.[615]

Die einseitige Freistellung muss daher im Ergebnis anders beurteilt werden als die einvernehmliche Freistellung, bei der sich Arbeitgeber und Arbeitnehmer über das Ruhen von Beschäftigungsanspruch und Arbeitspflicht verständigen.[616] Natürlich kann mit der einseitigen Freistellung das Angebot an den Arbeitnehmer verbunden werden, sich über das Ruhen von Beschäftigungspflicht und Arbeitspflicht zu einigen.[617] Allerdings ist eine solche Verknüpfung nicht zwangsläufig anzunehmen. Denn zumindest im Falle einer berechtigten einseitigen Freistellung möchte sich der Arbeitgeber nicht über das Ruhen der

---

613 Von der Möglichkeit der „jederzeitigen“ Inanspruchnahme ist allerdings nicht eine Inanspruchnahme zu Unzeit gedeckt. Da dem Arbeitnehmer ein Mindestmaß an Vorbereitungszeit und Planbarkeit zugestanden werden muss, ist ihm der Zeitpunkt der erneuten Arbeitsaufnahme rechtzeitig anzukündigen. Als zeitlicher Maßstab könnte insofern die viertägige Mindestankündigungsfrist des § 12 III TzBfG herangezogen werden.

614 Anders *Bauer*, nach dem eine einseitige Freistellung ohne etwaige Zusätze als unwiderruflich anzusehen ist, *Bauer*, NZA 2007, 409; so auch *Bauer/Günther*, DStR 2008, 2422: „bindende Äußerung des Arbeitgebers, von der dieser nicht einseitig wieder abrücken kann“.

615 BAG 07.11.2017 - 1 AZR 186/16, NZI 2018, 278, 280: „Die Freistellung von der Arbeit ist bei Fehlen anderer vertraglicher Vereinbarungen [...] jederzeit widerruflich und damit umkehrbar.“; so auch BAG 30.05.2006 - 1 AZR 25/05, NZA 2006, 1122, 1124; BAG 22.11.2005 - 1 AZR 407/04, NZA 2006, 736, 739. Einen Sonderfall stellt neben der ausdrücklichen Vereinbarung der Unwiderruflichkeit die Verbindung der Freistellung mit der Anrechnung von Urlaubsansprüchen dar. Da die Unwiderruflichkeit Rechtsfolge der Urlaubserteilung ist, muss sie vom Arbeitgeber nicht explizit erklärt werden. Behält sich der Arbeitgeber aber bei der Urlaubserteilung ausdrücklich den Widerruf vor, wird hiermit der Urlaubsanspruch nicht erfüllt. Siehe hierzu BAG 14.03.2006 - 9 AZR 11/05, NJOZ 2006, 3100, 3102 f.; *Bauer*, NZA 2007, 409 f.; *Kramer*, DB 2008, 2538, 2540.

616 *Krause*, NZA 2005, Beilage 1, 51, 52; *Bauer/Baeck*, NZA 1989, 784 f.; *Bauer*, NZA 2007, 409, 411; *Hoß/Lohr*, BB 1998, 2575, 2578. Auf die dogmatische Frage, ob es sich hierbei eher um einen zum Erlöschen der Ansprüche führenden Erlassvertrag oder um eine zum Ruhen der Ansprüche führende Suspendierung handelt, soll hier nicht näher eingegangen werden.

617 *Krause*, NZA 2005, Beilage 1, 51, 52.

Arbeitspflicht seines Mitarbeiters verständigen und dadurch seine Gläubigerstellung aufgeben. Insofern kann ein sich aus der Freistellungserklärung konkludent ergebendes Angebot nur dann in Betracht kommen, wenn die Voraussetzungen für eine berechtigte einseitige Freistellung nicht vorliegen.[618]

## III. Die das Freistellungsbegehren des Arbeitgebers stützende Unternehmerfreiheit

In den Erörterungen zum Beschäftigungsanspruch und seinen Grenzen wird unterdessen kaum berücksichtigt, dass neben dem Beschäftigungsinteresse des Arbeitnehmers auch das Freistellungsinteresse des Arbeitgebers grundrechtlich unterlegt ist. Auch das BAG erwähnt die gegenläufigen Grundrechte des Arbeitgebers in seinen Leitentscheidungen zum Beschäftigungsanspruch nicht.[619]

Hierbei handelt es sich vornehmlich um die nicht ausdrücklich im Grundgesetz geregelte Unternehmerfreiheit. Wenngleich sich die Unternehmerfreiheit ihrem Wortlaut nach im Unterschied zu vielen anderen europäischen Verfassungen[620] sowie der Europäischen Grundrechtecharta[621] nicht spezifisch im Grundgesetztext wiederfindet, bietet sich vor allem der die Berufsfreiheit garantierende Art. 12 I GG für ihre verfassungsrechtliche Verortung an.[622] Dies hat auch das

---

618 Zu pauschal daher *Beckmann*, nach dem die Freistellungserklärung des Arbeitgebers regelmäßig als ein Angebot zum Abschluss eines Erlassvertrags bzw. Änderungsvertrags zu sehen ist, welches der Arbeitnehmer im Regelfall konkludent durch widerspruchsloses Nichterscheinen an seinem Arbeitsplatz annimmt, *Beckmann*, NZA 2004, 1131, 1132; ähnlich *Meyer*, NZA 2011, 1249, 1250.

619 BAG 10.11.1955 - 2 AZR 591/54, NJW 1956, 359 f.; BAG 27.02.1985 - GS 1/84, AP Nr. 14 zu § 611 BGB Beschäftigungspflicht.

620 Art. 38 S. 1 der spanischen Verfassung lautet: „Die unternehmerische Freiheit wird im Rahmen der Marktwirtschaft anerkannt."; Art. 41 I der italienischen Verfassung lautet: „Die privatwirtschaftliche Initiative ist frei."; Art. 61 I der portugiesischen Verfassung lautet: „Innerhalb des in der Verfassung und im Gesetz festgelegten Rahmens und unter Berücksichtigung des Allgemeininteresses entfaltet sich die private Wirtschaftsinitiative frei.".

621 Art. 16 der Europäischen Grundrechtecharta lautet: „Die unternehmerische Freiheit wird nach dem Unionsrecht und den einzelstaatlichen Rechtsvorschriften und Gepflogenheiten anerkannt.".

622 HStR VIII/*Breuer*, § 170 Rn. 87 ff.; HGR V/*Schneider*, § 113 Rn. 17; Dreier/*Wieland*, Art. 12 Rn. 53; *Wiebe*, Unternehmerfreiheit versus Verbraucherschutz?!, S. 92; zum verfassungsrechtlichen Standort von Wettbewerbs- und Unternehmerfreiheit siehe ausführlich HGR V/*Brenner*, § 115 Rn. 9 ff.

BVerfG für Tätigkeiten, welche die Voraussetzungen eines „Berufs“ erfüllen, ausdrücklich bestätigt.[623] Daneben werden weitere unternehmerfreiheitsbezogene Teilgewährleistungen von Art. 2 I, 5 I, 9 I, 11 I, 13 I und 14 I GG geschützt.[624]

## 1. Verfassungsrechtliche Schutzrichtung der Unternehmerfreiheit

Der hinsichtlich der Unternehmerfreiheit im Vordergrund stehende Art. 12 I GG[625] schützt im Kern die freie Gründung und Führung eines Unternehmens und damit die unternehmerische Initiative.[626] Zur freien Unternehmensgründung zählen auch die der Aufnahme einer unternehmerischen Tätigkeit typischerweise vorgelagerten Maßnahmen, wie etwa die Analyse der Marktsituation oder die Sondierung und Konsultation von potentiellen Geschäftspartnern.[627]

Eng verbunden mit der Gründungsfreiheit wird auch die Organisationsfreiheit des Unternehmens gewährleistet.[628] Dieser kommt als „Fundament des operativen Geschäfts“[629] insofern ein besonderes Gewicht zu, als die Organisation eines Unternehmens maßgeblich für dessen wirtschaftlichen Erfolg ist.[630] Teilaspekte der Organisationsfreiheit sind insbesondere die freie Wahl der Firma, des

---

623 BVerfG 01.03.1979 - 1 BvR 532, 533/77, 419/78, 1 BvL 21/78, BVerfGE 50, 290 = NJW 1979, 699, 708; anders noch BVerfG 07.05.1969 - 2 BvL 15/67, BVerfGE 25, 371 = NJW 1969, 1203, 1205, das die Unternehmerfreiheit als Ausprägung der wirtschaftlichen Entfaltungsfreiheit in Art. 2 I GG verortet; vgl. auch BVerfG 03.12.1997 - 2 BvR 882/97, BVerfGE 97, 67 = NJW 1998, 1547, 1549, das die Unternehmerfreiheit ohne genaue Abgrenzung aus Art. 12 I GG und Art. 2 I GG ableitet.

624 Siehe zu den die Unternehmerfreiheit ergänzenden Grundrechten *Wiebe*, Unternehmerfreiheit versus Verbraucherschutz?!, S. 102 ff.

625 Nach *Badura* ist die Berufsfreiheit „das Herzstück des verfassungsrechtlichen Schutzes freier unternehmerischer Tätigkeit“, *Badura*, DÖV 1990, 353, 356; *Ossenbühl* bezeichnet Art. 12 I GG als „das Hauptgrundrecht der freien wirtschaftlichen Betätigung“, *Ossenbühl*, AÖR 115 (1990), 1, 5.

626 BVerfG 01.03.1979 - 1 BvR 532, 533/77, 419/78, 1 BvL 21/78, BVerfGE 50, 290 = NJW 1979, 699, 708; HStR VIII/*Breuer*, § 170 Rn. 87; *Ossenbühl*, AÖR 115 (1990), 1, 3.

627 *Wiebe*, Unternehmerfreiheit versus Verbraucherschutz?!, S. 95.

628 Dreier/*Wieland*, Art. 12 Rn. 53.

629 So *Wiebe*, Unternehmerfreiheit versus Verbraucherschutz?!, S. 96.

630 *Ossenbühl*, AÖR 115 (1990), 1, 16; *Schwier*, Der Schutz der „Unternehmerischen Freiheit“ nach Artikel 16 der Charta der Grundrechte der Europäischen Union, S. 43.

Standortes, der Organisationsform[631] sowie der Bildung und Zusammensetzung der Unternehmensorgane[632].

Die freie Unternehmensführung wird besonders durch die Merkmale der Dispositions-, der Investitions- und der Produktionsfreiheit geprägt.[633] Während die Dispositionsfreiheit die selbstbestimmte Unternehmensausrichtung gewährleistet, wozu beispielsweise Entscheidungen über Fragen des Unternehmenswachstums, genauso wie über die Bereiche Personal, Marketing, interne Prozesse und Vertrieb zählen,[634] soll durch die Investitionsfreiheit die eigenverantwortliche Entscheidung des Unternehmers über seinen Kapitaleinsatz sichergestellt werden.[635] Ebenso zentrale Bedeutung kommt der Produktionsfreiheit zu, durch welche Entscheidungen über die Produktion sowohl ihrem Grunde, als auch ihrem Umfang und ihrer Qualität nach, grundsätzlich dem Unternehmer vorbehalten bleiben.[636]

Nicht zuletzt schützt Art. 12 I GG in Überschneidung mit der Eigentumsgarantie des Art. 14 I GG den Bestand des Unternehmens als materielle Basis unternehmerischen Handelns, wozu auch der Schutz von Geschäfts- und Betriebsgeheimnissen gezählt wird.[637]

Im Hinblick auf die persönliche Schutzrichtung der Unternehmerfreiheit wird Art. 12 I GG, wie vom BVerfG betont[638] und im Rahmen der Ausführungen

---

631 Die gesetzliche Typisierung der verfügbaren Organisationsformen ist verfassungsrechtlich legitim. Dem Unternehmer müssen aber gesetzliche Alternativen angeboten werden, die ihm privatautonome Auswahl- und Gestaltungsentscheidungen ermöglichen. Siehe hierzu HStR VIII/*Breuer*, § 170 Rn. 88; *Ossenbühl*, AÖR 115 (1990), 1, 17.

632 Die verfassungsrechtliche Zulässigkeit paritätisch zusammengesetzter Aufsichtsräte bei Großunternehmen wird sowohl unter dem Gesichtspunkt des Art. 12 I GG, wie auch unter demjenigen des Art. 14 I GG diskutiert, vgl. BVerfG 01.03.1979 - 1 BvR 532, 533/77, 419/78, 1 BvL 21/78, BVerfGE 50, 290 = NJW 1979, 699, 702 ff.

633 *Ossenbühl*, AÖR 115 (1990), 1, 18 ff.; HStR VIII/*Breuer*, § 170 Rn. 89.

634 *Wiebe*, Unternehmerfreiheit versus Verbraucherschutz?!, S. 96.

635 HStR VIII/*Breuer*, § 170 Rn. 89.

636 Nicht ignoriert werden soll, dass die Produktionsfreiheit einer Reihe an Beschränkungen des Gesundheits-, Umwelt-, Technik- und Wirtschaftsverwaltungsrechts begegnet, HStR VIII/*Breuer*, § 170 Rn. 89.

637 *Kloepfer/Greve*, NVwZ 2011, 577, 578 f.; *Ossenbühl*, AÖR 115 (1990), 1, 29; für eine stärkere Anbindung an Art. 12 I GG *Badura*, Wirtschaftsverfassung und Wirtschaftsverwaltung, Rn. 31; *Wiebe*, Unternehmerfreiheit versus Verbraucherschutz?!, S. 96.

638 BVerfG 01.03.1979 - 1 BvR 532, 533/77, 419/78, 1 BvL 21/78, BVerfGE 50, 290 = NJW 1979, 699, 707; BVerfG 11.06.1958 - 1 BvR 596/56, BVerfGE 7, 377 = NJW 1958, 1035 f.

zur grundrechtlichen Unterfütterung des Beschäftigungsanspruchs erörtert[639], maßgeblich durch seinen personalen Wesensgehalt geprägt. Mithin wird durch Art. 12 I GG zuvörderst die persönlichkeitsgebundene Berufstätigkeit geschützt, die dadurch gekennzeichnet ist, dass sich der Einzelne einer Tätigkeit widmet, die für ihn „Lebensaufgabe und Lebensgrundlage ist und durch die er zugleich seinen Beitrag zur gesellschaftlichen Gesamtleistung erbringt".[640] Vor diesem Hintergrund bezieht sich der Grundrechtsschutz besonders auf Arbeitnehmer und Einzelunternehmer als natürliche Personen.[641]

Auch wenn für eine juristische Person die Berufsausübung nicht zur „Lebensaufgabe" werden kann und daher der personale Bezug nicht auf ähnlich starke Art und Weise wie bei einem Einzelunternehmer zur Geltung kommt, können sich gem. Art. 19 III GG auch juristische Personen des Privatrechts auf die Unternehmerfreiheit berufen. Insofern hat das BVerfG konstatiert, dass der personale Grundzug des Art. 12 I GG bei kleinen und mittleren Unternehmen „auch im wirtschaftlichen Bereich voll verwirklicht" werde, bei Großunternehmen hingegen „nahezu gänzlich verloren" ginge.[642] Im Fall von Großunternehmen sei Unternehmerfreiheit zwar nicht „Element der Ausformung der Persönlichkeit des Menschen", gleichwohl könne der Schutz der Unternehmerfreiheit nicht auf kleine und mittlere Unternehmen beschränkt werden.[643] Vielmehr müsse er auch Großunternehmen als „wesentliche Elemente einer hochentwickelten und leistungsfähigen Volkswirtschaft" zugutekommen,[644] was aus Gründen der ökonomischen Bedeutung solcher Großunternehmen im Hinblick auf die sich immer stärker abzeichnenden Wirtschaftsrealitäten nicht nur angemessen, sondern auch notwendig erscheint.[645]

639 Zur personalen Komponente der Berufsfreiheit siehe unter E. IV. 2. d) bb) (3).

640 BVerfG 01.03.1979 - 1 BvR 532, 533/77, 419/78, 1 BvL 21/78, BVerfGE 50, 290 = NJW 1979, 699, 707; BVerfG 11.06.1958 - 1 BvR 596/56, BVerfGE 7, 377 = NJW 1958, 1036; siehe auch *Hoffmann*, Der grundrechtliche Schutz der marktwirtschaftlichen Unternehmenstätigkeit und der gesellschaftsrechtlichen Unternehmensorganisation durch die „Unternehmensfreiheit", S. 49.

641 *Wiebe*, Unternehmerfreiheit versus Verbraucherschutz?!, S. 101.

642 BVerfG 01.03.1979 - 1 BvR 532, 533/77, 419/78, 1 BvL 21/78, BVerfGE 50, 290 = NJW 1979, 699, 708.

643 BVerfG 01.03.1979 - 1 BvR 532, 533/77, 419/78, 1 BvL 21/78, BVerfGE 50, 290 = NJW 1979, 699, 708.

644 BVerfG 01.03.1979 - 1 BvR 532, 533/77, 419/78, 1 BvL 21/78, BVerfGE 50, 290 = NJW 1979, 699, 708.

645 Nach Zahlen des Statistischen Bundesamtes betrug 2015 der Beschäftigungsanteil in Großunternehmen 39,3 %. In kleinen und mittleren Unternehmen arbeiteten

Um allerdings dem Geltungsverlust des personalen Substrats des Art. 12 I GG bei Großunternehmen Rechnung zu tragen, könnte eine im Rahmen der Verhältnismäßigkeit zu berücksichtigende Verringerung der Schutzintensität in Erwägung gezogen werden.[646]

## 2. Betroffenheit durch die Beschäftigungspflicht

Inwiefern wird nun die Unternehmerfreiheit des Arbeitgebers von dessen Verpflichtung beeinträchtigt, den Arbeitnehmer tatsächlich beschäftigen zu müssen?

Der Beschäftigungsanspruch des Arbeitnehmers kann den durch die Unternehmerfreiheit grundrechtlich geschützten Aktionsradius des Arbeitgebers auf unterschiedliche Weise verkürzen. Die selbstständige Erwerbstätigkeit des Unternehmers ist dadurch gekennzeichnet, dass er haftendes Kapital investiert, um gewerbsmäßig und im Wettbewerb Waren oder Dienstleistungen anzubieten.[647] Hierzu bildet die Unternehmerfreiheit einen Rahmen, innerhalb dessen der Unternehmer durch autonome Entscheidungen die eigenverantwortliche Grundlage für unternehmerischen Erfolg oder auch Misserfolg legt. Indem Entscheidungen über Investitionen, die Einstellung neuer Mitarbeiter oder Umstrukturierungen aufgrund einer sich verändernden Marktsituation beim risikotragenden Unternehmer liegen, kann dieser Maß und Ausgestaltung von Wagnis, Initiative und Organisation nach eigenem Ermessen bestimmen.

Diese dem Unternehmer obliegenden Entscheidungen können durch das Vorhandensein der allgemeinen Beschäftigungspflicht beeinflusst werden. Denn das Ziel beziehungsweise die Verpflichtung, seine Mitarbeiter angemessen und dauerhaft tatsächlich zu beschäftigen, kann Auswirkungen auf die Planung des Arbeitgebers im Hinblick auf seinen Arbeitskräftebedarf haben. Zwar hat jeder Unternehmer bereits aus wirtschaftlichen Gesichtspunkten ein natürliches Interesse daran, nicht mehr Arbeitnehmer zu beschäftigen, als zur Verrichtung

---

insgesamt 60,7 % (18,9 % in Kleinstunternehmen, 22,5 % in kleinen Unternehmen und 19,3 % in mittleren Unternehmen). Dabei soll die wirtschaftliche Bedeutung kleiner und mittlerer Unternehmen keinesfalls geschmälert werden, siehe hierzu *Söllner*, Wirtschaft und Statistik 2014, S. 40 ff.

646 In diese Richtung *Schwier*, Der Schutz der „Unternehmerischen Freiheit“ nach Artikel 16 der Charta der Grundrechte der Europäischen Union, S. 174 f.; *Wiebe*, Unternehmerfreiheit versus Verbraucherschutz?!, S. 101; *Hilf/Hörmann*, NJW 2003, 1, 4 f.; *Badura*, Wirtschaftsverfassung und Wirtschaftsverwaltung, Rn. 31. Näher dazu bei den Leitlinien im Rahmen der Interessenabwägung unter F. IV. 2. b).

647 *Badura*, DÖV 1990, 353, 355.

des Arbeitsvolumens notwendig sind. Allerdings gibt es auch Tätigkeiten, die ihrer Art nach so speziell sind, dass sie zumindest nicht ununterbrochen nachgefragt werden können, bei denen der Arbeitgeber aber trotzdem aus unterschiedlichen Gründen ein Interesse daran hat, für eben diese Aufgaben einen festangestellten Mitarbeiter zu beschäftigen. Auch ist bei Entscheidungen das Unternehmenswachstum betreffend nicht immer zweifelsfrei absehbar, ob eine dauerhafte Auslastung der Produktion gewährleistet werden kann. Hinsichtlich in Frage kommender Neuanstellungen ist der Arbeitgeber insofern nicht nur mit dem ihn ohnehin treffenden Lohnrisiko, sondern zusätzlich noch mit der Pflicht belastet, seine Belegschaft ununterbrochen angemessen zu beschäftigen. Diese Überlegungen wird der Arbeitgeber im Rahmen seiner Planung zu berücksichtigen haben.

Daneben kann sich die Beschäftigungspflicht auf den Umfang der Produktion oder der zu erbringenden Dienstleistungen auswirken. Denn um seinen Pflichten ordnungsgemäß nachzukommen, müsste der Arbeitgeber auch im Falle einer schlechten Auftragslage oder Absatzschwierigkeiten seine Mitarbeiter ununterbrochen beschäftigen, wodurch zusätzliche Energie-, Lager- und Vorhaltekosten für zu viel produzierte bzw. nicht sofort absetzbare Produkte entstünden. Dementsprechend kann die Beschäftigungspflicht die freie Entscheidung des Arbeitgebers im Hinblick auf die Produktion einschränken.

Außerdem besteht die Gefahr, dass durch die Beschäftigungspflicht die Preis- oder Weitergabe von Geschäfts- und Betriebsgeheimnissen begünstigt werden könnte. Würde etwa ein zukünftig zu einem Wettbewerber wechselnder Arbeitnehmer seinen Anspruch auf Beschäftigung geltend machen, könnte durch den Zugang zu seinem Arbeitsplatz das Risiko verstärkt werden, seinem neuen Arbeitgeber durch die Weitergabe von sensiblen Daten einen Wettbewerbsvorteil zu verschaffen.

Mithin wird die Unternehmerfreiheit von der Beschäftigungspflicht des Arbeitgebers insbesondere in ihren Teilaspekten der Dispositionsfreiheit, der Produktionsfreiheit und im Hinblick auf den Schutz des Unternehmensbestands betroffen.

## IV. Grundrechtlicher Ausgleich im Rahmen der staatlichen Schutzpflicht

Mit Blick auf den Beschäftigungsanspruch steht also der Berufsfreiheit und dem allgemeinen Persönlichkeitsrecht des abhängig Beschäftigten auf der anderen Seite die Unternehmerfreiheit des Arbeitgebers gegenüber. Insofern zeigt sich deutlich das sich aus der Schutzpflichtenkonzeption ergebende Reziprozitätsproblem: Ist der Staat zum Schutz des einen Grundrechtsträgers verpflichtet, so ist damit regelmäßig ein Eingriff in die Rechtsstellung eines anderen Grundrechtsträgers verbunden.[648]

Daher kann, auch wenn die Grundrechte des allgemeinen Persönlichkeitsrechts und der Berufsfreiheit die Pflicht des Staates begründen, den Arbeitnehmer durch einen allgemeinen Anspruch auf Beschäftigung zu schützen, ein solcher Anspruch freilich nicht uneingeschränkt gelten. Um seiner aus Art. 12 I GG und Art. 2 I, 1 I GG folgenden Schutzpflicht gerecht zu werden, muss der Staat parallel den konkurrierenden Grundrechtpositionen des Arbeitgebers Rechnung tragen.[649] Dementsprechend müssen die Grenzen des Beschäftigungsanspruchs dort gezogen werden, wo er seinen Auswirkungen nach zu stark in die Unternehmerfreiheit des Arbeitgebers eingreift.

Dabei besteht in Rechtsprechung[650] und Literatur[651] weitestgehend Einigkeit darüber, dass beiden Grundrechtspositionen im Wege der praktischen Konkordanz zu größtmöglicher Wirksamkeit verholfen werden muss. Es soll ein „schonender Ausgleich" der gegenläufigen Grundrechte erreicht werden.[652]

So anmutig das klingt, hilft die Formel doch nur bedingt weiter, wenn das eine Recht nur auf Kosten des anderen geschützt und gefördert werden kann.[653] Insofern kann die vorzunehmende Abwägung nicht immer dazu führen, dass sich beide betroffenen und in Widerstreit stehenden Grundrechtspositionen

---

648 *Ipsen*, Staatsrecht II, S. 32; *Mayer*, Untermaß, Übermaß und Wesensgehaltgarantie, S. 48.

649 Dreier/*Wieland*, Art. 12 Rn. 146.

650 BVerfG 19.10.1993 - 1 BvR 567/89, BVerfGE 89, 214 = NJW 1994, 36, 38; BVerfG 16.05.1995 - 1 BvR 1087/91, BVerfGE 93, 1 = NJW 1995, 2477, 2479; BVerfG 27.01.1998 - 1 BvL 15/87, BVerfGE 97, 169 = NZA 1998, 470, 471; BVerfG 28.10.2008 - 1 BvR 462/06, BVerfGE 122, 89 = NJW 2009, 2190, 2191; BVerfG 24.11.2010 - 1 BvF 2/05, BVerfGE 128, 1 = NVwZ 2011, 94, 99; BVerfG 23.10.2013 - 1 BvR 1842/11, 1 BvR 1843/11, BVerfGE 134, 204 = NJW 2014, 46, 47.

651 *Hesse*, Grundzüge des Verfassungsrechts der Bundesrepublik Deutschland, S. 28; *Hufen*, Staatsrecht II, S. 124 ff.; *Michael/Morlok*, Grundrechte, § 23 Rn. 733 ff.; *Preis/Temming*, Individualarbeitsrecht, Rn. 549 ff.; kritisch etwa *Cremer*, in: Das Zusammenwirken von deutschem und europäischem Öffentlichen Recht, Festschrift für Hans D. Jarass zum 70. Geburtstag (2015), S. 175 ff.; *Lerche*, in: Verfassungsstaatlichkeit, Festschrift für Klaus Stern zum 65. Geburtstag (1997), S. 197, 198 f.; *Schwabe*, Probleme der Grundrechtsdogmatik, S. 319 ff.

652 BVerfG 16.05.1995 - 1 BvR 1087/91, BVerfGE 93, 1 = NJW 1995, 2477, 2479; die Formulierung geht zurück auf *Lerche*, Übermass und Verfassungsrecht, S. 153.

653 *Däubler*, Die Unternehmerfreiheit im Arbeitsrecht, S. 11 f.

gleichermaßen durchsetzen können.[654] Vielmehr ist es im konkreten Einzelfall nicht ausgeschlossen, dass eine Position gänzlich zurücktreten muss.[655]

## 1. Pflicht zur Beschäftigung des Arbeitnehmers als „Normalfall" der Interessenabwägung

Mit der Anerkennung der allgemeinen Beschäftigungspflicht ist schon eine gewichtige Grundaussage getroffen worden. Denn die Feststellung, dass die Wertungen der Art. 12 I GG und Art. 2 I, 1 I GG prinzipiell die Beschäftigung des Arbeitnehmers im unstreitig bestehenden Arbeitsverhältnis gebieten, beinhaltet bereits, dass die Grundrechte der Berufsfreiheit und des allgemeinen Persönlichkeitsrechts auf Seiten des Arbeitnehmers für den „Normalfall" den Abwägungsprozess im Verhältnis zur Unternehmerfreiheit dominieren.

Gleichwohl kann es Konstellationen geben, in denen die Unternehmerfreiheit derart stark beeinträchtigt ist, dass bei ihrem Zurücktreten nicht mehr von einem „schonenden Ausgleich" die Rede sein kann. Ist eine solche Situation gegeben, können auch die grundrechtlichen Wertungen auf Seiten des Arbeitnehmers im Einzelfall keinen Anspruch auf Beschäftigung mehr begründen. Wenn und soweit der Beschäftigungsanspruch seine natürlichen Grenzen findet, ist der Arbeitgeber zur einseitigen Freistellung des Arbeitnehmers berechtigt.

Wann dies konkret der Fall ist, wird von der Rechtsprechung anhand einer Interessenabwägung festgestellt: Der prinzipiell im unstreitigen Arbeitsverhältnis jedem Arbeitnehmer zukommende Anspruch auf tatsächliche Beschäftigung endet dort, wo dieser ausnahmsweise von einem schutzwürdigen Freistellungsinteresse des Arbeitgebers überlagert wird.[656] Dabei kann das der Anerkennung des Beschäftigungsanspruchs abstrakt zugrunde liegende allgemeine Beschäftigungsinteresse durchaus noch durch ein besonderes (konkretes) Interesse des

---

654 *Mayer*, Untermaß, Übermaß und Wesensgehaltgarantie, S. 39.

655 Ein Beispiel hierfür bilden die Entscheidungen des BVerfG zur nachträglichen Sicherungsverwahrung. Hier hat das Gericht festgestellt, dass der schwerwiegende Eingriff in die Freiheit der Person in Form einer möglicherweise lebenslangen Sicherungsverwahrung durch gewichtige Schutzinteressen Dritter legitimiert sein kann, BVerfG 05.02.2004 - 2 BvR 2029/01, BVerfGE 109, 133 = NJW 2004, 739, 741 f.; BVerfG 05.08.2009 - 2 BvR 2098/08 u.a., NJW 2010, 1514, 1515.

656 BAG 27.02.1985 - GS 1/84, NZA 1985, 702, 703; BAG 09.04.2014 - 10 AZR 637/13, NZA 2014, 719, 720; BAG 17.12.2015 - 6 AZR 186/14, NZA 2016, 508, 511; HWK/*Thüsing*, § 611a BGB Rn. 326; Erman/*Edenfeld*, § 611 BGB Rn. 354; Staudinger/*Richardi/Fischinger*, § 611a BGB Rn. 1764; *Fesenmeyer*, Die Freistellung des Arbeitnehmers von der Arbeit, S. 19 f.; *Luckey*, NZA 1992, 873, 874.

Arbeitnehmers an seiner Beschäftigung verstärkt werden,[657] welches im jeweiligen Einzelfall gegen das Freistellungsinteresse des Arbeitgebers abgewogen werden muss.

## 2. Leitlinien im Rahmen der Interessenabwägung

Bevor der Versuch einer Systematisierung der typischen Freistellungsgründe unternommen werden soll, ergeben sich nicht zuletzt aus der grundrechtlichen Erörterung einige verallgemeinerungsfähige Leitlinien, die bei der Abwägung eines konkreten Sachverhalts beachtet werden sollten.

### *a) Berücksichtigung der Freistellungsdauer*

Zunächst einmal wäre es verkürzt, die Rechtmäßigkeit einer Freistellung nur anhand des abstrakten Gewichts der sogleich zu überprüfenden Freistellungsgründe zu beurteilen. Vielmehr ist auch die Dauer der Freistellung in die Abwägung mit einzubeziehen. Denn die Grenzen des Beschäftigungsanspruchs bemessen sich nicht nur anhand der Bedeutung der eine Freistellung rechtfertigenden Arbeitgeberinteressen, sondern darüber hinaus auch anhand der Intensität, mit welcher die Nichtbeschäftigung in die den Beschäftigungsanspruch stützende Grundrechte eingreift.

Sowohl die Persönlichkeitsinteressen als auch das Bestandsschutzinteresse des Arbeitnehmers werden umso stärker betroffen, je länger die Nichtbeschäftigung andauert. Insofern ist, ihren Auswirkungen nach, eine kurzzeitige nicht mit einer lang anhaltenden Freistellung von der Arbeit vergleichbar. Dies gilt auch hinsichtlich der Häufigkeit einer Freistellung: Tritt die Freistellung nur ausnahmsweise oder regelmäßig auf? Ist sie eine vereinzelte Maßnahme oder bereits gängige, sich wiederholende Praxis?

Dementsprechend müssen die Anforderungen an den die Nichtbeschäftigung des Arbeitnehmers rechtfertigenden Grund umso höher gesteckt werden, ja länger die Freistellung des Arbeitnehmers andauert und je häufiger sie vorkommt. Umgekehrt dürfen im Falle einer kurzen einmaligen Freistellung die Anforderungen an den Freistellungsgrund nicht überspannt werden. In diesen Fällen

---

657 BAG 27.02.1985 - GS 1/84, NZA 1985, 702, 704; *Fesenmeyer*, Die Freistellung des Arbeitnehmers von der Arbeit, S. 40 f.; *Krause*, NZA 2005, Beilage 1, 51, 54; *Buchner*, Beschäftigungspflicht, S. 29: „erhöhtes Interesse des Arbeitnehmers auf Beschäftigung"; *Strehlein*, Freistellungsklauseln, S. 60: „Veränderung des Regelinteresses durch hinzutretende Faktoren".

sind die Gefahren für den Bestand des Arbeitsplatzes und eine Beeinträchtigung der Arbeitnehmerpersönlichkeit als überschaubar einzustufen.

### *b) Bedeutung der Unternehmensgröße*

Außerdem ist im Rahmen der Abwägung die Größe des freistellenden Unternehmens zu berücksichtigen. Zwar kommt der Schutz der Unternehmerfreiheit trotz ihres personalen Grundzugs, wie dargestellt, prinzipiell nicht nur kleinen und mittleren Unternehmen, sondern auch Großunternehmen zugute.[658] Gleichwohl sind bezüglich Großunternehmen auf der Ebene der Schutzintensität wegen der geringeren personalen Zusammenarbeit von Arbeitgeber und Arbeitnehmer Einschränkungen zu befürworten,[659] die sich bei der Interessenabwägung wiederspiegeln sollten.

Dementsprechend nimmt das Gewicht der Unternehmerfreiheit im Rahmen des grundrechtlichen Ausgleichs mit den Werten des Arbeitnehmers aus Art. 12 I GG und Art. 2 I, 1 I GG umso stärker ab, desto weniger das Grundrecht in seinem personalen Grundzug tangiert wird. Je stärker sich der personale Bezug der Unternehmerfreiheit aufgrund zunehmender Unternehmensgröße verliert, desto weniger kann das Grundrecht zur Unterstützung des arbeitgeberseitigen Freistellungsinteresses herangezogen werden. Daher müssen in Großunternehmen die Maßstäbe an die eine Freistellung rechtfertigenden Gründe prinzipiell (noch) strenger angelegt werden als in kleinen und mittleren Unternehmen.

### *c) Relevanz der Berufsgruppe*

Darüber hinaus kann sich die vom Arbeitnehmer ausgeübte Tätigkeitsart auf das Ergebnis der Interessenabwägung auswirken.

Grundsätzlich hat, wie dargelegt, jeder abhängig Beschäftigte einen Anspruch auf tatsächliche Beschäftigung. Dies gilt unabhängig von der Zugehörigkeit zu einer bestimmten Berufsgruppe. Denn die Wertungen des allgemeinen Persönlichkeitsrechts und der Berufsfreiheit verpflichten den Staat zur Gewährleistung eines prinzipiell für jeden Arbeitnehmer geltenden Schutzes in Form der arbeitgeberseitigen Beschäftigungspflicht.

---

658 Siehe hierzu oben unter F. III. 1.

659 Ähnlich *Hilf/Hörmann*, NJW 2003, 1, 4 f.; *Badura*, Wirtschaftsverfassung und Wirtschaftsverwaltung, Rn. 31; *Schwier*, Der Schutz der „Unternehmerischen Freiheit" nach Artikel 16 der Charta der Grundrechte der Europäischen Union, S. 174 f.; *Wiebe*, Unternehmerfreiheit versus Verbraucherschutz?!, S. 101.

Trotzdem gibt es Tätigkeiten, mit denen typischerweise aus unterschiedlichen Gründen ein besonders Beschäftigungsinteresse verknüpft ist. Insofern lassen sich einige Berufsgruppen ausmachen, bei denen das Interesse an tatsächlicher Beschäftigung verstärkt hervortritt.

*aa) Gesteigerter Persönlichkeitsbezug*

Hierzu zählen zunächst Berufe, die einen besonders offensichtlichen Persönlichkeitsbezug aufweisen.

Zwar ist es, wie im Rahmen der Begründung des Beschäftigungsanspruchs festgestellt wurde, kaum möglich abstrakt zu beurteilen, wie sehr die Persönlichkeit im Einzelfall durch die tatsächliche Beschäftigung beeinflusst wird.[660] Allerdings lassen sich einige Berufsfelder ausmachen, in denen der Persönlichkeitsbezug augenscheinlich erhöht ist. Dies gilt vor allem für künstlerische und kreative Berufe wie Bühnenkünstler[661], Musiker, Designer oder Goldschmiede, bei denen die individuelle Ausführung der Tätigkeit direkte und fassbare Auswirkungen auf den Arbeitsoutput hat. Aber auch bei anderen Berufsgruppen wie etwa Architekten, Raumausstattern, Fotografen, Konditoren oder Journalisten kann das Arbeitsergebnis eine sichtbar individuelle Note aufweisen.

Gleichwohl soll nicht der Fehler gemacht werden, denjenigen Berufsgruppen, bei denen die Persönlichkeitsentfaltung vermeintlich weniger offensichtlich ist, einen besonderen Persönlichkeitsbezug per se abzusprechen. Prinzipiell kann ein persönlichkeitsrechtlich motiviertes besonderes Beschäftigungsinteresse bei jeder Art von Tätigkeit gegeben sein. Ein solches bedarf dann allerdings einer ausführlicheren Darlegung als bei Berufen, bei denen bereits die Art der Tätigkeit für die Feststellung eines besonderen Persönlichkeitsbezugs indiziell wirkt.

*bb) Sicherung der Arbeitsmarkttauglichkeit*

Ähnliches muss für Berufe gelten, die einer ständigen Ausübung bedürfen damit der Arbeitnehmer durch Aufrechterhaltung seiner Fähigkeiten, Kenntnisse und Kontakte seinen Marktwert und damit zugespitzt seine Arbeitsmarkttauglichkeit bewahren kann.[662]

---

660 Siehe hierzu oben unter E. IV. 1. c) bb).

661 Vgl. hierzu BAG 12.11.1985 - 3 AZR 576/83, AP Nr. 23 zu § 611 BGB Bühnenengagementsvertrag, Gründe II 1: „Verwirklichung des Bühnenkünstlers und seiner künstlerischen Aufgaben".

662 LAG Berlin 20.07.1978 - 9 Sa 55/78, AP Nr. 6 zu § 611 BGB Beschäftigungspflicht, Gründe II 2; *Krause*, NZA 2005, Beilage 1, 51, 54; *Strehlein*, Freistellungsklauseln, S. 61; *Ruhl/Kassebohm*, NZA 1995, 497, 500.

Auch diesbezüglich soll nochmals betont werden, dass ein abstraktes Interesse an tatsächlicher Beschäftigung berufsgruppenunabhängig besteht. Der Umstand, dass im Falle einer (längeren) Freistellung Arbeitsabläufe fremd werden und zuvor gewohnte Tätigkeiten erst wieder einer gewissen Einarbeitungsdauer bedürfen, ist nicht ausschließlich ein berufsgruppenspezifisches Problem. Nichtsdestotrotz gibt es typische Tätigkeitsfelder, in denen der Zusammenhang zwischen tatsächlicher Beschäftigung und Marktwerterhalt besonders hervortritt. Dies gilt zum einen für Berufe, die eine sorgfältig geschulte Motorik voraussetzen, was etwa bei Chirurgen oder Croupiers[663] der Fall ist. Hierzu können auch Tätigkeiten im Bereich der Akkordarbeit zählen, bei denen die regelmäßige Ausübung spezieller Bewegungsabläufe notwendig ist, um eine gewisse Arbeitsgeschwindigkeit verbunden mit einem gleichbleibenden Qualitätsniveau aufrechterhalten zu können.[664] Zum anderen sind Berufe betroffen, deren Ausübung besonders stark von einer regelmäßigen Fort- und Weiterbildung abhängt. Hierzu zählen vor allem Tätigkeiten in einem sich rasch fortentwickelnden Umfeld wie der Informationstechnologie, der elektronischen Datenverarbeitung[665] oder der Wissenschaft[666]. Ein ebenfalls entscheidendes Kriterium kann die regelmäßige Präsentation der eigenen Fähigkeiten am Markt sowie die Aufrechterhaltung von beruflichen Kontakten sein, was insbesondere etwa bei Schauspielern oder Berufssportlern[667] notwendig sein dürfte.

Gleichwohl ist darauf zu achten, dass im Rahmen der Interessenabwägung die Anforderungen an die ein besonderes Beschäftigungsinteresse begründenden Umstände nicht zu niederschwellig angesetzt werden. So kann beispielsweise durchaus vom Arbeitnehmer erwartet werden, dass er sich, soweit möglich, spezifische Marktkenntnisse auch außerhalb der tatsächlichen Beschäftigung im Unternehmen aneignet. Hat der Arbeitnehmer etwa auch außerhalb des Unternehmens die Möglichkeit, seine motorischen Fähigkeiten, seine Fingerfertigkeit oder seine körperlichen Voraussetzungen aufrechtzuerhalten, kann hierdurch das in der Abwägung zu berücksichtigende Gewicht des arbeitnehmerseitigen Beschäftigungsinteresses wiederum abgeschwächt werden.

---

663 BAG 04.06.1964 - 2 AZR 310/63, NJW 1964, 1918, 1920.

664 Zur Frage, ob im Falle der Akkordarbeit neben des Aspekts des Marktwerterhalts auch eine vereinbarte Akkordvergütung ein besonderes Beschäftigungsinteresse rechtfertigen kann, siehe sogleich unter F. IV. 2. f).

665 *Schrader/Straube*, RdA 2006, 98, 99.

666 Zum Beschäftigungsbegehren eines wissenschaftlichen Hochschulangestellten mit Promotionsabsicht LAG Düsseldorf 20.01.1976 - 11 Sa 1555/75, DB 1976, 587.

667 ArbG Solingen 16.01.1996 - 2 Ga 1/96, BB 1996, 1618, 1619 (Berufsfußballer).

### *d) Situation bei Führungskräften*

Berufsgruppenunabhängig und mit teilweise ambivalenten Argumentationsmustern wird die Situation bei Führungskräften und leitenden Angestellten diskutiert. Dabei reicht die inhaltliche Spannbreite von der Rechtfertigung eines generell gesteigerten Beschäftigungsinteresses bis hin zur Begründung einer erleichterten Freistellungsmöglichkeit.

#### *aa) Kein gesteigertes Beschäftigungsinteresse*

Nicht selten und mit unterschiedlichen Begründungsansätzen wird vertreten, dass insbesondere bei Führungskräften und leitenden Angestellten ein gesteigertes Beschäftigungsinteresse in die Interessenabwägung einzustellen sei.

Zum einen wird angeführt, dass regelmäßig eine qualifizierte(re) Ausbildung oder eine spezialisierte(re) Befähigung von Führungskräften ein besonderes Beschäftigungsinteresse rechtfertige.[668]

Diesbezüglich muss angemerkt werden, dass die abstrakte Qualifikation oder Befähigung eines Arbeitnehmers keine Attribute sind, die per se ein besonderes Beschäftigungsinteresse begründen können. Es kommt weniger auf das erworbene Qualifikationsniveau, sondern mehr auf den spezifischen Zusammenhang von Qualifikationserhalt und Beschäftigung an. Entscheidend ist, ob durch die Nichtbeschäftigung eine konkrete Beeinträchtigung der erworbenen Fähigkeiten und Kenntnisse droht. Dies hängt allerdings nicht von der Stellung des Arbeitnehmers im Betrieb, seiner (leitenden) Position oder seiner Führungsverantwortung, sondern von der Art seiner Tätigkeit ab. Daher bedarf es nicht einer Einteilung nach „Leistungs- und Leitungsklassen", sondern einer tätigkeitsspezifischen Beurteilung, ob zur Aufrechterhaltung der Arbeitsmarkttauglichkeit die Art der ausgeübten Tätigkeit eine Beschäftigung des Arbeitnehmers voraussetzt.

Zum anderen wird versucht, die Begründung eines besonderen Beschäftigungsinteresses von Führungskräften mit ihrer „gesteigerten Geltung" in der Berufswelt zu rechtfertigen.[669] So würde besonders durch die Freistellung einer Führungskraft der Eindruck hervorgerufen, dass der Arbeitgeber lieber Geld aufwende, als die Arbeitsleistung in Empfang nehmen zu müssen.[670]

---

668 *Strehlein*, Freistellungsklauseln, S. 139; *Luckey*, NZA 1992, 873, 875.

669 *Ruhl/Kassebohm*, NZA 1995, 497, 500: „Stellung im Berufsleben von herausgehobener Bedeutung"; so auch *Strehlein*, Freistellungsklauseln, S. 139; *Frey*, Arbeitsrechtliche Fehler in der Personalverwaltung, S. 193: „Beeinträchtigung des Ansehens bei der Bewerbung".

670 *Luckey*, NZA 1992, 873, 875.

Allerdings vermag auch dieser persönlichkeitsrechtlich motivierte Ansatz nicht zu überzeugen. Das Persönlichkeitsrecht einer Führungskraft wird durch eine Freistellung nicht stärker als das eines jeden anderen Arbeitnehmers beeinträchtigt. Selbstzweifel, Unzufriedenheit und Rechtfertigungsdruck treten unabhängig von der Stellung des Arbeitnehmers auf. Zwar kann bei einem besonderen Bekanntheitsgrad des Arbeitnehmers in Extremfällen die zusätzliche Belastung einer erhöhten medialen Aufmerksamkeit gegeben sein. Dass allerdings mit Führungspositionen eine gesteigerte unternehmensinterne Wahrnehmung bis hin zu einem darüber hinausgehenden Öffentlichkeitsinteresse einhergehen kann, liegt in der Natur der Sache und kann kein in die Interessenabwägung einzustellendes besonderes Beschäftigungsinteresse begründen.

*bb) Keine Verstärkung des Freistellungsinteresses*

Umgekehrt tendieren Teile des Schrifttums unter Verweis auf die besondere Vertrauensposition von Führungskräften dazu, den Freistellungsinteressen des Arbeitgebers im Abwägungsprozess ein stärkeres Gewicht beizumessen.[671] Dies zieht, zumindest für die Interessenabwägung im bereits gekündigten Arbeitsverhältnis, auch *Greiner* mit der Begründung in Betracht, dass der Gesetzgeber mit der Regelung des § 14 II KSchG bei der Arbeitnehmergruppe der leitenden Angestellten den Bestandsschutz schwächer ausgestaltet habe.[672] Auch die neu eingeführte Regelung des § 25a Va KWG bietet einen entsprechenden argumentativen Anknüpfungspunkt.[673]

671 *Lepsien*, Die Suspendierung eines Arbeitnehmers im unstreitigen Arbeitsverhältnis, S. 114 f.; *Rinösl*, Der Beschäftigungsanspruch des Arbeitnehmers in der Insolvenz des Arbeitgebers, S. 43 f.; *Knorr/Bichlmeier/Kremhelmer*, Handbuch des Kündigungsrechts, S. 38; bei „Führungskräften mit grundsätzlichen Planungsaufgaben" auch *Gaul/Gaul*, Arbeitsrecht für Führungskräfte, S 115; jedenfalls bei einer Freistellung während des Laufs der Kündigungsfrist *Bauer*, Arbeitsrechtliche Aufhebungsverträge, S. 228; ähnlich *Gaul*, Der Arbeitsvertrag mit Führungskräften, S. 148 f.

672 Preis, Der Arbeitsvertrag/*Greiner*, F 10 Rn. 11; zum Normzweck des § 14 II KSchG vgl. APS/*Biebl*, § 14 KSchG Rn. 4; Boecken/Düwell/Diller/Hanau/*Eylert*, § 14 KSchG Rn. 23 ff.

673 Zur Vergleichbarkeit der Stellung von „Risikoträgern" i.S.d. § 25a Va KWG und „leitenden Angestellten" i.S.d. § 14 II KSchG vgl. BT-Drucks. 19/7377, S. 25: bei beiden Mitarbeitergruppen bestehe ein „besonderes Vertrauensverhältnis" zum jeweiligen Arbeitgeber.

Eine derartige Benachteiligung kann aber vor dem verfassungsrechtlichen Hintergrund des allgemeinen Beschäftigungsanspruchs nicht überzeugen.[674] Sowohl die Wertungen des allgemeinen Persönlichkeitsrechts als auch diejenigen der Berufsfreiheit sind nicht abhängig von der Stellung des Arbeitnehmers im Unternehmen und kommen daher Führungskräften genauso wie allen anderen Arbeitnehmern zu.

Generalisierend lässt sich zwar unterstellen, dass Führungskräfte regelmäßig eine Position mit überdurchschnittlicher Verantwortung bekleiden dürften, was nicht selten mit mehr Entscheidungsgewalt sowie Zugang zu vertraulichen Informationen und Geschäftskontakten und damit im Hinblick auf das Unternehmen mit einem erhöhten Schädigungspotential verbunden ist.[675] Allerdings haben in der Praxis des Arbeitslebens auch zahlreiche andere Arbeitnehmer Vertrauensstellungen inne.[676] Etwa Buchhaltern, Kassierern oder Kontrolleuren kommt mitunter ein nicht geringeres Maß an Verantwortung zu, auch wenn sie nicht zum Kreis der Führungskräfte zählen. Daher korreliert das Schädigungspotential nicht unbedingt mit der Position des Arbeitnehmers.

Daneben darf aus einem erhöhten Schädigungspotential jedenfalls nicht abgeleitet werden, dass sich ein solches regelmäßig auch realisiert. Selbst wenn Führungskräfte aufgrund ihrer möglicherweise wirtschaftlich besseren Situation als weniger schützenswert erscheinen sollten, würde dies einer nicht gerechtfertigten Vorverurteilung gleichkommen. Insofern darf von einem nur abstrakt bestehenden erhöhten Schädigungspotential nicht automatisch auf einen wahrscheinlichen Schadenseintritt geschlossen werden. Sollten keine konkreten Anhaltspunkte darauf hindeuten, dass sich die abstrakte Gefahr einer Schädigung auch tatsächlich realisiert, kann allein die herausgehobene Stellung einer Führungskraft das Abwägungsergebnis nicht zugunsten einer rechtmäßigen Freistellung verschieben.[677]

Zudem ist es mit Blick auf § 14 II KSchG und § 25a Va KWG zwar korrekt, dass der Gesetzgeber das arbeitgeberseitige Interesse an einer erleichterten Auflösung der Arbeitsverhältnisse von leitenden Mitarbeitern und Risikoträgern

---

674 So auch *Krause*, NZA 2005, Beilage 1, 51, 53; *Strehlein*, Freistellungsklauseln, S. 138; im Ergebnis auch *Lepsien*, Die Suspendierung eines Arbeitnehmers im unstreitigen Arbeitsverhältnis, S. 116.

675 *Strehlein*, Freistellungsklauseln, S. 139.

676 KR/*Rost*/*Kreutzberg-Kowalczyk*, § 14 KSchG Rn. 2; vgl. auch *Rumler*, Der Kündigungsschutz leitender Angestellter, S. 20 f.

677 Ähnlich *Lepsien*, Die Suspendierung eines Arbeitnehmers im unstreitigen Arbeitsverhältnis, S. 116; nicht ganz stringent *Strehlein*, Freistellungsklauseln, S. 139 f.

bedeutender Institute der Finanzwirtschaft ab einer bestimmten Einkommensgrenze anerkannt hat.[678] Die dem verminderten Kündigungsschutz zugrunde liegenden Wertungen können aber nicht auf die arbeitgeberseitigen Pflichten während des noch bestehenden Arbeitsverhältnisses übertragen werden.[679] Unter welchen Voraussetzungen ein Arbeitsverhältnis beendigt werden kann und welche Pflichten während des noch bestehenden Arbeitsverhältnisses existieren, bleiben voneinander zu trennende Fragen.[680]

Daher genügt zur rechtmäßigen Freistellung auch bei Führungskräften und leitenden Angestellten der pauschale Hinweis auf ihre Position nicht. Vielmehr muss auch hier ein konkreter Freistellungsgrund geltend gemacht werden.

Ob sich daneben für den Fall des bereits gekündigten Arbeitsverhältnisses generell Besonderheiten ergeben, ist ein im Anschluss eigens zu beleuchtender Punkt.

### *e) Folgen einer Kündigungserklärung*

Dabei soll zunächst der Frage nachgegangen werden, ob eine Kündigung Auswirkungen auf den Bestand des Beschäftigungsanspruchs hat, um dann zu erörtern, ob die absehbare Beendigung des Arbeitsverhältnisses eine veränderte Gewichtung im Rahmen der Interessenabwägung erfordert.

#### *aa) Fortbestehen des Beschäftigungsanspruchs*

Wenngleich das BAG in einer früheren Entscheidung den Eindruck erweckt hatte, dass der Beschäftigungsanspruch zwischen dem Zugang der Kündigungserklärung und dem Ablauf der Kündigungsfrist a priori nicht besteht,[681] so hat

678 Zu § 14 KSchG siehe APS/*Biebl*, § 14 KSchG Rn. 4, 29; Boecken/Düwell/Diller/Hanau/*Eylert*, § 14 KSchG Rn. 25.

679 So auch *Strehlein*, Freistellungsklauseln, S. 137 f.

680 Wollte man die Argumentationsmuster zu § 14 II KSchG bzw. § 25a Va KWG mit denen des Beschäftigungsanspruchs vermengen, so ließe sich umgekehrt auch behaupten, dass der Beschäftigungsanspruch dieser Mitarbeitergruppen schon deshalb nicht beschnitten werden darf, weil der Gesetzgeber durch § 14 II KSchG bzw. § 25a Va KWG bereits den Bestandsschutz durch einen Abfindungsschutz ersetz hat.

681 BAG 10.11.1955 - 2 AZR 591/54, NJW 1956, 359, 360: „Deshalb kann dem Arbeitgeber, wenn kein Einverständnis des Arbeitnehmers vorliegt, ein Recht, den Arbeitnehmer während bestehenden Vertrages unter Fortzahlung seines Lohnes nicht zu beschäftigen, nur für vorübergehende Zeit, etwa während des Laufes einer Kündigungsfrist zugebilligt werden. In allen anderen Fällen müssen besondere Gründe dafür vorhanden sein, die eine solche Regelung notwendig erscheinen lassen."

das Gericht mittlerweile unmissverständlich klargestellt, dass der Arbeitnehmer prinzipiell auch während der Zeit der laufenden Kündigungsfrist von seinem Arbeitgeber Beschäftigung verlangen kann.[682]

Diese auch in der Literatur auf breite Zustimmung gestoßene Sichtweise[683] überzeugt schon deshalb, weil auch nach allgemeinen Regeln die Kündigungserklärung eines Dauerschuldverhältnisses jedenfalls dann keine unmittelbare Änderung der Rechtslage auslöst, wenn zur wirksamen Beendigung des Vertragsverhältnisses noch eine Frist einzuhalten ist.[684] Dementsprechend ist bis zu seinem Ablauf auch das Arbeitsverhältnis mit unveränderten Rechten und Pflichten fortzusetzen.

Namentlich gebieten die grundrechtlich geschützten Berufs- und Persönlichkeitsinteressen des Arbeitnehmers ein Fortbestehen der auf das ungekündigte Arbeitsverhältnis anwendbaren Grundsätze.[685] Insofern kann nicht unterstellt werden, dass sich die arbeitnehmerseitige Interessenlage durch einen Kündigungsausspruch automatisch verändert.[686] Auch wenn nach einer Kündigung die auf den Erhalt des Arbeitsplatzes bezogenen Bestandsschutzinteressen nur noch in denjenigen Fällen vorhanden sein werden, in welchen der Arbeitnehmer beabsichtigt, sich gegen die Kündigung zur Wehr zu setzen, so kann er durchaus aufgrund anderer Motivationslagen (Marktwerterhalt, Persönlichkeitsentfaltung) an seiner Beschäftigung während des Laufs der Kündigungsfrist interessiert sein. Insbesondere kann eine ordentliche Kündigung unter gleichzeitiger Freistellung für Außenstehende leicht wie eine fristlose Kündigung erscheinen und dadurch in persönlichkeitsrechtlicher Hinsicht ähnlich diskriminierenden Charakter wie eine Freistellung im ungekündigten Arbeitsverhältnis haben.[687]

---

682 BAG 19.08.1976 - 3 AZR 173/75, NJW 1977, 215 f.; BAG 26.05.1977 - 2 AZR 632/76, NJW 1978, 239 f.; LAG Frankfurt 23.03.1987 - 1 Sa/Ga 316/87, NZA 1988, 37 f.; LAG München 19.08.1992 - 5 Ta 185/92, NZA 1993, 1130, 1131.

683 MüKoBGB/*Spinner*, § 611a BGB Rn. 890; HK-ArbR/*Ring/Boemke*, § 611a BGB Rn. 389; Schaub/*Ahrendt*, ArbR-Hdb, § 109 Rn. 10; Staudinger/*Richardi/Fischinger*, § 611a BGB Rn. 1765; anders offenbar *Ganz*, ArbRAktuell 2015, 240, 243.

684 *Dütz*, DB 1978, Beilage Nr. 13, 1, 11; *Pallasch*, Der Beschäftigungsanspruch des Arbeitnehmers, S. 108 f.; *Strehlein*, Freistellungsklauseln, S. 69; *Lepsien*, Die Suspendierung eines Arbeitnehmers im unstreitigen Arbeitsverhältnis, S. 107.

685 So auch *Krause*, NZA 2005, Beilage 1, 51, 52.

686 *Gumpert*, BB 1961, 833; *Lepsien*, Die Suspendierung eines Arbeitnehmers im unstreitigen Arbeitsverhältnis, S. 109; *Lepke*, AuR 1968, 78, 79 f.

687 *Lepsien*, Die Suspendierung eines Arbeitnehmers im unstreitigen Arbeitsverhältnis, S. 109; *Krause*, NZA 2005, Beilage 1, 51, 52.

Außerdem würde die Verneinung des Beschäftigungsanspruchs nach Ausspruch der Kündigung im Ergebnis zu einer Benachteiligung der langjährigen Beschäftigten führen, die durch ihre verhältnismäßig längere Kündigungsfrist jedenfalls aus beschäftigungsrechtlicher Sicht gravierendere Einschnitte als die kürzer beschäftigten Mitarbeiter zu befürchten hätten.[688]

Mithin ist die Geltung des allgemeinen Beschäftigungsanspruchs an die (komplette) Dauer des bestehenden Arbeitsverhältnisses zu knüpfen. Eine einseitige Freistellung des Arbeitnehmers während des Laufs der Kündigungsfrist ist demnach grundsätzlich – wie auch im ungekündigten Arbeitsverhältnis – nur dann rechtmäßig, wenn im Rahmen der durchzuführenden Abwägung ein Freistellungsgrund das Überwiegen der Arbeitgeberinteressen rechtfertigen kann.

### *bb) Unveränderte Gewichtung der Interessenlage*

Auch wenn der Beschäftigungsanspruch des Arbeitnehmers prinzipiell fortbesteht, so stellt sich dennoch die Frage, ob ein Kündigungsausspruch das im Rahmen der Abwägung zu berücksichtigende Freistellungsinteresse des Arbeitgebers zu verstärken beziehungsweise das arbeitnehmerseitige Beschäftigungsinteresse zu entkräften vermag.

Tatsächlich lässt sich nur schwer abstreiten, dass das gekündigte Arbeitsverhältnis bereits von seinem sich nähernden Ende überschattet wird.[689] Da die Planung und Durchführung eines Arbeitgeberwechsels mit Stellensuche, Bewerbungsgesprächen und anderen gegebenenfalls notwendig werdenden Tätigkeiten wie etwa einem Umzug, sehr zeitintensiv ist, überrascht es nicht, dass dem Arbeitnehmer eine Freistellung durchaus entgegenkommen kann.[690]

Nichtsdestotrotz muss dem Arbeitnehmer die Entscheidung, ob er seine Beschäftigung während der Kündigungsfrist als Ballast oder Gelegenheit zur Persönlichkeitsentfaltung empfindet, wie im ungekündigten Arbeitsverhältnis auch, selbst überlassen werden.[691] Eine solche ist allerdings nur möglich, wenn

---

688 *Lepke*, AuR 1968, 78, 79; *Strehlein*, Freistellungsklauseln, S. 69 f. Unabhängig davon soll natürlich nicht bestritten werden, dass eine längere Kündigungsfrist dem Arbeitnehmer mehr Gelegenheit gibt, sich auf die Beendigung des Arbeitsverhältnisses einzustellen. Zur Schutzfunktion der Kündigungsfristen siehe Staudinger/*Preis*, § 622 BGB Rn. 9; APS/*Linck*, § 622 BGB Rn. 8.

689 *Lepsien*, Die Suspendierung eines Arbeitnehmers im unstreitigen Arbeitsverhältnis, S. 105 f.; *Strehlein*, Freistellungsklauseln, S. 71.

690 *Lepke*, AuR 1968, 78, 79.

691 *Lepsien*, Die Suspendierung eines Arbeitnehmers im unstreitigen Arbeitsverhältnis, S. 109.

der Schutz der arbeitnehmerseitigen Beschäftigungsinteressen bis zum Ablauf des Arbeitsverhältnisses unverändert gewährleistet bleibt. Das zwar durchaus vorkommende, gleichwohl aber nicht pauschal zu unterstellende Arbeitnehmerinteresse an einer Freistellung während des Laufs der Kündigungsfrist, darf daher nicht zur Begründung einer generell vereinfachten einseitigen Freistellungsmöglichkeit missbraucht werden.[692]

Sollte ein dahingehendes Arbeitnehmerinteresse tatsächlich bestehen, hat der Gesetzgeber dem Bedarf an arbeitsfreier Zeit durch § 629 BGB entsprochen.[693] Macht der Arbeitnehmer insofern sein Freistellungsverlangen geltend, hat ihm der Arbeitgeber einen angemessenen Zeitraum zur Suche eines anderen Arbeitsplatzes zu gewähren. Unabhängig davon besteht in jedem Falle die Möglichkeit der Vereinbarung einer einvernehmlichen Freistellung.

Freilich soll nicht bestritten werden, dass es Interessenlagen gibt, die speziell im Zusammenhang mit einer Beendigung des Arbeitsverhältnisses auftreten oder verstärkt werden können. Wenn beispielsweise nach einer Kündigung der freiwerdende Arbeitsplatz schon vorzeitig mit einem Nachfolger besetzt oder etwa die Weitergabe von Geschäftsgeheimnissen vermieden werden soll, ist die Kündigung Anstoß des arbeitgeberseitigem Freistellungsinteresses und daher untrennbar mit selbigem verknüpft. Gleichwohl darf eine Kündigung nicht zum Anlass genommen werden, die Freistellungsinteressen des Arbeitgebers im Rahmen der vorzunehmenden Abwägung unverhältnismäßig zu gewichten. Insofern wäre es falsch, das Überwiegen eines Freistellungsgrundes hauptsächlich mit dem Argument der Kündigung rechtfertigen zu wollen. Zwar kann eine Kündigung Auslöser für ein Freistellungsinteresse sein, ob ein solches allerdings das arbeitnehmerseitige Beschäftigungsinteresse überwiegt, ist nach den gleichen Grundsätzen wie im ungekündigten Arbeitsverhältnis und für jeden Freistellungsgrund gesondert zu beurteilen.

Insofern kann auch die Auffassung *Strehleins* nicht überzeugen, die unterstellt, dass der Arbeitnehmer ab einem Zeitraum von ca. vier Wochen vor Ablauf der Kündigungsfrist „typischerweise keine nennenswerten, auf den

---

692 Ähnlich *Lepsien*, Die Suspendierung eines Arbeitnehmers im unstreitigen Arbeitsverhältnis, S. 109 f.; *Fischer*, NZA 2004, 233, 235; in diese Richtung auch *Strehlein*, die allerdings für die Anerkennung eines regelmäßig überwiegenden Freistellungsinteresses in einem Zeitraum von etwa 4 Wochen vor Ablauf der Kündigungsfrist plädiert, *Strehlein*, Freistellungsklauseln, S. 71 ff.

693 Gemäß § 629 BGB hat nach der Kündigung eines dauernden Dienstverhältnisses der Dienstberechtigte dem Verpflichteten auf Verlangen angemessene Zeit zum Aufsuchen eines anderen Dienstverhältnisses zu gewähren.

bisherigen Arbeitgeber bezogenen Beschäftigungsinteressen mehr hegt".[694] Für diesen Zeitraum könne davon ausgegangen werden, dass „der Nutzen der freien Zeit die Gefahr des Kenntnisverlustes und der Entfremdung typischerweise überwiegt."[695]

Diese Einschätzung erscheint bereits deshalb als schwierig, da sich sowohl der Umstand des Kenntnisverlusts wie auch der Entfremdung als schleichende Prozesse darstellen, die sich mit jedem Tag der Nichtbeschäftigung zwar langsam aber stetig verstärken dürften. Insofern ist die pauschale Festlegung eines „unproblematischen" Zeitraums von mehreren Wochen wenig plausibel. Zudem sind, wie dargestellt, besonders hinsichtlich des Aspekts des drohenden Kenntnisverlustes berufsgruppenspezifische Besonderheiten zu beachten, die sich in einem für alle Arbeitnehmer gleich langen Zeitraum nicht widerspiegeln.[696]

Selbst wenn man unterstellt, dass der Arbeitnehmer nicht beabsichtigt, die von Seiten des Arbeitgebers ausgesprochene Kündigung im Wege der Kündigungsschutzklage anzugreifen und daher der Entfremdungsaspekt in Bezug auf das auslaufende Arbeitsverhältnis keine tragende Rolle mehr spielen dürfte, so ist die Gefahr des Kenntnisverlustes während der letzten vier Wochen der Kündigungsfrist nicht weniger bedrohlich als bei einer Freistellung im ungekündigten Arbeitsverhältnis. Besonders während der Zeit des gekündigten Arbeitsverhältnisses, in der sich der Arbeitnehmer typischerweise um eine Anschlussbeschäftigung bemüht, kann einem durchgehend aufrechterhaltenden Kenntnis- und Leistungsstand im Bewerbungsprozess besondere Bedeutung zukommen.[697] Daher ist nicht nachvollziehbar, wieso dieser Aspekt im gekündigten Arbeitsverhältnis eine untergeordnete Rolle spielen sollte.

Außerdem lässt sich nicht generalisieren, dass eine Freistellungsdauer von vier Wochen zum Ende des Arbeitsverhältnisses einen die Nachteile kompensierenden Nutzen hat. Falls ein solcher Freizeitbedarf im Einzelnen tatsächlich bestehen sollte, verbleiben dem Arbeitnehmer die sich aus § 629 BGB und einer einvernehmlichen Freistellung resultierenden Möglichkeiten, wobei er

---

694 *Strehlein*, Freistellungsklauseln, S. 73 f.

695 *Strehlein*, Freistellungsklauseln, S. 73.

696 Zur Relevanz der Berufsgruppe, insbesondere mit Blick auf die Sicherung der Arbeitsmarkttauglichkeit, siehe oben unter F. IV. 2. c) bb).

697 In diese Richtung auch *Fischer*, der betont, dass die Stellensuche beim neuen Arbeitgeber und die weitere Teilnahme am beruflichen Prozess beim bisherigen Arbeitgeber zusammengehören, *Fischer*, NZA 2004, 233, 235.

diesbezüglich nicht auf den starren Zeitraum der letzten vier Wochen vor Ablauf der Kündigungsfrist beschränkt ist.

Daneben haben auch die Persönlichkeitsrechte des Arbeitnehmers bis zum rechtlichen Ablauf des Arbeitsverhältnisses Bestand. Die Tatsache, dass das Arbeitsverhältnis im Anschluss an den vierwöchigen Freistellungszeitraum endet, lässt die Freistellung nicht weniger diskriminierend erscheinen.

Daher vermag der bloße Ausspruch einer Kündigung weder das Freistellungsinteresse des Arbeitgebers zu verstärken, noch das Beschäftigungsinteresse des Arbeitnehmers zu entkräften. Vielmehr bleiben die Grundsätze der Interessenabwägung im ungekündigten Arbeitsverhältnis vom Ausspruch einer Kündigung unberührt.

### *f) Einfluss variabler Vergütungsbestandteile*

In materieller Hinsicht hat der Arbeitnehmer, neben dem Erhalt seiner Arbeitsmarkttauglichkeit, regelmäßig ein gesteigertes Interesse daran, eine möglichst hohe Vergütung zu erzielen.

Handelt es sich bei der Entlohnung des Arbeitnehmers um eine Vergütungsform mit variablen Bestandteilen, erfolgt also die Vergütung insbesondere arbeits- oder erfolgsabhängig,[698] könnte die Gefahr bestehen, dass dem Arbeitnehmer durch die Freistellung die Möglichkeit genommen wird, seinen Lohnanspruch maximal auszureizen. Beispielsweise bei provisionsbasierten und damit erfolgsabhängigen Tätigkeiten von Vertretern oder Maklern,[699] beim arbeitsabhängigen Akkordlohn, aber auch im Falle von arbeitsleistungsbezogenen Jahreszahlungen[700], kann die variable Komponente einen nicht unerheblichen monetären Vergütungsbestandteil ausmachen. Daher ist fraglich, ob eine bestehende Vereinbarung über den Erhalt von variablen Vergütungsbestandteilen ein besonderes Beschäftigungsinteresse des Arbeitnehmers rechtfertigen kann.

---

698 Bei den arbeitsabhängigen Entgelten orientiert sich die Vergütungshöhe an der Arbeitsleistung. Auch wenn die Leistung anhand eines Arbeitsergebnisses ermittelt wird, bleibt dieses letztlich eine unternehmensinterne Größe. Bei erfolgsorientierten Entgelten sind demgegenüber unternehmensexterne Größen wie Absatz, Ertrag oder Börsenkurs maßgebend. Siehe hierzu ausführlich MHdB/*Krause*, § 64 Rn. 2.

699 Neben dem Vergütungsaspekt kann für Vertreter oder Makler auch die dauernde Verbindung mit dem von ihnen geworbenen Kundenkreis einen besonderen Wert darstellen, vgl. *Hueck/Nipperdey*, Lehrbuch des Arbeitsrechts, 7. Auflage, Band I, S. 381.

700 Näher zu Sonderzuwendungen siehe ErfK/*Preis*, § 611a BGB Rn. 527 ff.; MHdB/*Krause*, § 66 Rn. 1 ff.; *Schiefer*, NZA-RR 2000, 561 ff.

### *aa) Deckung des Lohnausfallrisikos durch § 615 S. 1 BGB*

Dem wäre nicht so, wenn § 615 S. 1 BGB das arbeitnehmerseitige Lohnausfallrisiko auch beim Vorliegen variabler Vergütungsbestandteile abdecken würde.

Für die Höhe des Vergütungsanspruchs im Falle der Freistellung gilt gem. § 615 S. 1 BGB das Lohnausfallprinzip.[701] Der Arbeitnehmer ist so zu vergüten, als ob er tatsächlich gearbeitet hätte.[702] Dabei umfasst der Anspruch aus Annahmeverzug nicht nur das Entgelt im engeren, sondern auch im weiteren Sinne.[703] Abgedeckt sind daher neben dem Bruttogehalt auch Leistungszulagen, Sozialzulagen, Zeitzuschläge, Gratifikationen sowie Tantiemen.[704] Der Arbeitnehmer soll also auch bei einer arbeits- oder erfolgsabhängigen Vergütung dasjenige erhalten, was er im Falle der Weiterarbeit erzielt hätte.[705] Zur Bestimmung der Höhe des Annahmeverzugslohns kann der hypothetische Verdienst während des Gläubigerverzugs gem. § 287 II ZPO geschätzt werden.[706] Hierbei kann als Hilfsmittel[707] entweder auf den verdienten Leistungslohn eines vergleichbaren Arbeitnehmers abgestellt, oder der Durchschnittsverdienst eines zurückliegenden Zeitraums von im Regelfall drei Monaten zugrunde gelegt werden.[708]

Dementsprechend sind durch § 615 S. 1 BGB prinzipiell auch die variablen Vergütungsbestandteile geschützt. Allein durch das Vorliegen einer arbeits- oder

---

701 MüKoBGB/*Henssler*, § 615 BGB Rn. 56; ErfK/*Preis*, § 615 BGB Rn. 76; Staudinger/*Richardi/Fischinger*, § 615 BGB Rn. 135; HWK/*Krause*, § 615 BGB Rn. 79.

702 BAG 07.11.2002 - 2 AZR 742/00, NZA 2003, 1139, 1142; BAG 18.09.2001 - 9 AZR 307/00, NZA 2002, 268, 270; ErfK/*Preis*, § 615 BGB Rn. 76; HWK/*Krause*, § 615 BGB Rn. 79.

703 HWK/*Krause*, § 615 BGB Rn. 81; Staudinger/*Richardi/Fischinger*, § 615 BGB Rn. 136.

704 ErfK/*Preis*, § 615 BGB Rn. 76; HWK/*Krause*, § 615 BGB Rn. 81; beispielhaft aus der Rechtsprechung BAG 19.09.2012 - 5 AZR 628/11, NZA 2013, 330, 333 (vermögenswirksame Leistungen); BAG 18.09.2002 - 1 AZR 668/01, BB 2003, 740, 742 (Nacht- und Spätzuschläge); BAG 18.01.1963 - 5 AZR 200/62, NJW 1963, 1123, 1124 (Weihnachtsgratifikation).

705 MüKoBGB/*Henssler*, § 615 BGB Rn. 63; ErfK/*Preis*, § 615 BGB Rn. 77.

706 BAG 18.09.2001 - 9 AZR 307/00, NZA 2002, 268, 270.

707 Insofern betont *Preis* zu Recht, dass der Regelverdienst nicht das Lohnausfallprinzip ersetzen darf, ErfK/*Preis*, § 615 BGB Rn. 77; ähnlich HWK/*Krause*, § 615 BGB Rn. 80: Lohnausfallprinzip als „Leitlinie"; vgl. auch *Schlüter*, Anmerkung zu BGH 29.09.1971 - 3 AZR 164/71, AP Nr. 28 zu § 1 FeiertagslohnzahlungsG.

708 MüKoBGB/*Henssler*, § 615 BGB Rn. 63; Staudinger/*Richardi/Fischinger*, § 615 BGB Rn. 137.

erfolgsabhängigen Vergütung lässt sich somit ein besonderes Beschäftigungsinteresse des Arbeitnehmers nicht rechtfertigen.[709]

### *bb) Verwehrte Möglichkeit zur Leistungssteigerung*

Nicht überzeugen kann zudem der Einwand, dass eine Freistellung dem Arbeitnehmer die Möglichkeit abschneide, seine Leistungen im Freistellungszeitraum zu steigern.[710]

Freilich ist die Bemessung der Höhe des Annahmeverzugslohns nach dem Durchschnittsverdienst eines zurückliegenden Zeitraums insbesondere dann nicht sachgerecht, wenn der Arbeitnehmer während seiner tatsächlichen Beschäftigung hauptsächlich mit Vorbereitungshandlungen auf den Vertragsabschluss hingearbeitet hat, ihm der Provisionserhalt aber kurz vor der vertraglichen Finalisierung durch seine Freistellung verwehrt wurde. Gleichwohl kann dies kein Grund für ein im Rahmen der Interessenabwägung zu berücksichtigendes erhöhtes Beschäftigungsinteresse darstellen.

Vielmehr handelt es in solchen Fällen um die Frage, welche Höhe dem gem. § 287 II ZPO schätzweise zu ermittelnden Annahmeverzugslohn beigemessen werden muss. Kann der Arbeitnehmer im Einzelfall darlegen, dass er länger Zeit zur Vorbereitung provisionsbasierter Vertragsabschlüsse gebraucht hat, ihm die unmittelbar bevorstehende Finalisierung aber durch seine Freistellung verwehrt wurde, müssen gemäß des Lohnausfallprinzips in den Schätzwert der Annahmeverzugsvergütung entsprechende Provisionszahlungen einfließen. Insofern sind unmittelbar bevorstehende und durch die Nichtbeschäftigung zerstörte Gewinnerwartungen nicht im Rahmen der Interessenabwägung, sondern auf Rechtsfolgenseite bei der Frage nach der Höhe des Annahmeverzugsanspruchs zu berücksichtigen.

### *cc) Durch § 615 S. 1 BGB nicht erfasste Leistungen*

Was gilt aber bei infolge der Nichtbeschäftigung wegfallenden Leistungen, die nicht durch § 615 S. 1 BGB erfasst werden?

Hierzu gehören zum einen Beträge, die nicht durch den Arbeitgeber, sondern in Zusammenhang mit der erbrachten Arbeitsleistung von Dritten gezahlt werden. So können etwa Trinkgelder, obwohl auf deren Zahlung regelmäßig kein Rechtsanspruch besteht,[711] eine nicht unwesentliche zusätzliche Einnahmequelle

---

709 Anders wohl *Strehlein*, Freistellungsklauseln, S. 61 ff.

710 Ähnlich erhoben in BAG 19.08.1976 - 3 AZR 173/75, NJW 1977, 215 f.

711 Vgl. § 107 III 2 GewO: „Trinkgeld ist ein Geldbetrag, den ein Dritter ohne rechtliche Verpflichtung dem Arbeitnehmer zusätzlich zu einer dem Arbeitgeber geschuldeten

darstellen.[712] Die für Trinkgelder charakteristische Motivationslage ist die Honorierung einer vom Arbeitnehmer im Rahmen seiner Arbeitsleistung erbrachten Dienstleistung.[713] Da sie als freiwillige und typischerweise persönliche Zuwendung von Dritten erbracht werden, handelt es sich regelmäßig nicht um Arbeitsentgelt.[714] Sie können demzufolge auch nicht Gegenstand eines Anspruchs aus Annahmeverzug sein.[715] Zumindest wenn Trinkgelder in einem nicht unerheblichen Rahmen gezahlt werden, können sie ein besonderes Beschäftigungsinteresse des Arbeitnehmers begründen. Dieses verstärkt sich umso mehr, je höher das regelmäßig zu erwartende Trinkgeld im Verhältnis zur gezahlten Vergütung ist.

Andere Leistungen hingegen, die ebenfalls nicht unter die Fortzahlungspflicht des § 615 S. 1 BGB fallen, können dann kein besonderes Beschäftigungsinteresse rechtfertigen, wenn sie ausschließlich dem Ersatz von Auslagen dienen, die im Falle der Nichtbeschäftigung erst gar nicht anfallen[716]. Hierzu zählen etwa Schmutzzulagen, Fahrtkostenersatz oder Verpflegungszuschüsse.[717]

### g) *Gewicht des Freistellungsgrundes*

Wie bereits mehrfach erwähnt, muss der allgemeine Beschäftigungsanspruch des Arbeitnehmers nur ausnahmsweise, im Falle überwiegender schutzwürdiger Interessen des Arbeitgebers zurücktreten.[718] Nicht einheitlich beurteil wird allerdings insofern, wann die Freistellungsinteressen des Arbeitgebers „überwiegend schutzwürdig" im Verhältnis zu den Beschäftigungsinteressen des

---

Leistung zahlt"; zum Begriff des Trinkgelds siehe auch BFH 18.06.2015 - VI R 37/14, NZA-RR 2016, 155, 156.

712 In diese Richtung für den Fall eines Kellners auch *Birk*, Anmerkung zu BAG 19.08.1976 - 3 AZR 173/75, AP Nr. 4 zu § 611 BGB Beschäftigungspflicht.

713 BFH 18.06.2015 - VI R 37/14, NZA-RR 2016, 155, 156: Trinkgeld als „eine Art honorierende Anerkennung der dem Leistenden gegenüber erwiesenen Mühewaltung".

714 BAG 28.06.1995 - 7 AZR 1001/94, NZA 1996, 252 f.; HK-ArbR/*Ring/Boemke*, § 611a BGB Rn. 309; ErfK/*Preis*, § 611a BGB Rn. 511; *Heinze*, DB 1996, 2490, 2491; aus rechtsvergleichender Perspektive *Birk*, in: Festschrift für Franz Jürgen Säcker zum 70. Geburtstag (2011), S. 189, 192 ff.

715 LAG Hamburg 13.02.2008 - 5 Sa 69/07; Staudinger/*Richardi/Fischinger*, § 615 BGB Rn. 136; Grobys/Panzer-Heemeier/*Oberthür/Esskandari*, Annahmeverzug Rn. 38.

716 BAG 18.06.1958 - 4 AZR 590/55, AP Nr. 6 zu § 615 BGB mit zustimmender Anmerkung von *Hueck*;

717 Staudinger/*Richardi/Fischinger*, § 615 BGB Rn. 136; HWK/*Krause*, § 615 BGB Rn. 81.

718 Siehe nur BAG 27.02.1985 - GS 1/84, NZA 1985, 702, 703.

Arbeitnehmers sind. Daher stellt sich die Frage, welcher abstrakte Maßstab an den Grund angelegt werden muss, damit dieser in der Lage ist, eine arbeitgeberseitige Freistellung rechtfertigen zu können.

Fest steht, dass das zu fordernde Gewicht des Freistellungsgrundes schon deshalb nicht zu niedrig angesetzt werden darf, um das Regel-Ausnahme-Verhältnis des allgemeinen Beschäftigungsanspruchs nicht in sein Gegenteil zu verkehren. Deshalb wird teilweise vertreten, dass eine einseitige Freistellung des Arbeitnehmers im ungekündigten Arbeitsverhältnis nur aus „wichtigem Grund" i.S.d. § 626 I BGB zulässig sein soll.[719]

Freilich lässt sich aus dem Vergleich mit § 626 I BGB ableiten, dass regelmäßig solche Gründe, die eine außerordentliche Kündigung rechtfertigen können, auch für eine einseitige Freistellung als in ihren Rechtsfolgen weniger einschneidende Maßnahme gewichtig genug sein dürften.[720] Allerdings muss dem Arbeitgeber die Möglichkeit einer Freistellung auch schon unterhalb der Schwelle des § 626 I BGB eröffnet sein. Denn im Falle einer Kündigung tritt zur Beeinträchtigung der dem Beschäftigungsanspruch zugrunde liegenden Interessen zusätzlich der Fortfall des Vergütungsanspruchs und damit der wirtschaftlichen Lebensgrundlage hinzu. Daher sollte der im Verhältnis zur fristlosen Kündigung

---

719 LAG Köln 20.03.2001 - 6 Ta 46/01, MDR 2001, 1176, 1177: „Die einseitige Suspendierung des Arbeitnehmers ist [...] nur unter den Voraussetzungen des § 626 BGB als vorläufig milderes Mittel zur Vermeidung einer sofortigen außerordentlichen Kündigung zulässig."; ebenso ErfK/*Preis*, § 611a BGB Rn. 567; MüKoBGB/*Hesse*, Vorb. § 620 BGB Rn. 49; *Dikomey*, Das ruhende Arbeitsverhältnis, S. 16; *Coen*, Das Recht auf Arbeit und der Bestandsschutz des gekündigten Arbeitsverhältnisses, S. 71.

720 LAG Berlin, 20.07.1978 - 9 Sa 55/78, AP Nr. 6 zu § 611 BGB Beschäftigungspflicht, Gründe II 4; ebenso *Dikomey*, Das ruhende Arbeitsverhältnis, S. 16; *Lepke*, Der Anspruch auf Beschäftigung, S. 172; *Ruhl/Kassebohm*, NZA 1995, 497, 501; ähnlich *Lepsien*, Die Suspendierung eines Arbeitnehmers im unstreitigen Arbeitsverhältnis, S. 63 f.: wichtiger Grund i.S.d. § 626 I BGB als „materielle Begrenzung" des Beschäftigungsanspruchs. Anders *Strehlein*, Freistellungsklauseln, S. 76 ff., die bei ihrer Auseinandersetzung allerdings aus den Augen verliert, dass es sich bei den Kündigungsgründen des § 626 I BGB „nur" um einen wertungsmäßigen Vergleichsmaßstab handelt. Auch wenn die Freistellung „keine spezifisch rangniedrigere Maßnahme" zur Kündigung ist, so kann doch ein Vergleich der sich aus den unterschiedlichen Rechtsinstituten ergebenden Rechtsfolgen helfen, die an den Freistellungsgrund zu stellenden Anforderungen zu bestimmen.

weniger tiefgreifende Eingriff der Freistellung nicht an die gleichen strengen Voraussetzungen gebunden werden.[721]

Darüber hinaus setzt eine außerordentliche Kündigung voraus, dass die Fortsetzung des Arbeitsverhältnisses bis zum Ablauf der Kündigungsfrist unzumutbar ist, wohingegen zum Entfallen der Beschäftigungspflicht „nur“ ein überwiegendes Nichtbeschäftigungsinteresse des Arbeitgebers ausreicht.[722] Auch dies deutet darauf hin, dass die an eine Freistellung zu stellenden Anforderungen vergleichsweise milder sein müssen.

Bezüglich betrieblich bedingter Freistellungen lässt der im Rahmen des besonderen Weiterbeschäftigungsanspruchs Geltung beanspruchende § 102 V 2 Nr. 2 BetrVG einen ähnlichen Schluss zu. Hiernach kann das Gericht den Arbeitgeber von der Verpflichtung zur Weiterbeschäftigung entbinden, wenn diese zu einer unzumutbaren wirtschaftlichen Belastung führen würde. Auch wenn es sich beim allgemeine Beschäftigungsanspruch und dem besonderen Weiterbeschäftigungsanspruch des § 102 V BetrVG unbestreitbar um in ihrer rechtsdogmatischen Struktur wesensverschiedene Rechtsinstitute handelt,[723] so lässt sich aus einem wertenden Rechtsfolgenvergleich schließen, dass

---

721 *Krause*, NZA 2005, Beilage 1, 51, 53; *Hoß/Lohr*, BB 1998, 2575; *Luckey*, NZA 1992, 873, 874; *Fesenmeyer*, Die Freistellung des Arbeitnehmers von der Arbeit, S. 23. Vgl. auch die geänderten Formulierungsvorschläge der Diskussionsentwürfe von *Henssler/Preis*, NZA 2006, Beilage 23, 6, 11 und NZA 2007, Beilage 21, 6, 11; lautete § 26 ArbVG-E im August 2006 noch: „Der Arbeitgeber kann verlangen, vereinbarungsgemäß beschäftigt zu werden, sofern […] nicht […] ein wichtiger Grund im Sinne des § 112 I entgegensteht.“ (§ 112 I ArbVG-E beinhaltet Regelungen zur außerordentlichen Kündigung), war bei § 26 I ArbVG-E in der Fassung von November 2007 der Verweis auf § 112 ArbVG-E nicht mehr enthalten: „Der Arbeitnehmer kann verlangen, vereinbarungsgemäß beschäftigt zu werden, sofern […] nicht […] andere überwiegende Interessen des Arbeitgebers entgegenstehen.“.

722 *Dütz* in: 25 Jahre Bundesarbeitsgericht (1979), S. 71, 86; *Fesenmeyer*, Die Freistellung des Arbeitnehmers von der Arbeit, S. 23.

723 Die Norm des § 102 V BetrVG soll insbesondere der Gefahr entgegenwirken, dass der Arbeitnehmer trotz gewonnenen Kündigungsschutzprozesses deshalb nicht wieder in den Betrieb zurückkehrt, weil er für längere Zeit nicht mehr in den betrieblichen Ablauf eingebunden war, vgl. etwa *Wolff*, Vorläufiger Bestandsschutz des Arbeitsverhältnisses durch Weiterbeschäftigung nach § 102 Abs. 5 BetrVG, S. 24 ff.; *Krause*, NZA 2005, Beilage 1, 51, 56; siehe auch *Böttcher*, BB 1981, 1954, 1955: Arbeitnehmer wird in die Lage versetzt „seinen Stuhl im Betrieb selbst zu bewachen“. Zu den Unterschieden zwischen dem allgemeinen Beschäftigungsanspruch und dem besonderen Weiterbeschäftigungsanspruch *Pallasch*, Der Beschäftigungsanspruch des Arbeitnehmers, S. 96; *Strehlein*, Freistellungsklauseln, S. 81 f.

eine betrieblich bedingte Freistellung im unstreitigen Arbeitsverhältnis auch dann (schon) rechtmäßig sein kann, wenn die Schwelle der unzumutbaren wirtschaftlichen Belastung i.S.d. § 102 V BetrVG noch nicht erreicht ist. Denn die Entbindung nach § 102 V 2 Nr. 2 BetrVG lässt naturgemäß nicht nur die arbeitgeberseitige Beschäftigungsverpflichtung, sondern den gesamten vorläufigen Bestandsschutz einschließlich des Vergütungsanspruchs ex nunc[724] entfallen.[725] Mithin wäre es unangemessen, eine betrieblich bedingte Freistellung im unstreitigen Arbeitsverhältnis an ähnlich hohe Erfordernisse zu knüpfen, wie die aus Rechtsfolgensicht verhältnismäßig schärfere Entbindungsentscheidung nach § 102 V 2 Nr. 2 BetrVG.

Insofern dürfen die Anforderungen an das Gewicht des Freistellungsgrundes einerseits nicht zu niedrig angesetzt, andererseits aber auch nicht überspannt werden. Daher spricht im Ergebnis viel dafür, dass der Beschäftigungsanspruch prinzipiell bereits durch einen sachlichen, aber nicht unerheblichen Grund eingeschränkt werden kann.[726] Welche Gründe hierfür im Einzelnen in Betracht kommen, soll nachfolgend näher beleuchtet werden.

## 3. Ergebnis

Prinzipiell hat jeder Arbeitnehmer im unstreitigen Arbeitsverhältnis ein Anspruch auf tatsächliche Beschäftigung. Dieser muss dort enden, wo ein sachlicher Grund des Arbeitgebers erheblich genug ist, die Beschäftigungsinteressen des Arbeitnehmers zu verdrängen.

Bei der vorzunehmenden Abwägung spielt neben der Freistellungsdauer auch die Unternehmensgröße eine Rolle: Ein Überwiegen des Freistellungsinteresses lässt sich regelmäßig umso schwieriger rechtfertigen, je länger die Nichtbeschäftigung andauert und je größer das freistellende Unternehmen ist. Daneben kann auch die Berufsgruppe ein Indiz für ein gesteigertes Beschäftigungsinteresse darstellen: Handelt es sich um einen Beruf mit offensichtlich gesteigertem Persönlichkeitsbezug oder ist die tatsächliche Berufsausübung zur Sicherung

---

724 BAG 07.03.1996 - 2 AZR 432/95, NZA 1996, 930 f.; ErfK/*Kania*, § 102 BetrVG Rn. 41; Richardi/*Thüsing*, § 102 BetrVG Rn. 267; Gallner/Mestwerdt/*Nägele*, § 102 BetrVG Rn. 229.

725 Richardi/*Thüsing*, § 102 BetrVG Rn. 267; *Krause*, NZA 2005, Beilage 1, 51, 58.

726 *Hoß/Lohr*, BB 1998, 2575; in diese Richtung auch *Krause*, NZA 2005, Beilage 1, 51, 53; vgl. auch MüKoBGB/*Spinner*, § 611a BGB Rn. 893: Möglichkeit der einseitigen Suspendierung im Falle eines „billigenswerten Grundes".

der Arbeitsmarkttauglichkeit erforderlich, lässt sich eine Freistellung nur unter besonders gewichtigen Umständen rechtfertigen.

Im Gegensatz dazu vermag die Zuordnung eines Arbeitnehmers zur Gruppe der Führungskräfte ebenso wenig Einfluss auf den Ausgang der Interessenabwägung zu nehmen, wie der bloße Ausspruch einer Kündigung. Der Bezug variabler Vergütungsbestandteile kann ein erhöhtes Beschäftigungsinteresse nur dann rechtfertigen, wenn es sich im Falle der Nichtbeschäftigung um Leistungen handelt, die nicht vom Schutz des § 615 S. 1 BGB erfasst werden.

## V. Einzelne Freistellungsgründe

Ausgehend von der zu Beginn der Arbeit dargelegten Interessenlage soll nun überprüft werden, welche Anliegen des Arbeitgebers einen sachlichen, nicht unerheblichen Grund für eine einseitige Freistellung des Arbeitnehmers darstellen.

Hierbei können die potentiellen Freistellungsgründe nur generalisiert betrachtet werden. Da der Ausgang einer Interessenabwägung immer von den konkreten Umständen des Einzelfalls abhängt, ist eine Benennung von „absoluten" Freistellungsgründen, bei deren Vorliegen eine Freistellung des Arbeitnehmers in jedem Fall rechtmäßig ist, kaum möglich. Dies wird durch den Umstand unterstrichen, dass auf Seiten des Arbeitnehmers immer auch besondere Beschäftigungsinteressen vorhanden sein können, welche dann in die Abwägung mit einzustellen sind. Insofern kann nur versucht werden, anhand einer typisierenden Charakteristik das vorhandene Maß an Unsicherheit so weit wie möglich zu reduzieren.

Nicht vergessen werden darf, dass die Freistellung naturgemäß nur eine vorübergehende Maßnahme sein kann. Sind dagegen Umstände gegeben, die ein dauerhaftes, unveränderliches Nichtbeschäftigungsinteresse begründen, kann die Freistellung allenfalls einer das Arbeitsverhältnis endgültig beendenden Maßnahme vorangestellt werden. Insofern dürfen offensichtlich nicht temporäre Interessenlagen, denen im Zweifel nur durch eine Kündigung oder einen Aufhebungsvertrag entsprochen werden kann, bei der Betrachtung der eine Freistellung rechtfertigenden Gründe außer Acht bleiben. So handelt es sich etwa im Falle einer Betriebsstilllegung – bei der eine Beschäftigung der Arbeitnehmer regelmäßig bereits aus leistungsstörungsrechtlichen Gesichtspunkten gem. § 275 I BGB tatsächlich unmöglich sein wird –[727] um ein nicht nur

727 *Ruhl/Kassebohm*, NZA 1995, 497, 501 f.; nicht eindeutig *Gumpert*, der die „Stilllegung des Betriebes oder einer Betriebsabteilung" in einem Atemzug mit den nicht

vorübergehendes Nichtbeschäftigungsinteresse, weshalb eine Freistellung ohnehin nicht das geeignete Instrument wäre.[728]

Bevor im Folgenden die an das Verhalten und die Person des Arbeitnehmers anknüpfenden Freistellungsgründe zur Diskussion stehen, soll zunächst auf betrieblich veranlasste Motivationslagen eingegangen werden. Die insoweit herausgearbeiteten Erkenntnisse – speziell bezogen auf die wirtschaftlichen Risiken einer nicht rentablen Beschäftigung des Arbeitnehmers – werden im Rahmen der sich anschließenden Erörterungen erneut aufgegriffen.[729]

### 1. Betrieblich veranlasste Freistellungsgründe

Häufig kommen vorübergehende Gründe für eine Freistellung in Betracht, die einen betrieblichen, in der Sphäre des Arbeitgebers liegenden Ursprung haben. Wie im Rahmen der arbeitgeberseitigen Interessenlage dargestellt, handelt es sich hierbei in der Regel um Fälle, in denen die Beschäftigung des Arbeitnehmers für das Unternehmen nicht mehr rentabel ist,[730] was sowohl außerbetriebliche wie auch innerbetriebliche Ursachen haben kann.

Die innerbetrieblichen Faktoren, wie ein etwaiger Umstrukturierungs- oder Rationalisierungsbedarf, fallen in der Regel mit der unternehmerischen Entscheidung des Arbeitgebers zusammen.[731] Sein Entschluss, den Betrieb in seinen Strukturen oder seinem Ablauf zu verändern, stellt insofern die Grundlage für sich daran anschließende Umsetzungsmaßnahmen wie diejenige einer Freistellung dar.

Bei den typischen außerbetrieblichen Faktoren wie beispielsweise einer schlechten Auftragslage, Absatzstockungen oder einem vorübergehend stark angestiegenen Preis der weiterzuverarbeitenden Rohstoffe, muss sich der Arbeitgeber überlegen, wie er auf die veränderte Marktsituation reagiert.[732] Dementsprechend bilden außerbetriebliche Faktoren regelmäßig nur den Anlass für eine

---

dem Unmöglichkeitsrecht unterfallenden Beispielen für eine berechtigte Freistellung nennt, *Gumpert*, BB 1961, 833; ähnlich auch *Preis*, Der Arbeitsvertrag/*Greiner*, F 10 Rn. 15. Zur Abgrenzung der betrieblich veranlassten Freistellungsgründe von den Fällen der Unmöglichkeit siehe sogleich unter F. V. 1. a).

728 So auch *Strehlein*, Freistellungsklauseln, S. 92.

729 Wirtschaftliche Erwägungen können auch bei verhaltensbezogenen Freistellungsgründen eine nicht unwesentliche Rolle spielen; siehe insbesondere unter F. V. 2. b) aa).

730 Vgl. oben unter B. II. 1.

731 *Junker*, Grundkurs Arbeitsrecht, Rn. 371; *Schiefer*, NZA-RR 2005, 1, 3.

732 *Schiefer*, NZA-RR 2005, 1, 3.

sich innerbetrieblich auswirkende Organisationsentscheidung,[733] welche durch das Instrument der Freistellung vollzogen werden kann.

### *a) Abgrenzung zur Unmöglichkeit*

Allerdings besteht dann keine Notwendigkeit zur Rechtfertigung der Nichtbeschäftigung des Arbeitnehmers, wenn schon aufgrund des allgemeinen Leistungsstörungsrechts die Beschäftigungspflicht des Arbeitgebers entfällt.[734] Da der Beschäftigungsanspruch als Nebenleistungspflicht den leistungsstörungsrechtlichen Grundsätzen unterliegt,[735] wäre im Falle der Beschäftigungsunmöglichkeit nach § 275 BGB die ansonsten notwendige Abwägung der gegenläufigen Interessen obsolet.[736] Insofern ist außerbetrieblichen wie innerbetrieblichen Faktoren im hier verstandenen Sinne gemein, dass sie die Beschäftigung des Arbeitnehmers nicht bereits nach leistungsstörungsrechtlichen Gesichtspunkten ausschließen.

In den plastischen Fällen der tatsächlichen Unmöglichkeit ist der Arbeitgeber von seiner Verpflichtung befreit, wenn eine Beschäftigungsmöglichkeit schlichtweg nicht gegeben ist. Dies kann beispielsweise bei einer Zerstörung oder Beschädigung der Betriebsstätte[737] genauso wie bei einem Ausfall von Betriebsanlagen oder Betriebsstoffen der Fall sein. Auch können extreme Wetterlagen witterungsabhängige Arbeiten unmöglich machen.[738] Daneben kann dem Arbeitgeber die Beschäftigung des Arbeitnehmers auch rechtlich unmöglich sein, wie etwa im Falle eines behördlichen Betriebsverbots.[739]

Bei den eine Freistellung potentiell rechtfertigenden betrieblich veranlassten Gründen ist demgegenüber eine Beschäftigung des Arbeitnehmers weiterhin möglich, wirtschaftlich aber sinnlos. So ist es auch im Falle einer schlechten Auftragslage oder Absatzstockungen theoretisch denkbar, dem Arbeitnehmer einen ordnungsgemäß ausgestatteten Arbeitsplatz inklusive der nötigen Rohstoffe zur

---

733 *Von Steinau-Steinrück/Oelkers*, NJW-Spezial 2004, 321; *Schiefer*, NZA-RR 2005, 1, 2.

734 BAG 27.02.2002 - 9 AZR 562/00, NZA 2002, 1099, 1101; BAG 13.06.1990 - 5 AZR 350/89, EzA Nr. 44 zu § 611 BGB Beschäftigungspflicht, Gründe I 2.

735 Zur Einordnung der Beschäftigungspflicht in die zivilrechtliche Pflichtensystematik siehe oben unter E. III. 2.

736 *Krause*, NZA 2005, Beilage 1, 51, 54.

737 Vgl. zum Brand der Arbeitsstätte BAG 28.09.1972 - 2 AZR 506/71, NJW 1973, 342 f.

738 BAG 09.07.2008 - 5 AZR 810/07, NJW 2008, 3803 f.; BAG 22.04.2009 - 5 AZR 310/08, NZA 2009, 913 f.

739 BAG 23.09.2015 - 5 AZR 146/14, NZA 2016, 293 f.

Verfügung zu stellen, damit er weiterhin vollumfänglich seiner Tätigkeit nachgehen kann. Ist allerdings absehbar, dass das Endprodukt keinen Abnehmer finden wird, wäre eine solche Vorgehensweise wirtschaftlich natürlich höchst irrational.

Ebenso liegt keine Unmöglichkeit vor, wenn die Aufgaben eines Arbeitnehmers nur auf andere Mitarbeiter des Unternehmens übertragen worden sind.[740] Solange die Aufgaben nicht tatsächlich weggefallen sind, könnten sie auch wieder vom ursprünglich damit betrauten Arbeitnehmer erledigt werden.

### *b) Generelle Geeignetheit zur Rechtfertigung einer Freistellung*

Bevor anschließend versucht werden soll, die Erheblichkeitsschwelle für betrieblich veranlasste Freistellungsgründe auszutarieren, muss zunächst der Frage nachgegangen werden, ob betrieblich veranlasste Interessen dem Grunde nach überhaupt zur Rechtfertigung einer Freistellung in Betracht kommen.[741] Kann also ein betriebliches Freistellungsinteresse einen sachlichen Grund für die zeitweise Nichtbeschäftigung des Arbeitnehmers darstellen?

Freilich stehen hinter betrieblich veranlassten Freistellungsbegehren durchweg wirtschaftliche Interessen des Arbeitgebers.[742] Der Arbeitnehmer soll freigestellt werden, um über die ohnehin anfallende Vergütung hinaus weitere, durch die Beschäftigung entstehende Kosten zu sparen. Gleichzeitig hat der Arbeitgeber grundsätzlich das Wirtschaftsrisiko zu tragen.[743] Dieses realisiert sich dann, wenn der Betrieb des Unternehmens für den Arbeitgeber wirtschaftlich nicht (mehr) rentabel ist, was durch unterschiedliche innerbetriebliche und außerbetriebliche Faktoren bedingt sein kann.[744] In Zusammenschau mit diesem Umstand könnte man geneigt sein, betrieblich veranlasste Gründe zur Rechtfertigung einer Freistellung als generell ungeeignet zu qualifizieren.[745]

---

740 LAG München, 19.08.1992 - 5 Ta 185/92, NZA 1993, 1130, 1131 f.; ArbG Leipzig 08.08.1996 - 18 Ga 37/96, BB 1997, 366, 367 mit zustimmender Anmerkung von *Keßler*, BB 1997, 367, 368 f.

741 Dies verneinend *Bühn*, Die einseitige Suspendierung von Arbeitnehmern im Individualarbeitsrecht, S. 137.

742 Vgl. zur Interessenlage des Arbeitgebers oben unter B. II. 1.

743 BAG 08.03.1961 - 4 AZR 223/59, NJW 1961, 1693 f.; BAG 23.06.1994 - 6 AZR 853/93, NZA 1995, 468, 469; BAG 22.10.2009 - 8 AZR 766/08, NZA-RR 2010, 660, 661; MHdB/*Tillmanns*, § 76 Rn. 85; Schaub/*Linck*, ArbR-Hdb, § 101 Rn. 9.

744 HK-ArbR/*Waas/Palonka*, § 615 BGB Rn. 33; Schaub/*Linck*, ArbR-Hdb, § 101 Rn. 9 f.

745 Nicht ganz so streng *Beckmann*, der allerdings betont, dass die Zulässigkeit einer betrieblich veranlassten Freistellung durch das vom Arbeitgeber zu tragende

Allerdings kann das wirtschaftlich vom Arbeitgeber zu tragende Risiko nicht zu einem prinzipiellen Verbot von für den Arbeitnehmer nachteiligen Maßnahmen führen. Dies verdeutlicht bereits der Umstand, dass der Arbeitgeber das Arbeitsverhältnis aufgrund betrieblicher Gründe einseitig zu lösen vermag. Denn auch wenn eine rechtswirksame Kündigung noch an weitere Voraussetzungen geknüpft ist,[746] so kommt sie generell gem. § 1 II KSchG im Falle „dringender betrieblicher Erfordernisse" in Betracht, sofern der Arbeitsplatz des Arbeitnehmers weggefallen ist.

Noch anschaulicher wird die Einschränkbarkeit des Wirtschaftsrisikos anhand der Kleinbetriebsklausel des § 23 I KSchG: Kleinere Unternehmen sollen durch die Hürden des KSchG nicht unverhältnismäßig belastet werden, um sich personalwirtschaftlich an schwankende ökonomische Entwicklungen anpassen zu können.[747]

Dem Arbeitgeber stehen also Maßnahmen zur Verfügung, um zur Sicherung des Unternehmens und dem Wohle der übrigen Belegschaft angemessen auf wirtschaftliche Veränderungen zu reagieren. Insofern kann es durchaus vorkommen, dass der Arbeitnehmer am Wirtschaftsrisiko partizipiert.

Zu den geeigneten arbeitgeberseitigen Instrumenten muss neben der Kündigung auch dasjenige der aus Rechtsfolgensicht weniger einschneidenden einseitigen Freistellung zählen, welches eine Reaktion auf sich kurzfristig einstellende Ereignisse bei gleichzeitiger Aufrechterhaltung des arbeitsvertraglichen Bandes ermöglicht. Mithin können betriebliche Impulse prinzipiell einen sachlichen Grund für eine Freistellung darstellen.

### c) *Erheblichkeitsschwelle*

Dass betrieblich veranlasste Interessen potentiell als Freistellungsgrund in Betracht kommen, beantwortet allerdings noch nicht die Frage, ab wann sie hinreichend erheblich sind, um eine Freistellung des Arbeitnehmers zu rechtfertigen.

---

Betriebs- und Wirtschaftsrisiko begrenzt werde, *Beckmann*, NZA 2004, 1131, 1132; ebenso *Hoß/Lohr*, BB 1998, 2575, 2576.

746 Zu den Voraussetzungen der betriebsbedingten Kündigung siehe *Junker*, Grundkurs Arbeitsrecht, Rn. 371 ff.; *Dütz/Thüsing*, Arbeitsrecht, Rn. 409 ff.

747 Vgl. BT-Drucks. 13/4612, S. 9: „Schließlich ist zu berücksichtigen, daß kleine Betriebe häufig kaum Reserven bilden können und deshalb Schwankungen der Auftragslage durch personalwirtschaftliche Flexibilität ausgleichen müssen."; siehe auch APS/*Moll*, § 23 KSchG Rn. 6.

Klar ist, dass am äußersten Rand des Spektrums die Existenzgefährdung des Betriebs steht. Wenngleich die Erheblichkeitsschwelle bei solch gravierenden Gefahren deutlich überschritten ist, so bedarf es keiner ausführlichen Begründung, dass derart hohe Risiken nicht als Mindestanforderung für eine betrieblich veranlasste einseitige Freistellung gefordert werden können.

Ebenso ist der Arbeitgeber bei „unzumutbaren wirtschaftlichen Belastungen" i.S.d. § 102 V 2 Nr. 2 BetrVG zur einseitigen Freistellung des Arbeitnehmers berechtigt. Dies ist nicht nur der Fall, wenn durch die Beschäftigung des Arbeitnehmers die wirtschaftliche Existenz des Betriebs in Frage gestellt wird,[748] sondern auch dann, wenn negative Auswirkungen für die Liquidität oder Wettbewerbsfähigkeit des Arbeitgebers nicht von der Hand zu weisen sind.[749] Wenn dieser Tatbestand dem Gericht die Entbindung des Arbeitgebers von der Weiterbeschäftigungsverpflichtung des § 102 V 1 BetrVG eröffnet, muss er auch im unstreitigen Arbeitsverhältnis geeignet sein, um eine Freistellung des Arbeitnehmers rechtfertigen zu können. Da allerdings wie erwähnt die Rechtsfolgen einer Entbindungsentscheidung nach § 102 V 2 Nr. 2 BetrVG mit dem Entfallen des gesamten vorläufigen Bestandsschutz (einschließlich des Vergütungsanspruchs) deutlich über diejenigen der einseitigen Freistellung hinausgehen,[750] kann auch der Maßstab der „unzumutbaren wirtschaftlichen Belastung" nicht als untere Grenze der Erheblichkeitsschwelle fruchtbar gemacht werden.

Zudem muss auch im Rahmen der einseitigen Freistellung mit Blick auf die Unternehmensleitung ähnliches wie im Falle betriebsbedingter Kündigungen gelten: Die Beschäftigungspflicht darf nicht zu einer Kontrolle der dem Arbeitgeber zustehenden Leitung des Betriebs führen.[751] Vielmehr muss dem Arbeitgeber der Raum zu einer selbstständigen Einschätzung der wirtschaftlichen Situation und den daraus resultierenden Organisationsentscheidungen verbleiben.

Aus dieser beschränkten Kontrollmöglichkeit folgt hinsichtlich der Rechtmäßigkeit von betrieblich veranlassten Freistellungen, dass im Rahmen der vorzunehmenden Interessenabwägung nicht zu prüfen ist, ob die vom Arbeitgeber mit seiner Unternehmerentscheidung intendierten Vorteile in einem „vernünftigen

748 So auch *Rieble*, BB 2003, 844, 848; tendenziell strenger Däubler/Klebe/Wedde/*Bachner*, § 102 BetrVG Rn. 321 f.; *Fitting*, § 102 BetrVG Rn. 119.

749 Richardi/*Thüsing*, § 102 BetrVG Rn. 257; HK-ArbR/*Dietrich/Braasch*, § 102 BetrVG Rn. 60; Gallner/Mestwerdt/*Nägele*, § 102 BetrVG Rn. 223; HaKo-BetrVG/*Braasch*, § 102 BetrVG Rn. 122.

750 Vgl. hierzu oben unter F. IV. 2. g).

751 *Hueck/Nipperdey*, Lehrbuch des Arbeitsrechts, 7. Auflage, Band I, S. 384; *Krause*, NZA 2005, Beilage 1, 51, 54.

Verhältnis" zu den Nachteilen stehen, die der Arbeitnehmer durch die Freistellung erleidet.[752] Vielmehr muss sich dem Arbeitgeber, vor dem Hintergrund seiner unternehmerischen Unabhängigkeit, die Möglichkeit der einseitigen Freistellung immer (schon) dann eröffnen, wenn durch die Beschäftigung des Arbeitnehmers der Eintritt von Rechtsnachteilen in Form von Schäden wahrscheinlich ist.[753]

Die Beschäftigungspflicht darf nicht dazu führen, dass einem Unternehmen die Möglichkeit genommen wird, angemessen auf kurzfristige marktsituative Gegebenheiten zu reagieren.[754] Dementsprechend kann vom Arbeitgeber der Einsatz seiner Ressourcen wie Arbeitsmittel, Verwaltungsaufwand etc. nur so lange verlangt werden, wie ihm dadurch keine über die Vergütung hinausgehenden Schäden entstehen.[755] Insofern ist die Rechtmäßigkeit einer betrieblich intendierten einseitigen Freistellung von den wirtschaftlichen Auswirkungen der potentiellen Weiterbeschäftigung abhängig zu machen.

Sind hingegen mit der Beschäftigung des Arbeitnehmers keine über die Vergütung hinausgehenden Kosten verbunden oder können drohende Schäden durch den wirtschaftlichen Ertrag der Beschäftigung kompensiert werden, ist eine Freistellung allein aus betrieblichen Gründen nicht zu rechtfertigen. Deshalb kann das Argument des durch die Beschäftigung „nicht vorhandenen Mehrwertes" im Sinne eines „fehlenden Gewinns" nicht für die Freistellung eines Arbeitnehmers ausreichen. Darüber hinaus spricht unter Berücksichtigung der persönlichkeitsrechtlichen Relevanz des Beschäftigungsanspruchs viel dafür, dass selbst geringe Schäden vom Arbeitgeber hinzunehmen sind, solange sie keine oder nur marginale Auswirkungen auf das Unternehmensergebnis haben.

Drohen allerdings nicht unerhebliche Schäden, weil beispielsweise produzierte Güter kostenintensiv gelagert werden müssen und nur eine beschränkte Haltbarkeit haben, wird eine Freistellung leichter zu rechtfertigen sein, als bei

---

752 Parallel für den Fall einer betriebsbedingten Kündigung BAG 30.04.1987 - 2 AZR 184/86, NZA 1987, 776, 778.

753 Ebenfalls (mitunter) auf den Schadensbegriff abstellend MüKoBGB/*Spinner*, § 611a BGB Rn. 893; *Gumpert*, BB 1961, 833; Staudinger/*Richardi/Fischinger*, § 611a BGB Rn. 1768.

754 Zum Sinn der Anerkennung autonomer unternehmerischer Entscheidungen vgl. MHdB/*Berkowsky*, 3. Auflage, § 112 Rn. 19 f.

755 Ähnlich *Hoß/Lohr*, BB 1998, 2575, 2576: Zulässigkeit der Freistellung, wenn „die Erbringung der Arbeitsleistung für den Arbeitgeber keinen wirtschaftlichen Nutzen bringt und nur zusätzliche Kosten verursacht"; ebenso *Beckmann*, NZA 2004, 1131, 1132.

einer Überproduktion von später problemlos absetzbaren und ohne besonderen Aufwand vorzuhaltenden Waren.

## 2. Verhaltensbezogene Freistellungsgründe

Nicht nur betrieblich veranlasste Gründe, sondern auch das Verhalten des Arbeitnehmers kann zum Entfallen des Beschäftigungsanspruchs führen. Insofern wird sowohl von der Rechtsprechung[756] als auch von der Literatur[757] das durch ein Verhalten des Arbeitnehmers beschädigte Vertrauensverhältnis als Freistellungsgrund angeführt. Eine solche Beschädigung kommt (nur) dann in Betracht, wenn ein ausgemachtes oder zumindest in Frage stehendes Fehlverhalten des Arbeitnehmers vorliegt.[758]

### *a) Fehlverhalten des Arbeitnehmers*

Ein verhaltensbedingtes Entfallen des Beschäftigungsanspruchs setzt grundsätzlich voraus, dass der Arbeitnehmer eine aus dem Arbeitsverhältnis resultierende Pflicht in ihm vorwerfbarer Art und Weise verletzt hat.[759] Dabei handelt es sich regelmäßig um Verhaltensweisen, die so erheblich sind, dass sie (mindestens) eine Abmahnung nach sich ziehen können und daher eine kündigungsrechtliche Relevanz besitzen.[760] Als typische arbeitnehmerseitige Pflichtverstöße kommen etwa wiederholte Unpünktlichkeit,[761] unentschuldigtes Fehlen,[762] private

---

756 BAG 27.02.1985 - GS 1/84, AP Nr. 14 zu § 611 BGB Beschäftigungspflicht, Gründe C I 3: „Wegfall der Vertrauensgrundlage"; ebenso BAG 19.12.1985 - 2 AZR 190/85, NZA 1986, 566.

757 MHdB/*Reichold*, § 92 Rn. 11; Boecken/Düwell/Diller/*Hanau/Wall*, Art. 2 GG Rn. 54; BeckOK ArbR/*Joussen*, § 611a BGB Rn. 269; BeckOK BGB/*Baumgärtner*, § 611a BGB Rn. 63; *Ruhl/Kassebohm*, NZA 1995, 497, 501; *Fuhlrott/Balupuri-Beckmann*, ArbRAktuell 2011, 393, 394.

758 Insofern weist *Krause* zutreffend darauf hin, dass sich ein Vertrauensverlust auf objektive Tatsachen stützen muss und nicht einfach nur pauschal behauptet werden darf, *Krause*, NZA 2005, Beilage 1, 51, 54.

759 Daneben kann eine Freistellung aus verhaltensbezogenen Gründen auch dann in Betracht kommen, wenn nur der Verdacht einer Straftat oder einer arbeitsvertraglichen Pflichtverletzung besteht. Siehe hierzu gleich unter F. V. 2. a) bb).

760 In diese Richtung auch *Strehlein*, Freistellungsklauseln, S. 100 f.

761 BAG 13.03.1987 - 7 AZR 601/85, NZA 1987, 518, 519; BAG 17.03.1988 - 2 AZR 576/87, NZA 1989, 261, 263; BAG 17.01.1991 - 2 AZR 375/90, NZA 1991, 557, 558.

762 BAG 15.03.2001 - 2 AZR 147/00, EzA Nr. 185 zu § 626 BGB nF.

Internetnutzung am Arbeitsplatz[763] oder die Störung des Betriebsfriedens[764] in Betracht. Aber auch massive Pflichtverletzungen wie Verstöße gegen das Wettbewerbsverbot[765] oder sonstige in Zusammenhang mit dem Arbeitsverhältnis stehende Straftaten[766] können die Grundlage für eine verhaltensbedingte Freistellung des Arbeitnehmers bilden.[767] Sozialadäquate Verhaltensweisen oder nur marginale Verfehlungen können hingegen die erforderliche Erheblichkeitsschwelle nicht überschreiten.[768]

### *aa) Mangelndes arbeitnehmerseitiges Fehlverhalten*

Insofern muss eine verhaltensbedingte Freistellung dann ausscheiden, wenn schon kein dem Arbeitnehmer vorwerfbares Fehlverhalten vorliegt. Dies ist insbesondere in folgenden Konstellationen der Fall:

#### *(1) Erfolglosigkeit*

Besonders der reine Umstand der Erfolglosigkeit vermag die einseitige Freistellung des Arbeitnehmers nicht zu rechtfertigen.

In vielen Tätigkeitsfeldern ist der Erfolgseintritt nicht direkt mit der pflichtgemäßen Aufgabenerfüllung verknüpft. Selbst wenn der Arbeitnehmer körperlich und geistig zur vertragsgemäßen Aufgabenerledigung fähig und daneben auch leistungswillig ist, wird er durch seine Arbeit dann nicht zwangsläufig ein zufriedenstellendes Ergebnis erzielen können, wenn der konkrete Erfolg nicht ausschließlich von Faktoren abhängig ist, auf die der Arbeitnehmer Einfluss nehmen kann.

So ist beispielsweise der Trainer einer Profisportmannschaft, der sein Team hochmotiviert und mit Sachverstand trainiert, ausgiebig auf den kommenden Gegner einstellt und während des Spiels mit allem Einsatz an der Seitenlinie

---

763 BAG 31.05.2007 - 2 AZR 200/06, NZA 2007, 922, 924.

764 BAG 09.12.1982 - 2 AZR 620/80, NJW 1984, 1142 f.

765 BAG 28.01.2010 - 2 AZR 1008/08, NZA-RR 2010, 461, 462; BAG 23.10.2014 - 2 AZR 644/13, NZA 2015, 429, 431.

766 BAG 21.06.2012 - 2 AZR 153/11, NZA 2012, 1025, 1026 f.; BAG 10.09.2009 - 2 AZR 257/08, NZA 2010, 220, 221 f.

767 Übersichtsartig zu typischen, im Hinblick auf eine verhaltensbedingte Kündigung relevante Pflichtverletzungen Schaub/*Linck*, ArbR-Hdb, § 133 Rn. 11 ff.

768 Hat sich etwa der Arbeitnehmer während der Arbeitszeit kurz mit seinen Kollegen über private Angelegenheiten unterhalten, ist die Erheblichkeitsschwelle nicht überschritten. So bezüglich einer Abmahnung auch Grobys/Panzer-Heemeier/*Regh*, Abmahnung Rn. 25.

coacht, nicht vor einer Niederlage seiner Mannschaft gefeit.[769] Auch Nachhilfelehrer oder Dozenten einer Weiterbildungsmaßnahme können sich nicht sicher sein, dass sich der von ihnen eingebrachte Arbeitsaufwand in einer besseren Leistung der Schüler oder einer Erweiterung der Fähigkeiten der Veranstaltungsteilnehmer niederschlägt.

Ist dem Arbeitnehmer kein Fehlverhalten vorwerfbar, tritt aber der gewünschte Erfolg trotzdem nicht ein, kann allein deshalb die Beschäftigungspflicht des Arbeitgebers nicht entfallen. Eine einseitige Freistellung scheidet in diesen Konstellationen aus. Insofern ist es in Bereichen, in denen im Falle der Erfolglosigkeit erhebliche negative wirtschaftliche Auswirkungen drohen, Sache des Arbeitgebers, sich im Arbeitsvertrag eine entsprechende Freistellungsmöglichkeit vorzubehalten[770] oder in der konkreten Situation eine einvernehmliche Lösung mit dem Arbeitnehmer zu finden.

*(2) Gefahr wettbewerblicher Nachteile*

Diese Grundsätze sollten auch hinsichtlich des Schutzes wettbewerblicher Interessen gelten, was allerdings weitgehend anders beurteilt wird. Schon der Große Senat nannte als Beispiel für ein überwiegendes Nichtbeschäftigungsinteresse des Arbeitgebers einen „demnächst zur Konkurrenz abwandernden Arbeitnehmer aus Gründen der Wahrung von Betriebsgeheimnissen".[771] Entsprechend wird auch von weiten Teilen der Literatur eine einseitige Freistellung als zulässig erachtet, wenn die Gefahr besteht, dass ein Arbeitnehmer wettbewerbliche Interessen seines Arbeitgebers verletzen könnte.[772]

---

769 Ein von Erfolglosigkeit motiviertes Freistellungsinteresse lag auch dem vom LAG Hamm entschiedenen Sachverhalt zugrunde, welches sich mit der Frage nach der Rechtmäßigkeit von Freistellungs- und Ausschlussklauseln in einem zwischen einem Fußballtrainer und einem Verein der 2. Fußballbundesliga geschlossenen Arbeitsvertrag auseinanderzusetzen hatte, LAG Hamm 11.10.2011 - 14 Sa 543/11, GWR 2011, 558.

770 Zur Freistellungsvereinbarung des Cheftrainers eines Profifußballvereins vgl. LAG Hamm 11.10.2011 - 14 Sa 543/11, NZA-RR 2012, 75 f.; siehe dazu auch *Richter/Lange*, NZA-RR 2012, 57 ff.

771 BAG 27.02.1985 - GS 1/84, NZA 1985, 702, 703; ebenso BAG 19.12.1985 - 2 AZR 190/85, NZA 1986, 566; daran anknüpfend LAG Hamm 03.11.1993 - 15 Sa 1592/93, LAGE Nr. 36 zu § 611 BGB Beschäftigungspflicht, das die einseitige Freistellung eines Assistenten der Geschäftsleitung mit Kenntnissen von wesentlichen Geschäftsgeheimnissen für die Dauer von 9 Monaten als zulässig erachtet.

772 *Krause*, NZA 2005, Beilage 1, 51, 53 f.; *Hoß/Lohr*, BB 1998, 2575; Grobys/Panzer-Heemeier/*Oberthür/Esskandari*, Freistellung Rn. 5; HWK/*Thüsing*, § 611a BGB

Damit sind aber nicht nur Sachlagen gemeint, in denen ein Arbeitnehmer bereits gegen wettbewerbliche Interessen des Arbeitgebers verstoßen hat oder eines solchen Verstoßes verdächtig ist. Da hier ein Fehlverhalten des Arbeitnehmers vorliegt oder zumindest in Rede steht,[773] sind diese Fälle insoweit unproblematisch. Vielmehr sollen auch diejenigen Konstellationen abgedeckt sein, in denen der Arbeitgeber (bloß) zukünftige nachteilige Handlungen des Arbeitnehmers fürchtet.[774] Dies betrifft in erster Linie Freistellungen während des Laufs der Kündigungsfrist nach einer ordentlichen Kündigung des Arbeitnehmers oder des Arbeitgebers.[775]

Dabei werden neben der Voraussetzung, dass der Arbeitnehmer eine Position bekleiden muss, die ihm überhaupt eine Beeinträchtigung wettbewerblicher Interessen ermöglicht,[776] mitunter ernstliche Anhaltspunkte gefordert, dass der Arbeitnehmer tatsächlich zu einem Konkurrenten wechselt.[777] Auch scheide eine Freistellung dann aus, wenn der Arbeitnehmer problemlos auf einen anderen vertragsgemäßen Arbeitsplatz versetzt werden kann, an dem ihm der Zugang zu wettbewerblich relevanten Informationen verwehrt bleibt.[778]

### *(a) Kein verhaltensbezogener Freistellungsgrund*

Wenn auch das arbeitgeberseitige Freistellungsinteresse im Grundsatz nachvollzogen werden kann, ist bei den hier in Rede stehenden Konstellationen

---

Rn. 326; Küttner/*Kania*, Personalbuch 2020, Beschäftigungsanspruch Rn. 7; APS/*Preis*, Grundlagen K Rn. 76; BeckOK BGB/*Baumgärtner*, § 611a BGB Rn. 63; *Kempter/Steinat*, NZA 2016, 913.

773 Zu den Fällen der Verdachtsfreistellung siehe sogleich unter F. V. 2. a) bb).

774 Ausnahmsweise ausdrücklich zwischen diesen Konstellationen differenzierend *Ruhl/Kassebohm*, NZA 1995, 497, 501.

775 Im Falle einer arbeitgeberseitigen Kündigung darf diese freilich nicht selbst wegen eines Verstoßes gegen wettbewerbliche Interessen erfolgt sein.

776 Nach *Strehlein* zählen hierzu etwa Führungskräfte mit Einblick in die Interna der Geschäftsleitung, Außendienstmitarbeiter mit eigenständigem Kundenkontakt, aber auch einfache Arbeiter im Produktionsbereich, wenn diese etwa mit neuen Produktionsverfahren in Berührung kommen, *Strehlein*, Freistellungsklauseln, S. 103; anders *Krause*, der „einfache Arbeiter im Produktionsbereich" ausnimmt, *Krause*, NZA 2005, Beilage 1, 51, 53.

777 *Lepsien*, Die Suspendierung eines Arbeitnehmers im unstreitigen Arbeitsverhältnis, S. 119 f.; *Krause*, NZA 2005, Beilage 1, 51, 53; *Strehlein*, Freistellungsklauseln, S. 104 f.

778 *Krause*, NZA 2005, Beilage 1, 51, 54; *Strehlein*, Freistellungsklauseln, S. 105 f.; in diese Richtung auch *Salje*, in: Arbeitsrecht in der Bewährung: Festschrift für Otto Rudolf Kissel zum 65. Geburtstag (1994), S. 983, 991.

problematisch, dass der Arbeitnehmer weder eine arbeitsvertragliche Pflicht verletzt hat, noch ein dahingehendes Fehlverhalten zu erwarten ist. Vielmehr ist der Umstand, dass der Arbeitnehmer im Falle eines Arbeitgeberwechsels sein vorhandenes Wissen und seine erworbenen Kenntnisse im Rahmen seiner neuen Anstellung einbringt, völlig legitim, es liegt sogar in der Natur der Sache. Soweit sich der Arbeitgeber nicht durch eine nachvertraglich wirkende Übereinkunft gem. § 74 HGB abgesichert hat, besteht nach Ende des Arbeitsverhältnisses prinzipiell freier Wettbewerb.[779] Die für das abgebende Unternehmen in Rede stehende Gefährdungslage resultiert insofern nicht aus einem (potentiellen) Fehlverhalten des Arbeitnehmers, sondern fußt allein auf dem Umstand, dass gesammelte Erfahrungen und erworbenes Wissen beim neuen Arbeitgeber (in völlig zulässiger Weise) gewinnbringend und damit in der Folge auch zum Nachteil der Konkurrenz eingesetzt werden können. Insofern ist nicht ersichtlich, wieso die Freistellung eines unter Umständen langjährigen, verdienten Mitarbeiters, der nie seine arbeitsvertraglichen Pflichten verletzt hat, gerechtfertigt sein sollte, nur weil er sich in einer Position mit Zugang zu wettbewerblich relevanten Informationen befindet.

Daneben muss, jedenfalls für die Fälle der arbeitnehmerseitigen Kündigung, bezweifelt werden, dass der Mitarbeiter sensible Informationen nicht bereits vor Bekanntgabe seines Ausscheidens hätte sammeln können, sodass eine Realisierung des Freistellungszwecks ohnehin ungewiss wäre. Aber auch bei einer Freistellung infolge einer Arbeitgeberkündigung kann zumindest bis dahin erworbenes Wissen nicht mehr „gelöscht" werden. Auch wenn der Mitarbeiter ab dem Freistellungszeitpunkt von den laufenden Arbeitsprozessen ferngehalten wird, so bleibt der bis dahin gesammelte Erfahrungsschatz bestehen, welcher sich in wettbewerbsrechtlicher Hinsicht ebenfalls nachteilig auswirken könnte.

Zudem darf nicht außer Acht gelassen werden, dass ein ausscheidender Arbeitnehmer regelmäßig eine Anschlussbeschäftigung antreten wird, die seinem Wissens- und Fachgebiet entspricht. Auch wenn in der Literatur betont wird, dass eine Freistellung nur in denjenigen Fällen in Betracht kommt, in denen die Position des Arbeitnehmers eine Beeinträchtigung der arbeitgeberseitigen Interessen ermöglicht,[780] so würde die Anerkennung der „Gefahr

779 BAG 19.05.1998 - 9 AZR 394/97, NZA 1999, 200, 201; BAG 07.09.2004 - 9 AZR 545/03, NZA 2005, 105, 106; MüKoHGB/*v. Hoyningen-Huene*, § 60 HGB Rn. 19; es gelten nur die (nachvertragliche) Schweigepflicht, die nach Vertragsende eingeschränkte, nachwirkende Treuepflicht sowie der Schutz nach §§ 3, 17, 18 UWG, siehe Baumbach/Hopt/*Roth*, § 60 HGB Rn. 6.

780 *Strehlein*, Freistellungsklauseln, S. 103; *Krause*, NZA 2005, Beilage 1, 51, 53.

wettbewerblicher Nachteile" als Freistellungsgrund den Beschäftigungsanspruch während des Laufs der Kündigungsfrist stark aushöhlen. Eine derartige Sichtweise würde faktisch allen Mitarbeitern mit Zugang zu wettbewerbsrechtlich sensiblen Informationen ihren Beschäftigungsanspruch während des Laufs der Kündigungsfrist entziehen.[781]

Ferner wäre kaum eine Grenze festlegbar, wie „nah" der Kontakt des entsprechenden Arbeitnehmers zu den sensiblen Informationen sein müsste, um eine Freistellung rechtfertigen zu können. Wäre etwa bei Einführung eines neuartigen Produktionsverfahrens die Projektleitung des ausscheidenden Mitarbeiters notwendig? Müsste er Teil der sich mit dem neuen Projekt befassenden Arbeitsgruppe sein? Würde es ausreichen, wenn er nur in ausführender Funktion die neuen Arbeitsabläufe umsetzt? Oder würden schon bei demjenigen Mitarbeiter Wettbewerbsgefahren drohen, der gar nicht unmittelbar mit der Planung oder Umsetzung des neuen Arbeitsschritts betraut ist, sondern nur die übrigen (weiterverarbeitenden) Produktionsschritte an die neuen Arbeitsabläufe anpasst?

Insgesamt kann daher festgehalten werden, dass – jedenfalls aus verhaltensbezogener Sicht – allein die Befürchtung zukünftiger Wettbewerbsnachteile nicht gewichtig genug ist, um den Fortfall der Beschäftigungspflicht rechtfertigen zu können.[782]

### *(b) Kein betrieblich veranlasster Freistellungsgrund*

Wenngleich es also für eine verhaltensbezogene Freistellung an einem Fehlverhalten des Arbeitgebers fehlt, so könnte nach den obigen Erörterungen bei einer Gefahr von wettbewerblichen Nachteilen eine betrieblich veranlasste Freistellung des Arbeitnehmers in Betracht kommen. Insofern könnte in den drohenden negativen Folgen eines bevorstehenden Arbeitgeberwechsels ein – ähnlich wie etwa im Falle einer schlechten Auftragslage – außerbetrieblicher Faktoren gesehen werden, den der Arbeitgeber durch die Freistellung des ausscheidenden Mitarbeiters abzuschwächen versucht. Daher stellt sich die Frage, ob bei einer Gefahr von wettbewerblichen Nachteilen die arbeitgeberseitige Beschäftigungspflicht aufgrund einer betrieblichen Veranlassung entfallen könnte.

Wie dargelegt, kann eine betrieblich veranlasste Freistellung dann zulässig sein, wenn durch die Beschäftigung des Arbeitnehmers der Eintritt von

---

781 Zu den Auswirkungen einer Kündigungserklärung auf den Beschäftigungsanspruch siehe oben unter F. IV. 2. e).

782 In diese Richtung auch *Fischer*, NZA 2004, 233, 236.

Rechtsnachteilen in Form von Schäden wahrscheinlich ist.[783] Hierbei muss allerdings beachtet werden, dass im Falle der typischen betrieblich veranlassten Freistellungsgründe[784] der (potentielle) Schaden regelmäßig unmittelbar durch die Beschäftigung des Arbeitnehmers verursacht wird. Insofern resultieren etwa die im Zuge der Herstellung nicht absetzbarer Produkte entstehenden Energie- oder Materialkosten unmittelbar aus der (wirtschaftlich unsinnigen) Beschäftigung des Arbeitnehmers.

Im Falle einer Gefahr von wettbewerblichen Nachteilen folgen hingegen keine Schäden unmittelbar aus der Beschäftigung des Arbeitnehmers. Zwar hat der entsprechende Mitarbeiter für die Dauer der Kündigungsfrist weiterhin Zugang zu seinem Arbeitsplatz mitsamt den dazugehörigen Informationen und ist weiterhin in aktuelle Projekte und Arbeitsabläufe eingebunden. Daraus ergibt sich aber jedenfalls unmittelbar kein Nachteil für den ursprünglichen Arbeitgeber. Damit überhaupt Schäden drohen, muss im neuen Unternehmen das vorhandene Wissen erst zum Nachteil des ursprünglichen Arbeitgebers eingesetzt werden. Es ist also ein weiterer Schritt notwendig, der in keinem unmittelbaren Zusammenhang mehr zur Beschäftigung des Arbeitnehmers bei seinem vorherigen Arbeitgeber steht. Zudem ist kaum einschätzbar, ob sich durch das wettbewerbsrelevante Wissen des Arbeitnehmers tatsächlich ein Nachteil des abgebenden Arbeitgebers realisiert. Ein solch weiter Ursächlichkeitszusammenhang für einen (nur latenten) wettbewerblichen Nachteil kann nicht ausreichen, um die grundrechtlich geschützten Beschäftigungsinteressen des Arbeitnehmers zu überlagern.

Daher vermag die Befürchtung zukünftiger Wettbewerbsnachteile den Fortfall der Beschäftigungspflicht auch aus betrieblicher Sicht nicht zu rechtfertigen.

#### *(c) Vermeidung wettbewerblicher Nachteile durch anderweitige Maßnahmen*

Gleichwohl kann freilich nicht ausgeschlossen werden, dass es Konstellationen gibt, in denen der Arbeitgeber wegen der Befürchtung wettbewerblicher Nachteile einen ausscheidenden Mitarbeiter nicht bis zum Ablauf der Kündigungsfrist beschäftigen möchte. Dann liegt es aber im Verantwortungsbereich des

783 Vgl. zur Erheblichkeitsschwelle bei betrieblich veranlassten Freistellungsgründen oben unter F. V. 1. c).

784 Hierzu zählen beispielsweise eine schlechte Auftragslage oder Absatzstockungen sowie ein etwaiger Umstrukturierungs- oder Rationalisierungsbedarf.

Arbeitgebers, angemessen Vorsorge zu treffen oder die Situation anderweitig aufzulösen.

Insofern kann dem Arbeitgeber zugemutet werden, sich bei entsprechend positionierten Mitarbeitern eine Freistellungsmöglichkeit für die Zeit der Kündigungsfrist arbeitsvertraglich vorzubehalten. Andernfalls muss er im Falle eines akuten Ausscheidens versuchen, auf eine einvernehmliche Lösung hinzuwirken. Zusätzlich zum arbeitsvertraglichen Freistellungsvorbehalt besteht im Hinblick auf die Gefahr wettbewerblicher Nachteile die Möglichkeit der Vereinbarung eines nachvertraglichen Wettbewerbsverbots gem. § 74 HGB.

Sollten diese Optionen von Seiten des Arbeitgebers nicht in Betracht gezogen worden sein, ist es nicht gerechtfertigt, dieses Versäumnis durch Beschneidung des Beschäftigungsanspruchs auf den Arbeitnehmer abzuwälzen.

#### *bb) Verdacht eines arbeitnehmerseitigen Fehlverhaltens*

Ebenso wie im Falle eines festgestellten arbeitnehmerseitigen Fehlverhaltens kann eine Freistellung auch dann in Betracht kommen, wenn nur der Verdacht einer Straftat oder einer arbeitsvertraglichen Pflichtverletzung gegeben ist. Insofern kann der Arbeitgeber, auch mit Blick auf sich daran eventuell anschließende Maßnahmen, ein Interesse an der Verifizierung oder Ausräumung bestehender Verdachtsmomente haben.

Dabei muss es sich für die Zulässigkeit der Freistellung nicht um solch intensive Verdachtsmomente handeln, die auch eine außerordentliche Kündigung rechtfertigen könnten.

Für die Rechtmäßigkeit einer Verdachtskündigung muss der Arbeitnehmer unter dem Verdacht stehen, in erheblicher Weise gegen seine arbeitsvertraglichen Pflichten verstoßen zu haben. Der in Rede stehende Pflichtverstoß muss so gravierend sein, dass im Falle seiner Bestätigung dem Arbeitgeber die weitere Fortsetzung des Arbeitsverhältnisses nicht zugemutet werden kann.[785] Das Gewicht der potentiellen Pflichtverletzung muss deshalb prinzipiell eine außerordentliche Kündigung rechtfertigen können.[786] Hinsichtlich der Intensität ist ein dringender Verdacht und somit eine große Wahrscheinlichkeit notwendig, dass der Arbeitnehmer die Pflichtverletzung begangen hat.[787] Hintergrund der

---

785 BAG 18.11.1999 - 2 AZR 743/98, NZA 2000, 418, 419; *Stöhr*, JuS 2010, 1052, 1053; ErfK/*Niemann*, § 626 BGB Rn. 177b.

786 BAG 10.12.2009 - 2 AZR 534/08, NZA 2010, 698, 701; *Eylert*, NZA-RR 2014, 393, 398.

787 BAG 21.06.2012 - 2 AZR 694/11, NZA 2013, 199, 200; BAG 25.10.2012 - 2 AZR 700/11, NZA 2013, 371, 372; HK-ArbR/*Griebeling/Herget*, § 626 BGB Rn. 92; *Eylert*, NZA-RR 2014, 393, 398; *Lembke*, RdA 2013, 82, 86; vgl. auch BAG 21.11.2013 - 2 AZR 797/

Rechtfertigung einer Verdachtskündigung ist der durch den dringenden Verdacht einer erheblichen Pflichtverletzung hervorgerufene Wegfall des zur Fortsetzung des Arbeitsverhältnisses erforderlichen Vertrauens.[788]

Im Falle einer Verdachtsfreistellung ist zur Einschränkung des Beschäftigungsanspruchs ein solch ausgeprägter Vertrauensverlust nicht zwingend erforderlich. Im Vordergrund steht hier oftmals das legitime (und insoweit ausreichende) Interesse des Arbeitgebers, herausfinden zu wollen, ob eine entsprechende Pflichtverletzung tatsächlich begangen wurde.[789] Die Verdachtsfreistellung dient also stärker der Sachverhaltserforschung und -aufklärung.[790] Dem Arbeitnehmer soll durch die Freistellung die Möglichkeit genommen werden, im Rahmen seiner Beschäftigung Tatsachen zu verschleiern und die Tatsachenermittlung zu vereiteln.[791] Daher können an die Verdachtsfreistellung prinzipiell geringere Maßstäbe als an die Verdachtskündigung angelegt werden.[792]

Nichtsdestotrotz beeinträchtigt natürlich auch eine Verdachtsfreistellung die Beschäftigungsinteressen des Arbeitnehmers. Insofern kann unter Berücksichtigung ihres Zwecks (Erforschung eines arbeitnehmerseitigen Fehlverhaltens)

---

11, NZA 2014, 243, 246: Verdacht muss „erdrückend" sein - wobei es sich bei dieser Formulierung nicht um eine neue, gesteigerte Prüfungsanforderung, sondern lediglich um eine Pointierung der benannten Voraussetzung handelt.

788 BAG 13.03.2008 - 2 AZR 961/06, NZA 2008, 809, 811: „Maßgeblich für die Verdachtskündigung ist die Zerstörung der persönlichen Vertrauensgrundlage für die Vertragsparteien."; zum Zusammenhang zwischen zerstörtem Vertrauen und Verdachtskündigung *Eylert*, NZA-RR 2014, 393 f.

789 *Fesenmeyer*, Die Freistellung des Arbeitnehmers von der Arbeit, S. 32.

790 *Isele*, in: Festschrift für Erich Molitor zum 75. Geburtstag (1962), S. 107, 117 f.; *Nikisch*, Arbeitsrecht, I. Band, 3. Auflage, S. 515 f.; *Hueck/Nipperdey*, Lehrbuch des Arbeitsrechts, 7. Auflage, Band I, S. 385; *Fesenmeyer*, Die Freistellung des Arbeitnehmers von der Arbeit, S. 32; *Luckey*, NZA 1992, 873, 875.

791 *Strehlein*, Freistellungsklauseln, S. 112; vgl. auch BAG 15.06.1972 - 2 AZR 345/71, AP Nr. 7 zu § 628 BGB, Gründe 2 b): „Der Arbeitgeber hat ein berechtigtes Interesse daran, sich [...] vorübergehend bis zur endgültigen Aufklärung seines Verdachtes gegen ein ihn schädigendes Verhalten des Arbeitnehmers zu schützen."; siehe auch *Schnorr von Carolsfeld*, der bei einer Verschleierungsgefahr auch die Freistellung eines schwerbehinderten Arbeitnehmers während des Kündigungsvorverfahrens befürwortet, Anmerkung zu BAG 20.12.1976 - 5 AZR 736/75, AP Nr. 1 zu § 18 SchwbG.

792 Anders *Lepsien*, der eine Verdachtsfreistellung unterhalb der für eine Verdachtskündigung bestehenden Voraussetzungen für nicht zulässig erachtet, *Lepsien*, Die Suspendierung eines Arbeitnehmers im unstreitigen Arbeitsverhältnis, S. 74 ff.

besonders die Verdachtsfreistellung einen diskriminierenden Charakter haben.[793]

Um das arbeitnehmerseitige Beschäftigungsinteresse im Verhältnis zum Aufklärungsinteresse des Arbeitgebers nicht unterzugewichten, ist daher auch im Falle einer Verdachtsfreistellung der Verdacht einer erheblichen und damit schwerwiegenden Pflichtverletzung zu fordern. Da die Freistellung der Sachverhaltsermittlung und -aufklärung dient, dürfen allerdings die Anforderungen an die Verdachtsintensität nicht überspannt werden. Insofern muss ein hinreichender Verdacht eines Fehlverhaltens zur Freistellung des Arbeitnehmers ausreichen. Zwar müssen sich die Verdachtsmomente insofern schon etwas verdichtet haben, als dass nicht jeder auch nur fernliegende Anhaltspunkt eine Freistellung rechtfertigen kann. Jedoch genügt es, dass bei einer vorläufigen Beurteilung der Situation die in Rede stehende Pflichtverletzung wahrscheinlich ist.

Zweifelsohne ist der Arbeitnehmer, wie auch im Falle der außerordentlichen Verdachtskündigung,[794] vor einer beabsichtigten Freistellung anzuhören.[795] Es muss ihm die Möglichkeit eingeräumt werden, den Verdacht zu entkräften und so die Freistellung abzuwenden.

Da die Verdachtsfreistellung der Sachverhaltsaufklärung und Beweissicherung dient, darf sie nur so lang andauern, bis sich Verdacht bestätigen oder widerlegen lässt. Kristallisiert sich heraus, dass keine Aussicht auf eine Nachweisbarkeit in die eine oder die andere Richtung besteht, die Nachforschungen also absehbar kein Ergebnis erwarten lassen, darf die Freistellung nicht aufrecht erhalten werden.[796]

### *b) Zum Fehlverhalten hinzutretende Umstände*

Allerdings genügt eine dem Arbeitnehmer vorwerfbare Pflichtverletzung nicht per se, um ein Überwiegen des Freistellungsinteresses gegenüber dem Beschäftigungsinteresse und damit das Entfallen der Beschäftigungspflicht zu rechtfertigen.

Da die Freistellung keine dem Arbeitgeber zustehende zusätzliche Sanktionsmöglichkeit darstellt, entfällt der Beschäftigungsanspruch nicht bereits bei jeglichem arbeitnehmerseitigen Fehlverhalten. Auch wenn die einseitige Freistellung

---

793 So auch *Fesenmeyer*, Die Freistellung des Arbeitnehmers von der Arbeit, S. 32.

794 ErfK/*Niemann*, § 626 BGB Rn. 178; ausführlich zur Anhörung des Mitarbeiters vor Ausspruch einer Verdachtskündigung siehe auch *Hunold*, NZA-RR 2012, 399 ff.

795 *Luckey*, NZA 1992, 873, 875.

796 Ähnlich *Fesenmeyer*, Die Freistellung des Arbeitnehmers von der Arbeit, S. 33.

auf das Umfeld des betroffenen Arbeitnehmers nicht selten einen sanktionierenden Eindruck machen wird, dient sie nicht wie beispielsweise eine Abmahnung dazu, den Arbeitnehmer wegen seiner Verfehlung zur Räson zu rufen und vor weiteren arbeitsrechtlichen Maßnahmen im Falle eines sich wiederholenden Fehlverhaltens zu warnen[797]. Insofern ist es prinzipiell nicht zulässig, den Arbeitnehmer freizustellen, um ihm eine „Bedenkpause" zu verschaffen oder gar Druck auf ihn auszuüben.

Daher kommt ein Entfallen der Beschäftigungspflicht nur dann in Betracht, wenn zu der Verfehlung des Arbeitnehmers noch weitere Umstände hinzutreten, die in Zusammenschau mit seiner Pflichtverletzung die Nichtbeschäftigung rechtfertigen können.

Wie soeben dargestellt, liegen im Rahmen einer Verdachtsfreistellung diese besonderen Umstände und damit ein die Freistellung rechtfertigender Zweck in der dem Arbeitgeber zuzugestehenden Sachverhaltsermittlung und -aufklärung. Handelt es sich dagegen nicht (nur) um ein potentielles, sondern um ein festgestelltes Fehlverhalten, können davon ausgehend insbesondere folgende Umstände zu einem Entfallen der Beschäftigungspflicht des Arbeitgebers führen:

#### *aa) Durch das Fehlverhalten drohende Schäden*

Zum einen kann die Nichtbeschäftigung des Arbeitnehmers dann gerechtfertigt sein, wenn dem Arbeitgeber durch eine Verfehlung seines Mitarbeiters Schäden drohen, die er durch dessen Freistellung mit überwiegender Wahrscheinlichkeit abwenden kann.

Dies ergibt sich aus einem Vergleich von betrieblich veranlasster und verhaltensbezogener Freistellung: Da der Beschäftigungsanspruch des Arbeitnehmers wie dargelegt bereits bei einer aus der Beschäftigung resultierenden Schadensgefahr entfallen kann, die ihren Ursprung in einer betrieblichen Veranlassung und damit in der Sphäre des Arbeitgebers hat,[798] so muss dies erst recht gelten, wenn die Gefahrenursache in einem dem Arbeitnehmer vorwerfbaren Fehlverhalten liegt.

---

797 Vgl. *Schaub*, NZA 1997, 1185: Abmahnung als „Ausdruck der Missbilligung eines Verhaltens unter Androhung von Rechtsfolgen für die Zukunft, sofern das Verhalten nicht abgestellt oder geändert wird"; zur Rüge- und Warnfunktion der Abmahnung siehe auch ErfK/*Niemann*, § 626 BGB Rn. 29a; MüKoBGB/*Hergenröder*, § 1 KSchG Rn. 243.

798 Vgl. oben unter F. V. 1. c).

Muss etwa der bei einem Kunden tätige Arbeitgeber durch ein Fehlverhalten seines Mitarbeiters Einbußen befürchten, kann eine Freistellung des Arbeitnehmers für die Dauer des Auftrags gerechtfertigt sein, wenn eine andere Einsatzmöglichkeit während dieser Zeit nicht besteht. Zur Veranschaulichung soll folgendes Beispiel dienen:

Ein kleinerer Handwerksbetrieb hat einen verhältnismäßig wichtigen Kunden, von dem er regelmäßig Aufträge bekommt. Während eines laufenden Projekts beleidigt und beschimpft ein Mitarbeiter des Handwerksbetriebs den Auftraggeber auf der Baustelle heftig. Daraufhin bittet der Auftraggeber, den entsprechenden Arbeitnehmer nicht mehr bei von ihm in Auftrag gegebenen Projekten einzusetzen. Da der Arbeitnehmer über spezielle Kenntnisse und Fähigkeiten verfügt, hat der Arbeitgeber trotz des Fehlverhaltens kein Interesse an einer Beendigung des Arbeitsverhältnisses. Aufgrund der Tatsache, dass der Arbeitgeber im Hinblick auf das laufende Projekt parallel keine anderweitigen Aufträge angenommen hat, ist es ihm nicht möglich, seinen Mitarbeiter ad hoc anderweitig einzusetzen.

Um den Auftraggeber als Kunden nicht zu verlieren, kann insofern eine Freistellung für die Dauer des laufenden Projekts gerechtfertigt sein.[799]

Die Freistellungsmöglichkeit im Falle eines geschäftsschädigenden Verhaltens muss allerdings nicht nur bei arbeitnehmerseitigen Verfehlungen gegenüber Dritten, sondern auch bei internen Vorfällen gelten. Verhält sich ein Arbeitnehmer ungebührlich gegenüber Kollegen oder Vorgesetzten und stört damit nachhaltig den Betriebsfrieden derart, dass sich hieraus wirtschaftliche Einbußen ergeben können, rechtfertigt dies ebenfalls den Fortfall des Beschäftigungsanspruchs.[800] Insofern können dem Arbeitgeber etwa durch Störungen des Betriebsablaufs, Produktivitätsbeeinträchtigungen oder einer schlechten Außendarstellung des Unternehmens Schäden drohen. Voraussetzung ist wiederum, dass andere Maßnahmen, wie die Umsetzung des Arbeitnehmers, nicht oder nicht als geeignetes Mittel in Betracht kommen.[801] Auch hier müssen die Möglichkeit und das Ziel

---

799 Würde der Auftraggeber vom Arbeitgeber unter Androhung von Nachteilen die Kündigung des Mitarbeiters verlangen, stünde eine (unechte) Druckkündigung in Rede. Vgl. hierzu MüKoBGB/*Hergenröder*, § 1 KSchG Rn. 293 f.; Gallner/Mestwerdt/Nägele/*Zimmermann*, § 1 KSchG Rn. 424.

800 *Fesenmeyer*, Die Freistellung des Arbeitnehmers von der Arbeit, S. 37 f.; *Strehlein*, Freistellungsklauseln, S. 101 f.; in diese Richtung auch Schaub/*Ahrendt*, ArbR-Hdb, § 109 Rn. 10; *Luckey*, NZA 1992, 873, 874 f.; *Fuhlrott/Balupuri-Beckmann*, ArbRAktuell 2011, 393, 394; vgl. auch *Kania*, der eine „erhebliche Gefährdung für die Ordnung des Betriebes" fordert, Küttner/*Kania*, Personalbuch 2020, Beschäftigungsanspruch Rn. 7.

801 *Strehlein*, Freistellungsklauseln, S. 101.

bestehen, dass sich durch die temporäre Nichtbeschäftigung des Verursachers die Situation entspannt und normalisiert. Auch wenn faktisch die mit einer Freistellung einhergehende sanktionierende Wirkung kaum ausgeschlossen werden kann, so darf sie dennoch kein Ansinnen der Freistellung sein.

#### *bb) Unzumutbarkeit der Beschäftigung*

Zum anderen entfällt der Beschäftigungsanspruch dann, wenn die arbeitnehmerseitige Verfehlung so gravierend ist, dass dem Arbeitgeber eine Beschäftigung seines Mitarbeiters nicht mehr zugemutet werden kann.

Dies ist vornehmlich in all jenen Konstellationen der Fall, in welchen das arbeitnehmerseitige Verhalten imstande ist, eine außerordentliche Kündigung zu begründen. Liegt eine Situation vor, in der dem Arbeitgeber die Aufrechterhaltung des Arbeitsverhältnisses auch nur bis zum Ablauf der ordentlichen Kündigungsfrist nicht mehr zumutbar ist, rechtfertigt dies gleichzeitig die sofortige Nichtbeschäftigung des Arbeitnehmers.[802]

##### *(1) Überbrückung des Zeitraums bis zum Kündigungsausspruch*

Eine auf diese Weise begründete Freistellung kommt insbesondere zur Überbrückung desjenigen Zeitraums in Betracht, bis die formalen Voraussetzungen der außerordentlichen Kündigung erfüllt sind.[803] Hierbei kann es sich neben dem Anhörungserfordernis des Betriebsrats gem. § 102 BetrVG auch um dessen Zustimmung gem. § 103 BetrVG, die Zustimmung des Integrationsamts bei Kündigung eines Schwerbehinderten gem. § 168 SGB IX, sowie um die Erklärung der zuständigen Behörde bei Kündigung einer schwangeren Arbeitnehmerin gem. § 17 II MuSchG oder eines Arbeitnehmers in Elternzeit gem. § 18 I 5 BEEG handeln.[804]

---

802 Küttner/*Kreitner*, Personalbuch 2020, Freistellung von der Arbeit Rn. 20; *Dütz* in: 25 Jahre Bundesarbeitsgericht (1979), S. 71, 86; *Gumpert*, BB 1961, 833; *Rinösl*, Der Beschäftigungsanspruch des Arbeitnehmers in der Insolvenz des Arbeitgebers, S. 34; in Bezug auf das Anhörungserfordernis des Betriebsrats gem. § 102 BetrVG *Lepsien*, Die Suspendierung eines Arbeitnehmers im unstreitigen Arbeitsverhältnis, S. 70 f.; *Fitting*, § 102 BetrVG Rn. 20.

803 *Fesenmeyer*, Die Freistellung des Arbeitnehmers von der Arbeit, S. 30; in diese Richtung auch *Isele*, in: Festschrift für Erich Molitor zum 75. Geburtstag (1962), S. 107, 117.

804 Bezüglich den einzelnen Vorschriften des Sonderkündigungsschutzes differenzierend *Lepsien*, Die Suspendierung eines Arbeitnehmers im unstreitigen Arbeitsverhältnis, S. 81 ff.; ähnlich *Strehlein*, Freistellungsklauseln, S. 120 ff.

### (2) *Ordentliche Kündigung und Freistellung des Arbeitnehmers bei außerordentlichem Kündigungsgrund*

Daneben stellt sich die Frage, ob ein Arbeitgeber, trotz des Vorliegens eines die außerordentliche Kündigung rechtfertigenden Grundes, berechtigt ist, seinen Mitarbeiter auch ordentlich zu kündigen, ihn aber für die Dauer der Kündigungsfrist einseitig freizustellen.

Ein dahingehendes Arbeitgeberinteresse könnte etwa dann bestehen, wenn zwischen den Arbeitsvertragsparteien kein nachvertragliches Wettbewerbsverbot gem. § 74 HGB vereinbart worden ist, der Arbeitgeber eine Konkurrenztätigkeit seines gekündigten Mitarbeiters aber möglichst lang verhindern will.

Auch wenn diese Möglichkeit in der Literatur mehrheitlich bejaht wird,[805] gibt es Stimmen, die eine Freistellung in einer solchen Konstellation, insbesondere unter Verweis auf die Ausschlussfrist des § 626 II BGB, als problematisch einstufen.[806] Dementsprechend lehnt *Gahlen* eine Freistellungsmöglichkeit prinzipiell ab, wenn der Arbeitgeber, trotz Vorliegens eines entsprechenden Grundes, nicht innerhalb der Frist des § 626 II BGB außerordentlich kündigt.[807] In einem solchen Fall greife die unwiderlegbare Vermutung, dass die Fortsetzung des Arbeitsverhältnisses mitsamt der tatsächlichen Beschäftigung des Arbeitnehmers bis zum Ablauf der ordentlichen Kündigungsfrist nicht unzumutbar sei.[808] Auch *Fesenmeyer* sieht den Konflikt mit § 626 II BGB, bietet zur Lösung allerdings eine abgemilderte Variante an: Zwar könne der Arbeitnehmer bei Vorliegen eines die außerordentliche Kündigung rechtfertigenden Grundes ordentlich gekündigt und für die Dauer der Kündigungsfrist freigestellt werden. Dies gelte aber aus Rechtssicherheitserwägungen prinzipiell nur für die Dauer der Frist des § 626 II BGB. Nach Ablauf der Zweiwochenfrist sei eine ordentliche Kündigung unter gleichzeitiger Freistellung grundsätzlich nicht mehr möglich.[809]

---

805 Staudinger/*Preis*, § 626 BGB Rn. 15; *Salje*, in: Arbeitsrecht in der Bewährung: Festschrift für Otto Rudolf Kissel zum 65. Geburtstag (1994), S. 983, 998 f.; *Lepke*, AuR 1968, 78, 80; *Rinösl*, Der Beschäftigungsanspruch des Arbeitnehmers in der Insolvenz des Arbeitgebers, S. 34.

806 *Gahlen*, Die Suspendierung eines Arbeitnehmers, S. 91 ff.; abgemildert auch *Fesenmeyer*, Die Freistellung des Arbeitnehmers von der Arbeit, S. 30 f.

807 Dies schränkt *Gahlen* nur beim Hinzutreten „weiterer besonderer Gründe auf Arbeitgeberseite" ein und nennt als Beispiel die durch den Arbeitnehmer provozierte außerordentliche Kündigung des Arbeitgebers, *Gahlen*, Die Suspendierung eines Arbeitnehmers, S. 93 f.

808 *Gahlen*, Die Suspendierung eines Arbeitnehmers, S. 92 f.

809 *Fesenmeyer*, Die Freistellung des Arbeitnehmers von der Arbeit, S. 31.

Beiden Begründungsansätzen kann allerdings nicht gefolgt werden. Richtig ist, dass im Falle eines Fristablaufs nach § 626 II BGB unwiderlegbar vermutet wird, dass auch ein möglicherweise erheblicher Grund nicht mehr geeignet ist, die Fortsetzung des Arbeitsverhältnisses unzumutbar zu machen.[810] Dies bedeutet aber zunächst „nur", dass der in Rede stehende Grund eine außerordentliche Kündigung und damit die unmittelbare Beendigung des Arbeitsverhältnisses nicht mehr zu rechtfertigen vermag.[811] Mit der „Fortsetzung des Dienstverhältnisses" i.S.d. § 626 I BGB ist daher die Aufrechterhaltung des arbeitsvertraglichen Bandes gemeint, das die rechtliche Grundlage für das Dienstverhältnis bildet. Hierauf deutet auch der Wortlaut der Gesetzesbegründung hin, der sich ausdrücklich auf die Unzumutbarkeit der Fortsetzung im Hinblick auf die „sofortige Lösung des Arbeitsverhältnisses" bezieht.[812] Dagegen sind keine Anhaltspunkte ersichtlich, dass mit der „Fortsetzung des Dienstverhältnisses" auch dessen tatsächliche Fortsetzung intendiert ist. Insofern wäre es verfehlt, aus der Zumutbarkeit der Fortsetzung des Dienstverhältnisses bis zum Ablauf der regulären Kündigungsfrist gleichzeitig die Zumutbarkeit der Beschäftigung des Arbeitnehmers zu folgern. Vielmehr ist die Frage nach der Zumutbarkeit der Aufrechterhaltung des Arbeitsverhältnisses von derjenigen nach der Zumutbarkeit der tatsächlichen Beschäftigung abzuschichten.

Im Hinblick auf den Beschäftigungsanspruch muss daher auch im Falle der verwirkten außerordentlichen Kündigungsmöglichkeit an den allgemeinen Grundsätzen festgehalten werden: Neben dem prinzipiellen Fortbestand der arbeitgeberseitigen Beschäftigungspflicht bleiben – wie dargelegt – auch die Grundsätze der Interessenabwägung vom Ausspruch einer Kündigung unberührt.[813] Mithin können Umstände, die zur Rechtfertigung einer außerordentlichen Kündigung im Stande wären, auch bei Ausspruch einer ordentlichen Kündigung zu einem Fortfall der Beschäftigungspflicht führen.

Ein anderes Ergebnis lässt sich auch nicht durch den Zweck des § 626 II BGB rechtfertigen. Intention der Frist des § 626 II BGB ist vorrangig die Rechtssicherheit des Kündigungsgegners. Er soll Klarheit erhalten, ob der Kündigungsberechtigte

810 APS/*Vossen*, § 626 BGB Rn. 122; ErfK/*Niemann*, § 626 BGB Rn. 221.

811 Vgl. insofern die Formulierung des BAG 17.08.1972 - 2 AZR 359/71, AP Nr. 4 zu § 626 BGB Ausschlußfrist, Gründe II 2: „Es wird die unwiderlegliche gesetzliche Vermutung aufgestellt, daß auch ein möglicherweise erheblich wichtiger Grund nach dem Ablauf der Frist seine die Kündigung rechtfertigende Bedeutung verloren hat.".

812 BT-Drucks. V/3913, S. 11, Abschnitt II zu Art. 2 Nr. 6.

813 Zu den Folgen einer Kündigungserklärung siehe oben unter F. IV. 2. e).

einen bestimmten Sachverhalt zum Anlass für eine außerordentliche Kündigung nimmt.[814] Die Notwendigkeit von Rechtssicherheit ergibt sich aber in erster Linie im Hinblick auf den Fortbestand des Arbeitsverhältnisses als für den Arbeitnehmer materielle Lebensgrundlage. Daher bezieht sich der gesetzliche Verwirkungstatbestand des § 626 II BGB „nur" auf die Möglichkeit der fristlosen Beendigung des Arbeitsverhältnisses und nicht gleichzeitig auch auf die Möglichkeit der einseitigen Freistellung.

Außerdem könnte eine gegenteilige Interpretation den Arbeitgeber zu einer unmittelbaren Beendigung des Arbeitsverhältnisses in denjenigen Fällen verleiten, in denen er prinzipiell zu einer ordentlichen Kündigung, nicht aber zur tatsächlichen Beschäftigung des Arbeitnehmers bereit wäre. Dies wäre im Regelfall aus beiderseitiger Perspektive nicht von Vorteil: Einerseits würde dem „nur" ordentlich kündigenden und damit weiter mit der Entgeltzahlungspflicht belasteten Arbeitgeber zusätzlich die nicht mehr den Grundsätzen der Interessenabwägung unterfallende Beschäftigungspflicht aufgebürdet.[815] Andererseits dürfte auch der Arbeitnehmer an den milderen Konsequenzen der ordentlichen Kündigung interessiert sein. Denn neben seinem bis zum Ablauf der Kündigungsfrist fortbestehenden Anspruch auf Entgeltzahlung verbliebe ihm so die Möglichkeit, sich bei der Suche nach einer Anschlussbeschäftigung aus einem noch bestehenden Arbeitsverhältnis heraus bewerben zu können.[816] Zudem bliebe der Arbeitnehmer vor dem Makel der fristlosen Kündigung bewahrt, was seine Chancen auf eine entsprechende Anschlussbeschäftigung ebenfalls erhöhen dürfte.

Demzufolge kann aus dem Umstand, dass von Seiten des Arbeitgebers innerhalb der Frist des § 626 II BGB keine außerordentliche Kündigung ausgesprochen wird, nicht gleichzeitig auf die Verwirkung des Rechts zur einseitigen Freistellung geschlossen werden.

Da der Arbeitnehmer in den hiesigen Konstellationen die Kündigung ebenso wie die Freistellung durch ein ihm vorwerfbares Fehlverhalten selbst zu verantworten hat, kann an diesem Ergebnis auch die eingangs beschriebene und nicht auszuschließende Motivation des Arbeitgebers etwas ändern, der seinem

---

814 BAG 26.09.2013 - 2 AZR 741/12, NZA 2014, 529, 531; BAG 23.01.2014 - 2 AZR 582/13, NZA 2014, 962, 963; APS/*Vossen*, § 626 BGB Rn. 116; MüKoBGB/*Henssler*, § 626 BGB Rn. 313.

815 Ähnlich *Lepke*, AuR 1968, 78, 80.

816 Dies ebenfalls erkennend *Gahlen*, Die Suspendierung eines Arbeitnehmers, S. 91 f.; *Fesenmeyer*, Die Freistellung des Arbeitnehmers von der Arbeit, S. 30 f.

Mitarbeiter für die Zeit der Kündigungsfrist den Wechsel zu einem Wettbewerber verwehren will.

Andernfalls bestünde die Gefahr, dass der Arbeitnehmer durch bewusste Verfehlungen eine außerordentliche Beendigung des Arbeitsverhältnisses provoziert, um schnellstmöglich für den Wechsel zu einem Konkurrenten zur Verfügung zu stehen. Denn im Falle eines derart gravierenden Fehlverhaltens, das eine Unzumutbarkeit der Fortsetzung des Arbeitsverhältnisses rechtfertigen kann, wäre der Arbeitgeber wohl kaum zu einer ordentlichen Kündigung bereit, wenn er den Arbeitnehmer tatsächlich bis zum Ablauf der Kündigungsfrist beschäftigen müsste.

### 3. Personenbezogene Freistellungsgründe

Neben betrieblich veranlassten und verhaltensbezogenen Freistellungsgründen können auch an die Person des Arbeitnehmers anknüpfende Umstände für ein Überwiegen des arbeitgeberseitigen Nichtbeschäftigungsinteresse sorgen. Hierbei handelt es sich um Gründe, die auf persönlichen Eigenschaften und Fähigkeiten des Arbeitnehmers und damit im Vergleich zur verhaltensbezogenen Freistellung nicht auf einem steuerbaren Fehlverhalten beruhen.[817]

Klar ist, dass der Arbeitgeber jedenfalls dann zur Ablehnung der Arbeitsleistung berechtigt ist, wenn es sich seitens des Arbeitnehmers bereits um ein nicht vertragsgemäßes Angebot handelt.[818] Ist der Arbeitnehmer etwa aufgrund akuter Krankheit, starker Übermüdung oder nicht unerheblichem Alkohol- bzw. Drogeneinfluss nicht zur ordnungsgemäßen Erbringung der Arbeitsleistung in der Lage, muss ihn der Arbeitgeber nicht beschäftigen. Dies lässt sich neben dem leistungsstörungsrechtlichen Ansatz auch mit der gegenüber dem betroffenen Arbeitnehmer selbst sowie dessen unmittelbaren Kollegen bestehenden arbeitgeberseitigen Fürsorgepflicht begründen.[819]

Wie sind aber diejenigen Konstellationen zu beurteilen, welche sich unterhalb dieser Schwelle befinden, bei denen der Arbeitnehmer also trotz seines Zustands willens und auch fähig ist, die Arbeitsleistung ordnungsgemäß zu erbringen?

---

817 Parallel zur personenbedingten Kündigung BAG 18.01.2007 - 2 AZR 731/05, NZA 2007, 680, 681; Gallner/Mestwerdt/Nägele/*Denecke*, § 1 KSchG Rn. 465 f.; KR/*Rachor*, § 1 KSchG Rn. 282.

818 Gem. § 297 BGB liegt ein ordnungsgemäßes Angebot nur vor, wenn der Arbeitnehmer auch imstande ist, die geschuldete Arbeitsleistung zu bewirken.

819 So auch *Strehlein*, Freistellungsklauseln, S. 98.

Dies kann insbesondere bei Krankheiten der Fall sein, die den Arbeitnehmer nicht oder nicht entscheidend in seiner Leistungsfähigkeit beeinträchtigen.[820]

Liegt ein solches Krankheitsbild vor, müssen die Beschäftigungsinteressen des betroffenen Arbeitnehmers dann in den Hintergrund treten, wenn er entweder eine nicht hinnehmbare Gefährdung der arbeitsbedingt mit ihm in Kontakt kommenden Personen oder die Gefahr spezifischer Schäden verursacht.

Hinsichtlich der Gefährdung von mit dem Arbeitnehmer in Berührung kommenden Kollegen und Kunden kann eine Freistellung dann gerechtfertigt sein, wenn es sich um leicht ansteckende Krankheiten handelt, die verhältnismäßig schnell auf andere Personen übertragbar sind.[821] In diesen Fällen wird das Freistellungsinteresse noch verstärkt, wenn sich im direkten Kollegenkreis des erkrankten Arbeitnehmers besonders schutzwürdige Personen, etwa mit chronischen oder autoimmunen Vorerkrankungen befinden, die im Falle einer Ansteckung enormen Risiken ausgesetzt wären.[822] Allerdings kommt eine Freistellung nicht nur bei vorübergehenden Erkrankungen für die Dauer der akuten Ansteckungsgefahr in Betracht. Vielmehr kann sie auch bei anhaltenden Infektionsrisiken die geeignete Maßnahme sein, um notwendig werdende Arbeitsplatzanpassungen vornehmen zu können.[823]

---

820 *Krause*, NZA 2005, Beilage 1, 51, 53; *Luckey*, NZA 1992, 873, 875; *Beckmann*, NZA 2004, 1131, 1132; *Preis*, Der Arbeitsvertrag/*Greiner*, F 10 Rn. 15; *Strehlein*, Freistellungsklauseln, S. 99 f.; *Fesenmeyer*, Die Freistellung des Arbeitnehmers von der Arbeit, S. 39.

821 In Betracht kommen etwa Diagnosen wie Bindehautentzündungen, Kopfläuse oder SARS-CoV-2-Infektionen. Insbesondere bei letzteren wird ein einseitiges Freistellungsrecht des Arbeitgebers soweit ersichtlich einhellig bejaht, vgl. etwa *Sagan/Brockfeld*, NJW 2020, 1112, 1114; *Stück*, CCZ 2020, 205, 209; *Weller/Lieberknecht/Habrich*, NJW 2020, 1017, 1019; *Fischinger/Hengstberger*, JA 2020, 561, 567; *Klein*, NJ 2020, 377, 379. Ohne Bezug zu Covid-19, generell aber zurückhaltend *Lepsien*, nach dem eine ansteckende Krankheit zur Rechtfertigung einer Freistellung ungeeignet ist, wenn von ihr nur eine „bei sozialtypischem Verhalten naturwissenschaftlich nicht auszuschließende Gefährdung“ ausgeht, *Lepsien*, Die Suspendierung eines Arbeitnehmers im unstreitigen Arbeitsverhältnis, S. 80; ähnlich *Knorr/Bichlmeier/Kremhelmer*, Handbuch des Kündigungsrechts, S. 37.

822 Dies kann beispielsweise bei infolge einer HIV-Infektion immungeschwächten Personen oder etwa bei unter Neurodermitis leidenden Arbeitnehmern in Betracht kommen, die in engem Kontakt zu einem Kollegen stehen, der mit Herpes zoster infiziert ist.

823 Beispielsweise kann es im Zuge der Covid-19-Pandemie erforderlich sein, zwischen den Arbeitsplätzen größere Abstände oder Schutzvorrichtungen zur Senkung des Infektionsrisikos einzurichten, vgl. *Stück*, CCZ 2020, 205, 209. Besteht im Falle einer

Zudem kann eine Nichtbeschäftigung des erkrankten Arbeitnehmers dann zulässig sein, wenn er in einem Bereich arbeitet, in dem die erhöhte Gefahr einer Verunreinigung von Arbeitsmitteln oder Produkten besteht und daher besondere Hygienestandards eingehalten werden müssen, um eine Beeinträchtigung oder Verfälschung der Arbeitsergebnisse zu vermeiden.[824]

## 4. Ergebnis

Ein Fortfall der arbeitgeberseitigen Beschäftigungspflicht kommt sowohl aus verhaltens- und personenbezogenen, als auch aus betrieblich veranlassten Umständen in Betracht. Dementsprechend kann der Arbeitgeber mit der Freistellung einerseits auf Sachverhalte reagieren, die sich unmittelbar aus dem Arbeitsverhältnis selbst ergeben. Andererseits kommt die Nichtbeschäftigung des Arbeitnehmers als Maßnahme bei Situationen in Betracht, die von außen auf das Arbeitsverhältnis einwirken.

Dabei ist allen drei Kategorien von Freistellungsgründen gemeinsam, dass Schäden, die dem Unternehmen unmittelbar aus der Beschäftigung des Arbeitnehmers drohen, dessen Freistellung rechtfertigen können. Dies trägt insbesondere dem Umstand Rechnung, dass die arbeitgeberseitigen Freistellungsbegehren vorwiegend durch wirtschaftliche Interessen motiviert sind.[825] Insofern muss das im Rahmen der Interessenabwägung zu beurteilende Gewicht des Freistellungsgrundes von dem durch die Beschäftigung des Arbeitnehmers drohenden Schaden abhängig gemacht werden: Erhöht sich die Wahrscheinlichkeit des Schadenseintritts für den Arbeitgeber allein durch die Beschäftigung des Arbeitnehmers signifikant und drohen zudem Schäden von nicht unerheblichem Ausmaß, ist der Freistellungsgrund jedenfalls abstrakt zur Einschränkung des Beschäftigungsanspruchs geeignet. Nicht vergessen werden darf allerdings, dass eine abschließende Beurteilung immer von den konkreten Umständen des Einzelfalls, insbesondere von eventuell in die Interessenabwägung einzustellenden besonderen Beschäftigungsinteressen abhängt. In jedem Falle aber kann die

---

dauerhaften Erkrankung eine erhöhte Ansteckungsgefahr, der nicht durch Arbeitsplatzanpassungen oder eine Versetzung begegnet werden kann, bliebe als Ultima Ratio nur der Ausspruch einer personenbedingten Kündigung. Zur Suspendierung eines mit HIV infizierten Arbeitnehmers vgl. auch *Eich*, NZA 1987, Beilage 2, 10, 18.

824 Dies kann etwa bei mit sensiblen Proben arbeitenden Wissenschaftlern, Chirurgen, oder Personen in Betracht kommen, die für die Herstellung oder den Vertrieb von Lebensmitteln zuständig sind.

825 Siehe zu den Interessen des Arbeitgebers an einer Freistellung oben unter B. II.

infolge einer Beschäftigung signifikant erhöhte Wahrscheinlichkeit eines beachtlichen Schadenseintritts ein gewichtiges Indiz für die Rechtmäßigkeit einer Freistellung darstellen. Ähnliches muss nicht nur bei drohenden Schäden, sondern auch bei einer Gefährdung von mit dem Arbeitnehmer in Kontakt kommenden Dritten gelten. Stellt die tatsächliche Mitarbeit des Arbeitnehmers eine erhebliche Gefahr auch nur für einzelne mit ihm in Berührung kommende Personen dar, kann dies eine Freistellung rechtfertigen. Daneben ist eine Freistellung dann zulässig, wenn dem Arbeitgeber die Beschäftigung seines Mitarbeiters aufgrund einer gravierenden Verfehlung nicht mehr zugemutet werden kann. Prinzipiell ist im Falle eines arbeitnehmerseitigen Fehlverhaltens allerdings zu beachten, dass die einseitige Freistellung nicht als Sanktionsmaßnahme zweckentfremdet werden darf.

Indes wäre zu erwägen, im Rahmen der Interessenabwägung die Anforderungen an das die Beschäftigungspflicht entfallen lassende Gewicht des Freistellungsgrundes bei verhaltensbezogenen Nichtbeschäftigungen leicht abzusenken. Denn im Verhältnis zu personenbezogenen und betrieblich veranlassten Sachverhalten, ist nur bei verhaltensbedingten Freistellungen ein steuerbares Verhalten des Arbeitnehmers und damit eine unmittelbare Beeinflussbarkeit der Situation gegeben, die ansonsten keinerlei Ausschlag finden würde.

# G. Zusammenfassung der Ergebnisse und Schlussbetrachtung

Bereits die der tatsächlichen Beschäftigung zugrunde liegende Interessenlage verdeutlicht, dass Fragen bezüglich der Begründung und Reichweite des allgemeinen Beschäftigungsanspruchs eine zentrale Rolle innerhalb der arbeitsvertraglichen Beziehung zukommt. Insbesondere auf Seiten des Arbeitnehmers streiten neben monetären auch gewichtige ideelle Aspekte für dessen angemessene und ununterbrochene Beschäftigung.[826] Insofern hat die Untersuchung gezeigt, dass die dauerhafte Beschäftigung im Rahmen eines bestehenden Arbeitsverhältnisses gleichermaßen zur Befriedigung materieller wie sozialer Bedürfnisse beitragen kann.

Auch funktionell hat der Beschäftigungsanspruch eine doppelte Stoßrichtung: Einerseits fördert er den tatsächlichen Leistungsaustausch der Arbeitsvertragsparteien, andererseits gewährt er die Möglichkeit zu arbeitnehmerseitiger Persönlichkeitsentfaltung und beruflicher Teilhabe. Mithin wäre es falsch, die Wirkungen des Beschäftigungsanspruchs auf den einen oder den anderen Aspekt reduzieren zu wollen.

Aus schuldrechtlicher Perspektive bildet die arbeitgeberseitige Beschäftigungspflicht das rechtliche Fundament tatsächlicher Wertschöpfung. Sie ist in der zivilrechtlichen Pflichtensystematik als Nebenleistungspflicht im Sinne des § 241 I BGB zu qualifizieren.[827]

Hinsichtlich der dogmatischen Begründung des allgemeinen Beschäftigungsanspruchs weist nicht nur das allgemeine Persönlichkeitsrecht leistungsbegründende Tendenzen auf.[828] Da der Schutzzweck des Art. 12 I GG auch das „Durchführungsinteresse" des Arbeitnehmers umfasst, muss der Inhalt des Arbeitsvertrags insbesondere durch die Wertungen der Berufsfreiheit ausgefüllt werden,[829] zu denen diejenigen des allgemeinen Persönlichkeitsrechts ergänzend hinzutreten.[830] Allerdings strahlen die Grundrechte der Art. 12 I GG und Art. 2 I, 1 I GG nicht „nur" im Wege der mittelbaren Drittwirkung in

---

826 Vgl. oben unter B. I.

827 Siehe oben unter E. III. 2.

828 Vgl. oben unter E. IV. 1.

829 Siehe oben unter E. IV. 2.

830 Vgl. oben unter E. IV. 3.

das Arbeitsverhältnis ein, sondern legen dem Staat positiv die Pflicht auf, die Beschäftigung des Arbeitnehmers im unstreitig bestehenden Arbeitsverhältnis durch Anerkennung des Beschäftigungsanspruchs zu gewährleisten. Damit erwächst der Beschäftigungsanspruch des Arbeitnehmers aus einer staatlichen Schutzpflicht.[831]

Auch wenn der in richterlicher Rechtsfortbildung entwickelte Beschäftigungsanspruch bereits in seiner derzeitigen Form den Rechtsgüterschutz des Arbeitnehmers realisiert, wäre eine gesetzliche Normierung sowohl aus Legitimationsgründen als auch angesichts der enormen Bedeutsamkeit des Rechtsinstituts wünschenswert.[832]

Seine Grenzen findet der Beschäftigungsanspruch dort, wo er unverhältnismäßig stark in die durch die Unternehmerfreiheit gestützten (zumeist materiellen) Interessen des Arbeitgebers eingreift. Ist dies der Fall, entfällt der Beschäftigungsanspruch ipso jure. Die Freistellungserklärung des Arbeitgebers hat hinsichtlich seines Fortfalls nur eine deklaratorische Bedeutung.[833] Dementsprechend kann der Arbeitgeber nach Ausspruch einer einseitigen Freistellung auch ohne vorbehaltenes Widerrufsrecht jederzeit wieder die Arbeitsleistung des Arbeitnehmers in Anspruch nehmen.

Bei der einzelfallbezogenen Interessenabwägung sind insbesondere die Faktoren der Freistellungsdauer[834], der Unternehmensgröße[835] sowie der Berufsgruppe[836] zu berücksichtigen. Auch der Bezug von Leistungen, die nicht von § 615 S. 1 BGB erfasst werden,[837] kann ein erhöhtes Beschäftigungsinteresse rechtfertigen. Im Gegensatz dazu vermag die Zuordnung eines Arbeitnehmers zur Gruppe der Führungskräfte[838] ebenso keinen Einfluss auf den Ausgang der Interessenabwägung zu nehmen, wie der bloße Ausspruch einer Kündigung[839].

Inhaltlich kommt eine Freistellung des Arbeitnehmers sowohl aus verhaltens-[840] und personenbezogenen[841] als auch aus betrieblich veranlassten Gründen[842]

831 Siehe oben unter E. V.
832 Vgl. oben unter E. V. 3.
833 Siehe oben unter F. II.
834 Vgl. oben unter F. IV. 2. a).
835 Siehe oben unter F. IV. 2. b).
836 Vgl. oben unter F. IV. 2. c).
837 Siehe oben unter F. IV. 2. f).
838 Vgl. oben unter F. IV. 2. d).
839 Siehe oben unter F. IV. 2. e).
840 Vgl. oben unter F. V. 2.
841 Siehe oben unter F. V. 3.
842 Vgl. oben unter F. V. 1.

in Betracht. Dabei kann ein Fortfall der Beschäftigungspflicht vor allem durch die aus der Beschäftigung unmittelbar resultierende Gefahr eines nicht unerheblichen Schadenseintritts, die Unzumutbarkeit der Beschäftigung im Falle eines gravierenden arbeitnehmerseitigen Fehlverhaltens, oder die Gefährdung eines mit dem Arbeitnehmer in Kontakt kommenden Dritten gerechtfertigt sein.

Auch wenn die Bedeutung tatsächlicher Beschäftigung eine für den Einzelnen individuell zu beantwortende Wertungsfrage bleibt und Arbeit nicht von jedermann als „vornehmster Ausdruck menschlicher Selbstverwirklichung“[843] gesehen wird, ist der die Möglichkeit zu materieller und ideeller Wertschöpfung sichernde allgemeine Beschäftigungsanspruch ein in seinen Wirkungen nicht zu unterschätzendes Rechtsinstitut. Es exemplifiziert, dass arbeitsrechtlicher Schutz nicht nur bezüglich bereits erworbener Rechtspositionen, sondern auch im Hinblick auf Erwerbspotenziale notwendig und lohnenswert sein kann.

843 *Hegel*, Grundlinien der Philosophie des Rechts, §§ 187, 196 ff.; vgl. auch HGR V/*Schneider*, § 113 Rn. 3.

# Literaturverzeichnis


*Achilles, Alexander/Greiff, Max,* Bürgerliches Gesetzbuch, 21. Auflage, Berlin 1958

*Alexy, Robert,* Theorie der Grundrechte, Baden-Baden 1985

*Arbeitskreis „Deutsche Rechtseinheit im Arbeitsrecht“,* Welche wesentliche Inhalte soll ein nach Art. 30 des Einigungsvertrages zu schaffendes Arbeitsvertragsgesetz haben?, Gutachten D für den 59. Deutschen Juristentag, in: Ständige Deputation des Deutschen Juristentages (Hrsg.), Verhandlungen des 59. Deutschen Juristentages, Band I, Gutachten, München 1992, S. D 1 - D 141

*Arendt, Hannah,* Vita activa oder vom tätigen Leben, Stuttgart 1960

*Ascheid, Reiner/Preis, Ulrich/Schmidt, Ingrid,* Kündigungsrecht, Großkommentar zum gesamten Recht der Beendigung von Arbeitsverhältnissen, 6. Auflage, München 2021

*Aßländer, Michael,* Bedeutungswandel der Arbeit, München 2005

*Bächle, Hans-Ulrich,* Der Weiterbeschäftigungsanspruch während des Kündigungsschutzprozesses, in: NJW 1979, S. 1693 - 1697

*Badura, Peter,* Arbeit als Beruf (Art. 12 Abs. 1 GG), in: Hanau, Peter u.a. (Hrsg.), Festschrift für Wilhelm Herschel zum 85. Geburtstag, München 1982, S. 21 - 35

*Badura, Peter,* Die Unternehmensfreiheit der Handelsgesellschaften, in: DÖV 1990, S. 353 - 361

*Badura, Peter,* Persönlichkeitsrechtliche Schutzpflichten des Staates im Arbeitsrecht, in: Gamillscheg, Franz/Rüthers, Bernd/Stahlhacke, Eugen (Hrsg.), Sozialpartnerschaft in der Bewährung, Festschrift für Karl Molitor zum 60. Geburtstag, München 1988, S. 1 - 18

*Badura, Peter,* Wirtschaftsverfassung und Wirtschaftsverwaltung, Ein exemplarischer Leitfaden, 4. Auflage, Tübingen 2011

*Bamberger, Georg/Roth, Herbert/Hau, Wolfgang/Poseck, Roman,* BeckOK BGB, 55. Edition, Stand: 01.08.2020, München 2020

*Barczak, Tristan,* Normenkonkurrenz und Normenkollision, in: JuS 2015, S. 969 - 976

*Bauer, Jobst-Hubertus,* „Spielregeln" für die Freistellung von Arbeitnehmern, in: NZA 2007, S. 409 - 412

*Bauer, Jobst-Hubertus/Baeck, Ulrich,* Die Anrechnung anderweitigen Verdienstes bei der Freistellung eines Arbeitnehmers, in: NZA 1989, S. 784 - 787

*Bauer, Jobst-Hubertus/Günther, Jens,* Die Freistellung von der Arbeitspflicht – Grundlagen und aktuelle Entwicklungen, in: DStR 2008, S. 2422 - 2427

*Bauer, Jobst-Hubertus/Krieger, Steffen/Arnold, Christian,* Arbeitsrechtliche Aufhebungsverträge, 9. Auflage, München 2014

*Baumbach, Adolf/Hopt, Klaus,* Handelsgesetzbuch, 39. Auflage, München 2020

*Becker, Friedrich/Hillebrecht, Wilfried,* KR, Gemeinschaftskommentar zum Kündigungsschutzgesetz und zu sonstigen kündigungsschutzrechtlichen Vorschriften, 12. Auflage, Köln 2019

*Becker-Schaffner, Reinhard,* Die Rechtsprechung zu Rechtsfragen anläßlich der Suspendierung im Arbeitsverhältnis, in: BlStSAR 1985, S. 357 - 361

*Beckmann, Dirk,* Rechtsschutz bei Freistellung des Arbeitnehmers/Geschäftsführers, in: NZA 2004, S. 1131 - 1135

*Bengelsdorf, Peter,* Beschluß des Großen Senats des BAG zum Weiterbeschäftigungsanspruch – Unzulässiger richterlicher Rechtsetzungsakt (I), in: DB 1986, S. 168 - 175

*Bengelsdorf, Peter,* Die Anwendbarkeit der §§ 14 IV, 21 TzBfG auf die Weiterbeschäftigungsverhältnisse während eines Kündigungsschutzverfahrens, in: NZA 2005, S. 277 - 282

*Berg, Wilfried,* Konkurrenzen schrankendivergenter Freiheitsrechte im Grundrechtsabschnitt des Grundgesetzes, Berlin 1968

*Berger-Delhey, Ulf,* Die Leitungs- und Weisungsbefugnis des Arbeitgebers, in: DB 1990, S. 2266 - 2270

*Bertelsmann Stiftung/GfK Verein,* Bedeutung der Arbeit, Gütersloh, Nürnberg 2015

*Bertram, Peter,* Die Kündigung durch den Insolvenzverwalter, in: NZI 2001, S. 625 - 632

*Bewer, Rudolf,* Beschäftigungszwang, in: LZ 1924, Sp. 97 - 108

*Bewer, Rudolf,* Das Recht auf Beschäftigung, in: NZfA 1921, Sp. 29 - 38

*Birk, Rolf,* Anmerkung zu BAG 19.08.1976 - 3 AZR 173/75, AP Nr. 4 zu § 611 BGB Beschäftigungspflicht

*Birk, Rolf,* Die arbeitsrechtliche Leitungsmacht, Köln 1973

*Birk, Rolf,* Über das Trinkgeld, in: Joost, Detlef/Oetker, Hartmut/Paschke, Marian (Hrsg.), Festschrift für Franz Jürgen Säcker zum 70. Geburtstag, München 2011, S. 189 - 200

*Bobrowski, Paul,* Das Arbeitsrecht, Von der Einstellung bis zur Entlassung, 2. Auflage, Heidenheim 1954

*Boecken, Winfried,* Die Pflicht zur behinderungsgerechten Beschäftigung, in: RdA 2012, S. 210 - 224

*Boecken, Winfried/Düwell, Franz Josef/Diller, Martin/Hanau, Hans,* Gesamtes Arbeitsrecht, 1. Auflage, Baden-Baden 2016

*Boemke, Burkhard,* Privatautonomie im Arbeitsvertragsrecht, in: NZA 1993, S. 532 - 538

*Boemke, Burkhard,* Schuldvertrag und Arbeitsverhältnis, München 1999

*Böglmüller, Matthias,* Persönlichkeitsrechte im Sportarbeitsverhältnis, Branchengerechte Erfassung durch das Arbeitsrecht, Baden-Baden 2016

*Bötticher, Eduard,* Zum „allgemeinen" Weiterbeschäftigungsanspruch des Arbeitnehmers während des Kündigungsschutzprozesses, in: BB 1981, S. 1954 - 1959

*Brors, Christiane,* Die Abschaffung der Fürsorgepflicht – Versuch einer vertragstheoretischen Neubegründung der Nebenpflichten des Arbeitgebers, Tübingen 2002

*Brox, Hans,* Arbeitsrecht, 10. Auflage, Stuttgart, Berlin, Köln 1991

*Brox, Hans/Rüthers, Bernd/Henssler, Martin,* Arbeitsrecht, 19. Auflage, Stuttgart 2016

*Brox, Hans/Walker, Wolf-Dietrich,* Allgemeiner Teil des BGB, 44. Auflage, München 2020

*Brox, Hans/Walker, Wolf-Dietrich,* Allgemeines Schuldrecht, 44. Auflage, München 2020

*Brugger, Winfried,* Freiheit des Berufs und Recht auf Arbeit im Verfassungsrecht, in: Ryffel, Hans/Schwartländer, Johannes (Hrsg.), Das Recht des Menschen auf Arbeit, Interdisziplinäre Kolloquien, Kehl am Rhein 1983, S. 111 - 134

*Buchner, Herbert,* Beschäftigungspflicht, Schriften zur Arbeitsrecht-Blattei, Band 18, Wiesbaden 1989

*Bühn, Birgit,* Die einseitige Suspendierung von Arbeitnehmern im Individualarbeitsrecht, Augsburg 1983

*Bundesminister für Arbeit und Sozialordnung, Referat Presse- und Öffentlichkeitsarbeit,* Entwurf eines Arbeitsgesetzbuches – Allgemeines Arbeitsvertragsrecht –, Bonn 1977

*Bundesvereinigung der Deutschen Arbeitgeberverbände,* Stellungnahme zum Entwurf der Arbeitsgesetzbuchkommission für ein Arbeitsgesetzbuch – Allgemeines Arbeitsvertragsrecht –, Köln 1977

*Canaris, Claus-Wilhelm,* Die Feststellung von Lücken im Gesetz, Eine methodologische Studie über Voraussetzungen und Grenzen der richterlichen Rechtsfortbildung praeter legem, Berlin 1964

*Canaris, Claus-Wilhelm,* Grundrechte und Privatrecht, in: AcP 184 (1984), S. 201 - 246

*Citron, Curt/Hessel, Philipp,* Grundlage des Einzelarbeitsrechts, Schauenburg 1949

*Clemenz, Susanne/Kreft, Burghard/Krause, Rüdiger,* AGB-Arbeitsrecht, 2. Auflage, Köln 2019

*Coen, Martin,* Das Recht auf Arbeit und der Bestandsschutz des gekündigten Arbeitsverhältnisses, Köln 1979

*Cremer, Wolfram,* Praktische Konkordanz als grundrechtliche Kollisionsauflösungsregel – Einebnung gesetzgeberischer Entscheidungsspielräume, in: Das Zusammenwirken von deutschem und europäischem Öffentlichen Recht, Festschrift für Hans D. Jarass zum 70. Geburtstag, München 2015, S. 175 - 183

*Däubler, Wolfgang,* Die Unternehmerfreiheit im Arbeitsrecht – eine unantastbare Größe?, Saarbrücken 2012

*Däubler, Wolfgang/Hjort, Jens Peter/Schubert, Michael/Wolmerath, Martin,* Arbeitsrecht, Individualarbeitsrecht mit kollektivrechtlichen Bezügen, Handkommentar, 4. Auflage, Baden-Baden 2017

*Däubler, Wolfgang/Klebe, Thomas/Wedde, Peter,* BetrVG, Betriebsverfassungsgesetz, 17. Auflage, Frankfurt am Main 2020

*Dauner-Lieb, Barbara/Heidel, Thomas/Ring, Gerhard,* Anwaltkommentar BGB, Band 2: Schuldrecht, Teilband 1: §§ 241 - 610, Bonn 2005

*Degenhart, Christoph,* Die allgemeine Handlungsfreiheit des Art. 2 I GG, in: JuS 1990, S. 161 - 169

*Dersch, Hermann,* Das Gesetz zur Ordnung der nationalen Arbeit, Kommentar, Berlin 1934

*Deutsche Hauptstelle für Suchtfragen e.V.,* Factsheet: Alkohol am Arbeitsplatz – Die Auswirkungen von Alkoholkonsum, Hamm 2014

*Diekhoff, Ludwig,* Zur Einschränkung des Hausrechts des Arbeitgebers, in: AuR 1958, S. 178 - 179

*Dieterich, Thomas,* Grundgesetz und Privatautonomie im Arbeitsrecht, in: RdA 1995, S. 129 - 136

*Dietlein, Johannes,* Die Lehre von den grundrechtlichen Schutzpflichten, Berlin 1992

*Dikomey, Christa,* Das ruhende Arbeitsverhältnis, Heidelberg 1991

*Dreier, Horst,* Grundgesetz, Kommentar, Band I, Präambel, Artikel 1 - 19, 3. Auflage, Tübingen 2013

*Dreier, Horst,* Grundgesetz, Kommentar, Band III, Artikel 83 - 146, 3. Auflage, Tübingen 2018

*Dürig, Günter,* Freizügigkeit, in: Neumann, Franz L./Nipperdey, Hans Carl/ Scheuner, Ulrich (Hrsg.), Die Grundrechte: Handbuch der Theorie und Praxis der Grundrechte, Band 2, Berlin 1954, S. 507 - 534

*Dürig, Günter,* Grundrechte und Zivilrechtsprechung, in: Maunz, Theodor (Hrsg.), Vom Bonner Grundgesetz zur gesamtdeutschen Verfassung, Festschrift zum 75. Geburtstag von Hans Nawiasky, München 1956, S. 157 - 190

*Dütz, Wilhelm,* Der Beschäftigungsanspruch in der Rechtsprechung des Bundesarbeitsgerichts, in: Gamillscheg, Franz/Hueck, Götz/Wiedemann, Herbert (Hrsg.), 25 Jahre Bundesarbeitsgericht, München 1979, S. 71 - 90

*Dütz, Wilhelm,* Effektiver Bestandsschutz im Arbeitsverhältnis, in: DB 1978, Beilage Nr. 13, S. 1 - 23

*Dütz, Wilhelm/Thüsing, Gregor,* Arbeitsrecht, 25. Auflage, München 2020

*Düwell, Franz Josef,* Betriebsverfassungsgesetz, Handkommentar, 5. Auflage, Baden-Baden 2018

*Edenfeld, Stefan,* Die Fürsorgepflicht des Arbeitgebers bei Auslandseinsätzen, in: NZA 2009, S. 938 - 943

*Ehmann, Horst,* Die Persönlichkeit als Grundlage des Arbeitsrechts, in: Hanau, Peter/Lorenz, Egon/Matthes, Hans-Christoph (Hrsg.), Festschrift für Günther Wiese zum 70. Geburtstag, Neuwied 1998, S. 99 - 119

*Ehmann, Horst,* Informationsschutz und Informationsverkehr im Zivilrecht, in: AcP 188 (1988), S. 230 - 380

*Eich, Rolf-Achim,* Aids und Arbeitsrecht, in: NZA 1987, Beilage 2, S. 10 - 20

*Elsner, Katrin,* Kleine Ursache – große Wirkung: Wertschätzung von hochqualifizierten Mitarbeitern, München, Mering 2013

*Engisch, Karl,* Einführung in das juristische Denken, 11. Auflage, Stuttgart 2010

*Epping, Volker/Hillgruber, Christian,* BeckOK Grundgesetz, 44. Edition, Stand: 15.08.2020, München 2020

*Erfurter Kommentar zum Arbeitsrecht,* Dieterich, Thomas/Hanau, Peter/Schaub, Günter (Hrsg.), 1. Auflage, München 1998

*Erfurter Kommentar zum Arbeitsrecht,* Müller-Glöge, Rudi/Preis, Ulrich/ Schmidt, Ingrid (Hrsg.), 21. Auflage, München 2021

*Erman BGB,* Westermann, Harm Peter/Grunewald, Barbara/Maier-Reimer, Georg (Hrsg.), Band I, 16. Auflage, Köln 2020

*Eylert, Mario,* Die Verdachtskündigung, in: NZA-RR 2014, S. 393 - 408

*Fabisch, Dieter,* Die unmittelbare Drittwirkung der Grundrechte im Arbeitsrecht, Frankfurt am Main 2010

*Fabricius, Fritz,* Kollision von Beschäftigungspflichten aus Doppelarbeitsverhältnissen, in: ZfA 1972, S. 35 - 72

*Fabricius, Nicolai,* Einstellung der Arbeitsleistung bei gefährlichen und normwidrigen Tätigkeiten, Heidelberg 1997

*Feldes, Werner/Kohte, Wolfhard/Stevens-Bartol, Eckart,* SGB IX, Sozialgesetzbuch Neuntes Buch, Rehabilitation und Teilhabe behinderter Menschen, 3. Auflage, Frankfurt am Main 2015

*Fesenmeyer, Julia,* Die Freistellung des Arbeitnehmers von der Arbeit unter besonderer Berücksichtigung des Insolvenzfalles, Baden-Baden 2007

*Fischer, Ulrich,* Die formularmäßige Abbedingung des Beschäftigungsanspruchs des Arbeitnehmers während der Kündigungsfrist, in: NZA 2004, S. 233 - 237

*Fischinger, Philipp/Hengstberger, Silas,* Arbeitsrechtliche Fragen in der Corona-Krise, in: JA 2020, S. 561 - 568

*Fitting, Karl,* Betriebsverfassungsgesetz, Handkommentar, 30. Auflage, München 2020

*Frey, Erich,* Schadensersatzpflicht des Arbeitsgebers wegen Verletzung arbeitsverhältnisrechtlicher Vorschriften, in: BB 1959, S. 528 - 531

*Frey, Helmut,* Arbeitsrechtliche Fehler in der Personalverwaltung, 2. Auflage, München 1987

*Fuhlrott, Michael/Balupuri-Beckmann, Anamika,* Voraussetzungen und Folgen der Freistellung von der Arbeitspflicht, in: ArbRAktuell 2011, S. 393 - 397

*Fuhlrott, Michael/Fischer, Katharina,* Corona: Virale Anpassungen des Arbeitsrechts, in: NZA 2020, S. 345 - 350

*Gahlen, Hildegard Gertrud,* Die Suspendierung eines Arbeitnehmers, Gießen 1990

*Gallner, Inken/Mestwerdt, Wilhelm/Nägele, Stefan,* Kündigungsschutzrecht, Handkommentar, 6. Auflage, Baden-Baden 2018

*Gamillscheg, Franz,* Der Abschluß des Arbeitsvertrages im neuen Arbeitsvertragsgesetz, in: Schneider, Hans/Götz, Volkmar (Hrsg.), Im Dienst an Recht und Staat: Festschrift für Werner Weber zum 70. Geburtstag, Berlin 1974, S. 793 - 818

*Gamillscheg, Franz,* Die Grundrechte im Arbeitsrecht, Berlin 1989

*Gamillscheg, Franz,* Die Grundrechte im Arbeitsrecht, in: AcP 164 (1964), S. 385 - 445

*Gamillscheg, Franz,* Zur Weiterbeschäftigung während der Kündigung, in: Hanau, Peter (Hrsg.), Richterliches Arbeitsrecht: Festschrift für Thomas Dieterich zum 65. Geburtstag, München 1999, S. 185 - 200

*Gaul, Dieter,* Der Arbeitsvertrag mit Führungskräften, 3. Auflage, München 1973

*Gaul, Dieter/Gaul, Björn,* Arbeitsrecht für Führungskräfte, 3. Auflage, Freiburg 1996

*Gernhuber, Joachim,* Handbuch des Schuldrechts, Band 8, Das Schuldverhältnis, Begründung und Änderung, Pflichten und Strukturen, Drittwirkungen, Tübingen 1989

*Geserich, Stephan,* Auslegung und Rechtsfortbildung, in: DStR-Beihefter 2011, S. 59 - 66

*Grigoleit, Hans Christoph,* Leistungspflichten und Schutzpflichten, in: Heldrich, Andreas/Prölss, Jürgen/Koller, Ingo u.a. (Hrsg.), Festschrift für Claus-Wilhelm Canaris zum 70. Geburtstag, München 2007, S. 275 - 306

*Grobys, Marcel/Panzer-Heemeier, Andrea,* Stichwortkommentar Arbeitsrecht, 3. Auflage, Baden-Baden 2017

*Gumpert, Jobst,* Freistellung von Arbeitnehmern von der Arbeitsleistung während der Kündigungsfrist, in: BB 1961, S. 833 - 835

*Günther, Jens,* Freistellung von der Arbeitspflicht, in: ArbRAktuell 2009, S. 127 - 129

*Hauck-Scholz, Peter,* Der Einfluss des Verfassungsrechts auf das Arbeitsrecht, in: öAT 2015, S. 117 - 120

*Hegel, Georg Wilhelm Friedrich,* Grundlinien der Philosophie des Rechts, Berlin 1833

*Heinze, Meinhard,* Bestandsschutz durch Beschäftigung trotz Kündigung?, in: DB 1985, S. 111 - 129

*Heinze, Meinhard,* Rechtliche Einordnung der Vergünstigungen aus Miles & More-Bonusprogrammen, in: DB 1996, S. 2490 - 2495

*Henssler, Martin/Willemsen, Heinz Josef/Kalb, Heinz-Jürgen,* Arbeitsrecht Kommentar, 9. Auflage, Köln 2020

*Herschel, Wilhelm,* „Recht auf Arbeit" und Kündigungsschutz, in: BB 1977, 708 - 710

*Heß, Reinhold,* Grundrechtskonkurrenzen, Zugleich ein Beitrag zur Normstruktur der Freiheitsrechte, Berlin 2000

*Hesse, Konrad,* Grundzüge des Verfassungsrechts der Bundesrepublik Deutschland, 20. Auflage, Heidelberg 1995

*Hessel,* Das Recht auf Beschäftigung, in: BlStSAR 1951, S. 27 - 28

*Hilf, Meinhard/Hörmann, Saskia,* Der Grundrechtsschutz von Unternehmen im europäischen Verfassungsverbund, in: NJW 2003, S. 1 - 9

*Himmelmann, Gerhard,* Arbeitspolitik und Beschäftigung – interdisziplinär betrachtet, in: Politik unterrichten, Zeitschrift der DVPB-Niedersachsen 2007, S. 44 - 62

*Hoffmann, Martin,* Der grundrechtliche Schutz der marktwirtschaftlichen Unternehmenstätigkeit und der gesellschaftsrechtlichen Unternehmensorganisation durch die „Unternehmensfreiheit", München 1988

*Hohl, Michael,* Rechtliche Probleme der Nominierung von Leistungssportlern, Ein rechtstatsächlicher und -dogmatischer Beitrag zur rechtlichen Behandlung der deutschen Sportverbände, Bayreuth 1992

*Hollstein, Thorsten,* Die Verfassung als „Allgemeiner Teil", Privatrechtsmethode und Privatrechtskonzeption bei Hans Carl Nipperdey (1895 - 1968), Tübingen 2007

*Hoß, Axel/Lohr, Martin,* Die Freistellung des Arbeitnehmers, Zulässigkeit und Auswirkungen auf das Arbeitsverhältnis, in: BB 1998, S. 2575 - 2581

*Hoyningen-Huene, Gerrick von,* Die unbezahlte Freistellung von Arbeit, in: NJW 1981, S. 713 - 721

*Hromadka, Wolfgang/Maschmann, Frank,* Arbeitsrecht Band 1, Individualarbeitsrecht, 7. Auflage, Berlin, Heidelberg 2018

*Huber, Ernst Rudolf,* Betriebsgemeinschaft und Arbeitsverhältnis, in: JW 1937, S. 1111 - 1115

*Hueck, Alfred,* Anmerkung zu BAG 18.06.1958 - 4 AZR 590/55, AP Nr. 6 zu § 615 BGB

*Hueck, Alfred,* Anmerkung zu BGH 12.11.1952 - II ZR 260/51, in: RdA 1953, S. 117 - 118

*Hueck, Alfred/Nipperdey, Hans Carl,* Lehrbuch des Arbeitsrechts, Band I, 7. Auflage, Berlin, Frankfurt am Main 1963

*Hueck, Alfred/Nipperdey, Hans Carl,* Lehrbuch des Arbeitsrechts, Band I, 3. - 5. Auflage, Mannheim, Berlin, Leipzig 1931

*Hueck, Alfred/Nipperdey, Hans Carl/Dietz, Rolf,* Gesetz zur Ordnung der nationalen Arbeit und Gesetz zur Ordnung der Arbeit in öffentlichen Verwaltungen und Betrieben, Kommentar, 4. Auflage, München, Berlin 1943

*Hufen, Friedhelm,* Staatsrecht II, Grundrechte, 8. Auflage, München 2020

*Hümmerich, Klaus,* Hausverbot bei Kündigung – Kraftmeierei oder Rechtsinstitut?, in: DB 2001, S. 1778 - 1781

*Hunold, Wolf,* Anhörung des Mitarbeiters vor Ausspruch einer Verdachtskündigung, in: NZA-RR 2012, S. 399 - 403

*Iannone, Enrico,* Die Kodifizierung des Arbeitsvertragsrechts – ein Jahrhundertprojekt oder eine weitere Fußnote?, in: AuR 2008, S. 197 - 203

*Immenkötter, Udo,* Das allgemeine Recht auf Beschäftigung insbesondere die rechtlichen Folgen der Verletzung dieses Rechts durch den Arbeitgeber, Augsburg 1968

*Institut für Demoskopie Allensbach,* Gesprächskultur 2.0: Wie die digitale Welt unser Kommunikationsverhalten verändert, Ergebnisse einer bevölkerungsrepräsentativen Studie zur Nutzung und Bewertung von Online-Kommunikation, Allensbach am Bodensee 2010

*Ipsen, Jörn,* Richterrecht und Verfassung, Berlin 1975

*Ipsen, Jörn,* Staatsrecht II, Grundrechte, 23. Auflage, München 2020

*Isele, Hellmut Georg,* Das suspendierte Arbeitsverhältnis, in: Nipperdey, Hans Carl (Hrsg.), Festschrift für Erich Molitor zum 75. Geburtstag, München, Berlin 1962, S. 107 - 121

*Isensee, Josef/Kirchhof, Paul,* Handbuch des Staatsrechts, Band IV, Aufgaben des Staates, 3. Auflage, Heidelberg 2006

*Isensee, Josef/Kirchhof, Paul,* Handbuch des Staatsrechts, Band IX, Allgemeine Grundrechtslehren, 3. Auflage, Heidelberg 2011

*Isensee, Josef/Kirchhof, Paul,* Handbuch des Staatsrechts, Band VII, Freiheitsrechte, 3. Auflage, Heidelberg 2009

*Isensee, Josef/Kirchhof, Paul,* Handbuch des Staatsrechts, Band VIII, Grundrechte: Wirtschaft, Verfahren, Gleichheit, 3. Auflage, Heidelberg 2010

*Jachmann, Monika,* Die Rechtsprechung des Bundesfinanzhofs als Ausübung der dritten Staatsgewalt, in: Mellinghoff, Rudolf/Schön, Wolfgang/Viskorf, Hermann-Ulrich (Hrsg.), Steuerrecht im Rechtsstaat: Festschrift für Wolfgang Spindler zum 65. Geburtstag, Köln 2011, S. 115 - 137

*Jahoda, Marie,* Wieviel Arbeit braucht der Mensch?, Arbeit und Arbeitslosigkeit im 20. Jahrhundert, Weinheim, Basel 1983

*Jarass, Hans D./Pieroth, Bodo,* Grundgesetz für die Bundesrepublik Deutschland, 16. Auflage, München 2020

*Jarass, Hans,* Das allgemeine Persönlichkeitsrecht im Grundgesetz, in: NJW 1989, S. 857 - 862

*Jellinek, Walter,* Die Entlohnung der Frau und Artikel 3 Absatz 2 des Grundgesetzes, in: BB 1950, S. 425 - 427

*Joel, Katja,* Der arbeitsrechtliche Beschäftigungsanspruch im Berufssport, Jena 2010

*Junker, Abbo,* Grundkurs Arbeitsrecht, 19. Auflage, München 2020

*Kahl, Wolfgang,* Die Schutzergänzungsfunktion von Art. 2 Abs. 1 Grundgesetz, Tübingen 2000

*Kaskel, Walter,* Lohnanspruch Arbeitswilliger bei Betriebsstockungen, in: NZfA 1922, Sp. 1 - 18

*Kassebohm, Kristian/Malorny, Christian,* Die strafrechtliche Verantwortung des Managements, Produktverantwortlichkeit und deren Einflussbereich auf die qualitätsorientierte Unternehmensführung, in: BB 1994, S. 1361 - 1371

*Keilich, Jochen A.,* Die Auswirkungen der Grundrechte/Menschenrechte für das Arbeitsrecht in Deutschland und England, Frankfurt am Main 2004

*Kempter, Michael/Steinat, Björn,* Der (Weiter-)Beschäftigungsanspruch – Voraussetzungen, Rechtsfolgen und taktische Fragestellungen, in: NZA 2016, S. 913 - 918

*Keßler, Ulrich,* Anmerkung zu ArbG Leipzig 08.08.1996 - 18 Ga 37/96, in: BB 1997, S. 367 - 369

*Kirchhof, Paul,* Richterliche Rechtsfindung, gebunden an „Gesetz und Recht", in: NJW 1986, S. 2275 - 2280

*Klein, Christian,* Arbeitsrechtliche Problem- und Fragestellungen der Corona-Pandemie, in: NJ 2020, S. 377 - 387

*Kloepfer, Michael/Greve, Holger,* Das Informationsfreiheitsgesetz und der Schutz von Betriebs- und Geschäftsgeheimnissen, in: NVwZ 2011, S. 577 - 584

*Knorr, Gerhard/Bichlmeier, Gerd/Kremhelmer, Hans,* Handbuch des Kündigungsrechts, 4. Auflage, München, Berlin 1998

*Köhler, Helmut,* BGB Allgemeiner Teil, 44. Auflage, München 2020

*Körner, Thomas/Puch, Katharina/Wingerter, Christian,* Qualität der Arbeit, Geld verdienen und was sonst noch zählt, Statistisches Bundesamt, Wiesbaden 2015

*Kossens, Michael/Von der Heide, Dirk/Maaß, Michael,* SGB IX, Rehabilitation und Teilhabe behinderter Menschen, Kommentar, 4. Auflage, München 2015

*Kraft, Alfons,* Beschäftigungsanspruch und Weiterbeschäftigungsanspruch, in: ZfA 1979, S. 123 - 137

*Kramer, Ernst A.,* Juristische Methodenlehre, 5. Auflage, Bern 2016

*Kramer, Stefan,* Gestaltung einer Freistellung von der Arbeit, in: DB 2008, S. 2538 - 2542

*Krause, Rüdiger,* Arbeitsrecht, 4. Auflage, Baden-Baden 2020

*Krause, Rüdiger,* Die Vergrundrechtlichung des Arbeitsverhältnisses, in: Heun, Werner/Schorkopf, Frank (Hrsg.), Wendepunkte der Rechtswissenschaft: Aspekte des Rechts in der Moderne, Göttingen 2014, S. 175 - 208

*Krause, Rüdiger,* Digitalisierung der Arbeitswelt – Herausforderungen und Regelungsbedarf, in: NZA 2016, S. 1004 - 1007

*Krause, Rüdiger,* Digitalisierung der Arbeitswelt: Herausforderungen und Regelungsbedarf, Gutachten B für den 71. Deutschen Juristentag, in: Ständige Deputation des Deutschen Juristentages (Hrsg.), Verhandlungen des 71. Deutschen Juristentages, Band I, Gutachten, München 2016, S. B 1 - B 112

*Krause, Rüdiger,* Nach der Kündigung: Weiterbeschäftigung, Freistellung, Annahmeverzug, in: NZA 2005, Beilage 1, S. 51 - 64

*Kuhlmann, Kai,* Leistungspflichten und Schutzpflichten, Ein kritischer Vergleich des Leistungsstörungsrechts des BGB mit den Vorschlägen der Schuldrechtskommission, Berlin 2001

*Küttner, Wolfdieter,* Personalbuch 1994, München 1994

*Küttner, Wolfdieter,* Personalbuch 2020, Röller, Jürgen (Hrsg.), 27. Auflage, München 2020

*Larenz, Karl,* Lehrbuch des Schuldrechts, Erster Band, Allgemeiner Teil, 14. Auflage, München 1987

*Larenz, Karl,* Methodenlehre der Rechtswissenschaft, 6. Auflage, Berlin 1991

*Lee, Hee-Soung,* Die Beschäftigung des Arbeitnehmers durch den Arbeitgeber, Rechtspflicht und Obliegenheit des Arbeitgebers, Frankfurt am Main 1997

*Leisner, Walter,* Grundrechte und Privatrecht, München 1960

*Lembke, Mark,* Die Verdachtskündigung in Rechtsprechung und Praxis, in: RdA 2013, S. 82 - 92

*Lepke, Achim,* AIDS als Grund für eine Kündigung des Arbeitgebers, in: RdA 2000, S. 87 - 94

*Lepke, Achim,* Der Anspruch auf Beschäftigung, Berlin 1966

*Lepke, Achim,* Der Beschäftigungsanspruch in kurzfristigen und auslaufenden Arbeitsverhältnissen, in: AuR 1968, S. 78 - 80

*Lepke, Achim,* Zum Problem einer allgemeinen Beschäftigungspflicht, in: DB 1971, S. 478 - 483

*Lepsien, Robert,* Die Suspendierung eines Arbeitnehmers im unstreitigen Arbeitsverhältnis, Bielefeld 2001

*Lerche, Peter,* Die Verfassung als Quelle von Optimierungsgeboten?, in: Burmeister, Joachim (Hrsg.), Verfassungsstaatlichkeit, Festschrift für Klaus Stern zum 65. Geburtstag, München 1997, S. 197 - 209

*Lerche, Peter,* Übermass und Verfassungsrecht, Zur Bindung des Gesetzgebers an die Grundsätze der Verhältnismäßigkeit und Erforderlichkeit, Köln 1961

*Leßmann, Jochen,* Die Abdingbarkeit des Beschäftigungsanspruchs im unstreitigen und im streitigen Arbeitsverhältnis, in: RdA 1988, S. 149 - 158

*Looschelders, Dirk,* Schuldrecht, Allgemeiner Teil, 17. Auflage, München 2019

*Looschelders, Dirk/Roth, Wolfgang,* Juristische Methodik im Prozeß der Rechtsanwendung, Berlin 1996

*Lotmar, Philipp,* Der Arbeitsvertrag nach dem Privatrecht des Deutschen Reiches, Zweiter Band, Leipzig 1908

*Luckey, Andreas,* Suspendierung und Schmerzensgeldanspruch des Arbeitnehmers, in: NZA 1992, S. 873 - 877

*Luhmann, Niklas,* Grundrechte als Institution, Ein Beitrag zur politischen Soziologie, 2. Auflage, Berlin 1974

*Lux, Hans-Joachim,* Sozialplan und Nachteilsausgleich im Konkurs, in: BB 1979, S. 282 - 285

*Madaus, Stephan,* Die Abgrenzung der leistungsbezogenen von den nicht leistungsbezogenen Nebenpflichten im neuen Schuldrecht, in: JURA 2004, S. 289 - 292

*Mangoldt, Hermann von/Klein, Friedrich/Starck, Christian,* Kommentar zum Grundgesetz, Band 1, Präambel, Artikel 1 - 19, 7. Auflage, München 2018

*Mann, Thomas/Worthmann, Esther-Maria,* Berufsfreiheit (Art. 12 GG) – Strukturen und Problemkonstellationen, in: JuS 2013, S. 385 - 392

*Mansfeld, Werner,* Die arbeitsvertragliche Begründung und Ausgestaltung des Arbeitsverhältnisses, in: JW 1936, S. 481 - 485

*Marotzke, Wolfgang,* Die Freistellung von Arbeitnehmern im Insolvenz-Eröffnungsverfahren, in: Krause, Rüdiger/Veelken, Winfried/Vieweg, Klaus (Hrsg.), Recht der Wirtschaft und der Arbeit in Europa, Gedächtnisschrift für Wolfgang Blomeyer, Berlin 2004, S. 165 - 180

*Marotzke, Wolfgang,* Die Freistellung von Arbeitnehmern in der Insolvenz des Arbeitgebers, in: InVo 2004, S. 301 - 316

*Maschmann, Frank/Sieg, Rainer/Göpfert, Burkard,* Vertragsgestaltung im Arbeitsrecht, Arbeits- und Anstellungsverträge, 3. Auflage, München 2020

*Maunz, Theodor/Dürig, Günter,* Grundgesetz, Kommentar, Band I, Texte, Art. 1 - 5, 91. EL, April 2020, München 2020

*Maunz, Theodor/Dürig, Günter,* Grundgesetz, Kommentar, Band II, Art. 6 - 15, 91. EL, April 2020, München 2020

*Maunz, Theodor/Dürig, Günter,* Grundgesetz, Kommentar, Band VI, Art. 86 - 106b, 91. EL, April 2020, München 2020

*Mayer, Matthias,* Untermaß, Übermaß und Wesensgehaltgarantie, Die Bedeutung staatlicher Schutzpflichten für den Gestaltungsspielraum des Gesetzgebers im Grundrechtsbereich, Baden-Baden 2005

*Medicus, Dieter,* Zur Anwendbarkeit des Allgemeinen Schuldrechts auf Schutzpflichten, in: Heldrich, Andreas/Prölss, Jürgen/Koller, Ingo u.a. (Hrsg.), Festschrift für Claus-Wilhelm Canaris zum 70. Geburtstag, München 2007, S. 835 - 855

*Meier, Patrick/Jocham, Felix,* Rechtsfortbildung – Methodischer Balanceakt zwischen Gewaltenteilung und materieller Gerechtigkeit, in: JuS 2016, S. 392 - 398

*Merten, Detlef/Papier, Hans-Jürgen,* Handbuch der Grundrechte, Band V, Grundrechte in Deutschland: Einzelgrundrechte II, Heidelberg 2013

*Merten, Detlef/Papier, Hans-Jürgen,* Handbuch der Grundrechte, Band III, Grundrechte in Deutschland: Allgemeine Lehren II, Heidelberg 2009

*Meyer, Michael,* Der Freistellungsvertrag, in: NZA 2011, S. 1249 - 1254

*Michael, Lothar/Morlok, Martin,* Grundrechte, 7. Auflage, Baden-Baden 2020

*Molitor, Erich,* Anmerkung zu LAG Bayern 17.02.1954 - 418/50 I, AP Nr. 1 zu § 611 BGB Beschäftigungspflicht

*Molitor, Erich,* Das Recht auf Arbeit, seine Anerkennung, Sanktionierung und Begrenzung, in: Beiträge zum Handels- und Wirtschaftsrecht, Sonderveröffentlichung der Zeitschrift für ausländisches und internationales Privatrecht, deutsche Landesreferate zum III. Internationalen Kongreß für Rechtsvergleichungen in London 1950, 3. Teil des Kongreßprogramms, S. 159 - 173, Berlin, Tübingen 1950

*Molitor, Erich,* Deutsches Arbeitsrecht, Leipzig 1938

*Molitor, Erich/Hueck, Alfred/Riezler, Erwin,* Der Arbeitsvertrag und der Entwurf eines Allgemeinen Arbeitsvertrags-Gesetzes, Mannheim, Berlin, Leipzig 1925

*Moll, Wilhelm,* Münchener Anwalts Handbuch Arbeitsrecht, 4. Auflage, München 2017

*Mommsen, Wilhelm,* Deutsche Parteiprogramme, 3. Auflage, München 1977

*Müller-Petzer, Sabine,* Fürsorgepflichten des Arbeitgebers nach europäischem und nationalem Arbeitsschutzrecht, Frankfurt am Main 2003

*Münch, Ingo von/Kunig, Philip,* Grundgesetz, Kommentar, Band 1, Präambel bis Art. 69, 6. Auflage, München 2012

*Münchener Handbuch zum Arbeitsrecht,* Kiel, Heinrich/Lunk, Stefan/Oetker, Hartmut (Hrsg.), Band 1, Individualarbeitsrecht I, 4. Auflage, München 2018

*Münchener Handbuch zum Arbeitsrecht,* Richardi, Reinhard/Wlotzke, Otfried/ Wißmann, Hellmut/Oetker, Hartmut (Hrsg.), Band 1, Individualarbeitsrecht, 3. Auflage, München 2009

*Münchener Kommentar zum Bürgerlichen Gesetzbuch,* Säcker, Franz Jürgen/ Rixecker, Roland/Oetker, Hartmut/Limperg, Bettina (Hrsg.), Band 5, Schuldrecht - Besonderer Teil II, 8. Auflage, München 2020

*Münchener Kommentar zum Bürgerlichen Gesetzbuch,* Säcker, Franz Jürgen/ Rixecker, Roland/Oetker, Hartmut/Limperg, Bettina (Hrsg.), Band 6, Schuldrecht - Besonderer Teil III, 8. Auflage, München 2020

*Münchener Kommentar zum Bürgerlichen Gesetzbuch,* Säcker, Franz Jürgen/Rixecker, Roland/Oetker, Hartmut/Limperg, Bettina (Hrsg.), Band 2, Schuldrecht - Allgemeiner Teil, 8. Auflage, München 2019

*Münchener Kommentar zum Handelsgesetzbuch,* Schmidt, Karsten (Hrsg.), Band 1, 4. Auflage, München 2016

*Musielak, Hans-Joachim/Hau, Wolfgang,* Grundkurs BGB, 16. Auflage, München 2019

*Nägele, Stefan,* Freistellung und anderweitiger Erwerb, in: NZA 2008, S. 1039 - 1041

*Nikisch, Arthur,* Arbeitsrecht, I. Band, 2. Auflage, Tübingen 1955

*Nikisch, Arthur,* Arbeitsrecht, I. Band, 3. Auflage, Tübingen 1961

*Nikisch, Arthur,* Arbeitsvertrag und Arbeitsverhältnis, Berlin, Leipzig, Wien 1941

*Nipperdey, Hans Carl,* Boykott und freie Meinungsäußerung, in: DVBl. 1958, S. 445 - 452

*Nipperdey, Hans Carl,* Die Würde des Menschen, in: Neumann, Franz L./Nipperdey, Hans Carl/Scheuner, Ulrich (Hrsg.), Die Grundrechte: Handbuch der Theorie und Praxis der Grundrechte, Band 2, Berlin 1954, S. 1 - 50

*Nipperdey, Hans Carl,* Gleicher Lohn der Frau für gleiche Leistung, in: RdA 1950, S. 121 - 128

*Nipperdey, Hans Carl,* Grundrechte und Privatrecht, Krefeld 1961

*Oertmann, Paul,* Kommentar zum Bürgerlichen Gesetzbuche und seinen Nebengesetzen, Zweites Buch, Recht der Schuldverhältnisse, 3. und 4. Auflage, Berlin 1910

*Oertmann, Paul,* Lohnanspruch der Arbeitswilligen?, in: NZfA 1922, Sp. 461 - 474

*Oeter, Stefan,* „Drittwirkung" der Grundrechte und die Autonomie des Privatrechts, Ein Beitrag zu den funktionell-rechtlichen Dimensionen der Drittwirkungsdebatte, in: AöR 119 (1994), S. 529 - 563

*Ossenbühl, Fritz,* Die Freiheiten des Unternehmers nach dem Grundgesetz, in: AÖR 115 (1990), S. 1 - 32

*Palandt, Otto,* Bürgerliches Gesetzbuch, 23. Auflage, München, Berlin 1964

*Palandt, Otto,* Bürgerliches Gesetzbuch, 53. Auflage, München 1994

*Palandt, Otto,* Bürgerliches Gesetzbuch, 79. Auflage, München 2020

*Palandt, Otto,* Bürgerliches Gesetzbuch, 9. Auflage, München, Berlin 1951

*Pallasch, Ulrich,* Der Beschäftigungsanspruch des Arbeitnehmers, Heidelberg 1993

*Pitschas, Rainer,* Berufsfreiheit und Berufslenkung, Berlin 1983

*Preis, Ulrich/Temming, Felipe,* Arbeitsrecht, Individualarbeitsrecht, Lehrbuch für Studium und Praxis, 6. Auflage, Köln 2020

*Preis, Ulrich,* Der Arbeitsvertrag, Handbuch der Vertragsgestaltung, 6. Auflage, Köln 2020

*Rebhahn, Robert,* Der Arbeitnehmerbegriff in vergleichender Perspektive, in: RdA 2009, S. 154 - 175

*Reidel, Katharina,* Die einstweilige Verfügung auf (Weiter-) Beschäftigung – eine vom Verschwinden bedrohte Rechtsschutzform?, in: NZA 2000, S. 454 - 463

*Reuter, Dieter,* Voraussetzungen und Grenzen der Verbindlichkeit internationalen Sportrechts für Sportvereine und Sportler, in: Reuter (Hrsg.), Einbindung des nationalen Sportrechts in internationale Bezüge, Schriftenreihe Recht und Sport Nr. 7, Heidelberg 1987, S. 53 - 58

*Richardi, Reinhard,* Arbeitsrechtliche Probleme bei Einstellung und Entlassung Aids-infizierter Arbeitnehmer, in: NZA 1988, S. 73 - 79

*Richardi, Reinhard,* Betriebsverfassungsgesetz mit Wahlordnung, 16. Auflage, München 2018

*Richter, Hanns-Uwe/Lange, Björn,* Kontrolle von Freistellungs- und Ausschlussklauseln in Arbeitsverträgen mit Fußballbundesliga-Trainern, in: NZA-RR 2012, S. 57 - 61

*Rieble, Volker,* Entbindung von der Weiterbeschäftigungspflichtnach § 102 Abs. 5 Satz 2 Nr. 2 BetrVG, in: BB 2003, S. 844 - 850

*Riesenhuber, Karl,* Die Auslegung, in: Riesenhuber, Karl (Hrsg.), Europäische Methodenlehre, Handbuch für Ausbildung und Praxis, 3. Auflage, Berlin 2015, S. 199 - 224

*Rinösl, Nicolas,* Der Beschäftigungsanspruch des Arbeitnehmers in der Insolvenz des Arbeitgebers und sein Verhältnis zu Bestandsschutz und Vergütung, Berlin 2012

*Rolfs, Christian/Giesen, Richard/Kreikebohm, Ralf/Udsching, Peter,* BeckOK Arbeitsrecht, 57. Edition, Stand: 01.09.2020, München 2020

*Rotz, Rudolf von,* Arbeit, Individuelle Bedürfnisse und organisatorische Effizienz, Bern 1994

*Ruffert, Matthias,* Vorrang der Verfassung und Eigenständigkeit des Privatrechts, Tübingen 2001

*Ruhl, Marion/Kassebohm, Kristian,* Der Beschäftigungsanspruch des Arbeitnehmers, in: NZA 1995, S. 497 - 503

*Rumler, Marie-Theres,* Der Kündigungsschutz leitender Angestellter, Baden-Baden 1990

*Sachs, Michael,* Grundgesetz, 8. Auflage, München 2018

*Sagan, Adam/Brockfeld, Marius,* Arbeitsrecht in Zeiten der Corona-Pandemie, in: NJW 2020, S. 1112 - 1117

*Salje, Peter,* Die Suspendierung des Arbeitnehmers als Mittel des Konkurrenzschutzes unter Arbeitgebern?, in: Heinze, Meinhard/Söllner, Alfred (Hrsg.), Arbeitsrecht in der Bewährung: Festschrift für Otto Rudolf Kissel zum 65. Geburtstag, München 1994, S. 983 - 1014

*Schaeffer, Carl/Scheerbarth, Walter/Herschel, Wilhelm,* Arbeitsrecht, 7. - 14. Auflage, Leipzig 1928

*Schaub, Günter,* Arbeitsrechts-Handbuch, 16. Auflage, München 2015

*Schaub, Günter,* Arbeitsrechts-Handbuch, 18. Auflage, München 2019

*Schaub, Günter,* Arbeitsrechts-Handbuch, 8. Auflage, München 1996

*Schaub, Günter,* Die Abmahnung als zusätzliche Kündigungsvoraussetzung, in: NZA 1997, S. 1185 - 1188

*Scheler, Max,* Der Formalismus in der Ethik und die materielle Wertethik, 4. Auflage, Bern 1954

*Schiefer, Bernd,* Betriebsbedingte Kündigung – Kündigungsursache und Unternehmerentscheidung, in: NZA-RR 2005, S. 1 - 12

*Schiefer, Bernd,* Die schwierige Handhabung der Jahressonderzahlungen, in: NZA-RR 2000, S. 561 - 572

*Schlick, Christopher/Bruder, Ralph/Luczak, Holger,* Arbeitswissenschaft, 3. Auflage, Berlin, Heidelberg 2012

*Schlüter, Wilfried,* Anmerkung zu BGH 29.09.1971 - 3 AZR 164/71, AP Nr. 28 zu § 1 FeiertagslohnzahlungsG

*Schmidt-Rimpler, Walter/Gieseke, Paul/Friesenhahn, Ernst/Knur, Alexander,* Die Lohngleichheit von Männern und Frauen, Zur Frage der unmittelbaren Einwirkung des Art. 3 Abs. 2 und 3 des Grundgesetzes auf Arbeits- und Tarifverträge, in: AöR 76 (1950), S. 165 - 186

*Schnorr von Carolsfeld, Ludwig,* Anmerkung zu BAG 20.12.1976 - 5 AZR 736/75, AP Nr. 1 zu § 18 SchwbG

*Schrader, Peter/Straube, Gunnar,* Die tatsächliche Beschäftigung während des Kündigungsrechtsstreites, in: RdA 2006, S. 98 - 104

*Schulze, Reiner,* Bürgerliches Gesetzbuch, Handkommentar, 10. Auflage, Baden-Baden 2019

*Schwabe, Jürgen,* Probleme der Grundrechtsdogmatik, Darmstadt 1977

*Schwerdtner, Peter,* Fürsorge- und Treuepflichten im Gefüge des Arbeitsverhältnisses oder: Vom Sinn und Unsinn einer Kodifikation des Allgemeinen Arbeitsvertragsrechts, in: ZfA 1979, S. 1 - 42

*Schwier, Henning,* Der Schutz der „Unternehmerischen Freiheit" nach Artikel 16 der Charta der Grundrechte der Europäischen Union, Frankfurt am Main 2008

*Seckel, Emil,* Die Gestaltungsrechte des Bürgerlichen Rechts, Darmstadt 1954

*Senne, Holger,* Die Entwürfe zu einem Arbeitsvertragsgesetz – Grundlagen und Kritik –, Marburg 1980

*Sieg, Karl,* Anmerkung zu BAG 13.12.1978 - GS 1/77, in: SAE 1979, S. 118 - 120

*Silberschmidt, Wilhelm,* Das deutsche Arbeitsrecht, Erster Teil, München, Berlin, Leipzig 1926

*Sinzheimer, Hugo,* Grundzüge des Arbeitsrechts, 1. Auflage, Jena 1921

*Sinzheimer, Hugo,* Grundzüge des Arbeitsrechts, 2. Auflage, Jena 1927

*Sodan, Helge/Ziekow, Jan,* Grundkurs Öffentliches Recht, Staats- und Verwaltungsrecht, 9. Auflage, München 2020

*Söllner, Alfred,* Die Verwirklichung der Grundrechte als gemeinsame Aufgabe von Bundesarbeitsgericht und Bundesverfassungsgericht, in: Heinze, Meinhard/Söllner, Alfred (Hrsg.), Arbeitsrecht in der Bewährung: Festschrift für Otto Rudolf Kissel zum 65. Geburtstag, München 1994, S. 1121 - 1134

*Söllner, Alfred,* Einseitige Leistungsbestimmung im Arbeitsverhältnis, Mainz 1966

*Söllner, Alfred,* Grundriß des Arbeitsrechts, 11. Auflage, München 1994

*Söllner, René,* Die wirtschaftliche Bedeutung kleiner und mittlerer Unternehmen in Deutschland, in: Statistisches Bundesamt, Wirtschaft und Statistik 2014, S. 40 - 51

*Spielmann, Christoph,* Konkurrenz von Grundrechtsnormen, Baden-Baden 2008

*Staudinger, Julius von,* Kommentar zum Bürgerlichen Gesetzbuch mit Einführungsgesetz und Nebengesetzen, Buch 2, Recht der Schuldverhältnisse, Einleitung zum Schuldrecht, §§ 241 - 243, Neubearbeitung 2019, Berlin 2019

*Staudinger, Julius von,* Kommentar zum Bürgerlichen Gesetzbuch mit Einführungsgesetz und Nebengesetzen, Buch 2, Recht der Schuldverhältnisse, §§ 613a - 619a, Neubearbeitung 2019, Berlin 2019

*Staudinger, Julius von,* Kommentar zum Bürgerlichen Gesetzbuch mit Einführungsgesetz und Nebengesetzen, Buch 2, Recht der Schuldverhältnisse, §§ 620 - 630, Neubearbeitung 2019, Berlin 2019

*Staudinger, Julius von,* Kommentar zum Bürgerlichen Gesetzbuch mit Einführungsgesetz und Nebengesetzen, Buch 2, Recht der Schuldverhältnisse, §§ 611 - 613, Neubearbeitung 2020, Berlin 2020

*Staudinger, Julius von,* Kommentar zum Bürgerlichen Gesetzbuch mit Einführungsgesetz und Nebengesetzen, Eckpfeiler des Zivilrechts, Neubearbeitung 2020, Berlin 2020

*Staudinger, Julius von,* Kommentar zum Bürgerlichen Gesetzbuch und dem Einführungsgesetz, 2. Band, Recht der Schuldverhältnisse, 2. Teil, §§ 433 - 630, 9. Auflage, München, Berlin, Leipzig 1928

*Staudinger, Julius von,* Kommentar zum Bürgerlichen Gesetzbuch und dem Einführungsgesetz, 2. Band, Recht der Schuldverhältnisse, 3. Teil, §§ 611 - 704, 10. Auflage, Berlin, München 1939

*Steinau-Steinrück, Robert von/Oelkers, Felix,* Betriebsbedingte Kündigung – Brennpunkt: unternehmerische Entscheidung, in: NJW-Spezial, S. 321 - 322

*Stephan, Bruno,* Haupt- und Nebenleistung, Zur Funktion und systematischen Einordnung des Begriffspaares in den §§ 323 ff BGB, Göttingen 1975

*Stern, Klaus,* Das Staatsrecht der Bundesrepublik Deutschland, Band III/1, Allgemeine Lehren der Grundrechte, München 1988

*Stern, Klaus/Sachs, Michael/Dietlein, Johannes,* Das Staatsrecht der Bundesrepublik Deutschland, Band IV/1, Die einzelnen Grundrechte, Der Schutz und die freiheitliche Entfaltung des Individuums, München 2006

*Stöhr, Alexander,* Verdachtskündigung und Druckkündigung, in: JuS 2010, S. 1052 - 1056

*Strehlein, Silke Yvonne,* Freistellungsklauseln, Der Beschäftigungsanspruch des Arbeitnehmers, dessen immanente Grenzen und verbleibende vertragliche Gestaltungsmöglichkeiten, Berlin 2008

*Stück, Volker,* Corona Covid-19 und Compliance: Aktuelle arbeitsrechtliche Aspekte zur präventiven und repressiven Bewältigung der viralen Herausforderung, in: CCZ 2020, S. 205 - 218

*Stück, Volker,* Zwischen Arbeits- und Sozialrecht – Freistellungen im Spannungsfeld, in: AuA 2005, S. 704 - 710

*Szczekalla, Peter,* Die sogenannten grundrechtlichen Schutzpflichten im deutschen und europäischen Recht, Berlin 2002

*Thees, Thomas,* Das Arbeitnehmer-Persönlichkeitsrecht als Leitidee des Arbeitsrechts, Persönlichkeitsschutz und Persönlichkeitsentfaltung im Arbeitsverhältnis, Berlin 1995

*Titze, Heinrich,* Zur Risikofrage im Arbeitsverhältnis, JW 1922, S. 548 - 551

*Traub, Leopold,* Leitfaden des Arbeitsrechts, unter besonderer Berücksichtigung der bayerischen Gesetzgebung, München, Berlin 1949

*Unruh, Peter,* Zur Dogmatik der grundrechtlichen Schutzpflichten, Berlin 1996

*Vieweg, Klaus,* Teilnahmerechte und -pflichten der Vereine und Verbände, in: Schriftenreihe Recht und Sport Nr. 16, S. 23 - 47

*Vogt, Dieter,* Die Drittwirkung der Grundrechte und Grundrechtsbestimmungen des Bonner Grundgesetzes, Münster 1960

*Waechter, Heinz,* Die Beschäftigungspflicht des Arbeitgebers, in: DB 1955, S. 361 - 362

*Wank, Rolf,* Auslegung und Rechtsfortbildung im Arbeitsrecht, Baden-Baden 2013

*Wank, Rolf,* Grenzen richterlicher Rechtsfortbildung, Berlin 1978

*Wank, Rolf,* Rechtsfortbildung im Kündigungsschutzrecht, in: RdA 1987, S. 129 - 160

*Wawretzko, Herbert,* Anspruch auf Beschäftigung und öffentliches Interesse, in: DJ 1941, S. 1019 - 1020

*Weber, Hansjörg,* Die Verpflichtung zur Weiterbeschäftigung eines gekündigten Arbeitnehmers gemäß § 102 Abs. 5 BetrVG, in: BB 1974, S. 698 - 703

*Weber, Hansjörg/Weber, Jörg-Andreas,* Zur Dogmatik eines allgemeinen Beschäftigungsanspruchs im Arbeitsverhältnis, in: RdA 2007, S. 344 - 352

*Weiler, Frank,* Schuldrecht, Allgemeiner Teil, 5. Auflage, Baden-Baden 2020

*Weller, Marc-Philippe,* Die Vertragstreue, Vertragsbindung – Naturalerfüllungsgrundsatz – Leistungstreue, Tübingen 2009

*Weller, Marc-Philippe/Lieberknecht, Markus/Habrich, Victor,* Virulente Leistungsstörungen – Auswirkungen der Corona-Krise auf die Vertragsdurchführung, NJW 2020, S. 1017 - 1022

*Wiebe, Gerhard,* Unternehmerfreiheit versus Verbraucherschutz?!, Baden-Baden 2017

*Wiedemann, Herbert,* Das Arbeitsverhältnis als Austausch- und Gemeinschaftsverhältnis, Karlsruhe 1966

*Wiese, Günther,* Der personale Gehalt des Arbeitsverhältnisses, in: ZfA 1996, S. 439 - 479

*Wilke, Frank Markus,* Das Verhältnis des sozialversicherungsrechtlichen Beschäftigungsverhältnisses zum zivilrechtlichen Arbeitsverhältnis, Berlin 2008

*Winderlich, Ute,* Der Annahmeverzug bei einseitiger Freistellung, in: BB 1991, S. 271 - 272

*Wohlgemuth, Hans Hermann,* Berufsbildungsgesetz, Handkommentar, Baden-Baden 2011

*Wolf, Ernst,* Das Arbeitsverhältnis – Personenrechtliches Gemeinschaftsverhältnis oder Schuldverhältnis?, Marburg 1970

*Wolff, Alexander,* Vorläufiger Bestandsschutz des Arbeitsverhältnisses durch Weiterbeschäftigung nach § 102 Abs. 5 BetrVG, Berlin 2000

*Zippelius, Reinhold,* Juristische Methodenlehre, 11. Auflage, München 2012

*Zöllner, Wolfgang,* Privatautonomie und Arbeitsverhältnis, Bemerkungen zu Parität und Richtigkeitsgewähr beim Arbeitsvertrag, in: AcP 176 (1976), S. 221 - 246

www.ingramcontent.com/pod-product-compliance
Ingram Content Group UK Ltd.
Pitfield, Milton Keynes, MK11 3LW, UK
UKHW022101051026
15623UKWH00003B/601

9 783631 849521